第二辑

中国红十字评论

Chinese Review of the Red Cross

王汝鹏　主编

苏州大学出版社
Soochow University Press

图书在版编目（CIP）数据

中国红十字评论. 第二辑 / 王汝鹏主编. -- 苏州 : 苏州大学出版社, 2025. 4. -- ISBN 978-7-5672-5211-0

Ⅰ. D632.1

中国国家版本馆 CIP 数据核字第 2025US1795 号

书　　名：中国红十字评论（第二辑）
ZHONGGUO HONGSHIZI PINGLUN（DI-ER JI）

主　　编：王汝鹏

责任编辑：马德芳

助理编辑：罗路昭

装帧设计：刘　俊

出版发行：苏州大学出版社（Soochow University Press）

社　　址：苏州市十梓街 1 号　**邮编**：215006

印　　刷：苏州工业园区美柯乐制版印务有限责任公司

邮购热线：0512-67480030

销售热线：0512-67481020

开　　本：787 mm×1 092 mm　1/16　**印张**：14. 25　**字数**：271 千

版　　次：2025 年 4 月第 1 版

印　　次：2025 年 4 月第 1 次印刷

书　　号：ISBN 978-7-5672-5211-0

定　　价：58. 00 元

苏州大学出版社营销部　电话：0512-67481020

苏州大学出版社网址　http://www. sudapress. com

苏州大学出版社邮箱　sdcbs@ suda. edu. cn

Chinese Review of the Red Cross Vol.2

前言

王汝鹏
红十字国际学院院长

国际红十字运动创始人亨利 · 杜南在其《索尔费里诺回忆录》里提出了两项重要倡议：一是建立“伤兵救护国际委员会”，在世界各国建立的伤兵救护委员会演变为今天的红十字国际委员会和国家红十字会，成为红十字组织的前身；二是签订一份国际公约以保护伤兵救护委员会的志愿人员和战场上的医务人员，这成为国际人道法的起点，演变为当今以日内瓦公约及其附加议定书为核心内容的国际人道法文书。在 160 多年的历史长河中，国际人道法的创立和不断完善、人道政策和人道行动的理论探讨，一直伴随着国际红十字运动的发展进程。

1869 年，红十字国际委员会就创办了《红十字国际评论》理论刊物，并由剑桥大学出版社合作出版，这是世界上历史最悠久的学术刊物之一。经过 150 多年的发展，《红十字国际评论》已成为研究国际人道法和人道政策、讨论人道局势和人道行动、分析冲突原因、提出深刻见解的重要学术交流平台，为推动红十字运动发展和国际人道主义事业做出了重要贡献。

作为全球首个红十字专门学院，红十字国际学院自 2019 年成立伊始就把建设红十字运动研究高地作为职责使命。今天，由红十字国际学院创办、苏州大学出版社合作出版的《中国红十字评论》正式与读者见面，为红十字运动研究高地的建设搭建了一个理论研究和学术交流的平台，这是红十字国际学院创新发展的重要成果，不仅弥补了中国红十字运动 120 多年来在理论研究阵地建设上的不足，也将成为《红十字国际评论》在相关研究领域的重要补充。

2023 年 9 月 5 日，国家主席习近平在会见红十字国际委员会主席斯波利亚里茨时指出，“人道主义是能够凝聚不同文明的最大共识”，希望“为加强全球治理和人道主义问题治理提供中国理念、中国方案”。习近平主席的重要论述，为红十字国际学院的理论研究工作指明了前进方向。

创办《中国红十字评论》，旨在汇聚红十字理论研究、人道公益人才培养、红十字文化传播、人道学术交流和国际人道合作的最新研究成果，为促进中国特色红十字事业和国际红十字运动健康发展贡献智慧与力量。

——将聚焦中国特色红十字事业的理论前沿，深入剖析红十字运动的历史脉络、基本原则和国际人道法的最新发展。通过专家学者的深度研究，为中国特色红十字事业的创新发展提供理论支撑和智力支持。

——将关注人道慈善教育和人才培养的最新动态，分享先进的教学理念和经验，促进教学方法的创新与实践，为培养更多具有国际视野、专业素养和人文关怀的人道公益人才提供拓展理论视野的渠道和保障。

——将致力红十字文化的传播与推广，通过丰富的案例分析和深入的文化解读，让更多社会公众了解红十字文化的内涵和价值，激发参与人道公益事业的热情和动力。

——将搭建国际人道学术交流的平台，邀请国内外专家学者共同探讨人道领域的热点问题，分享研究成果和实践经验，共同应对全球化背景下面临的人道主义危机与挑战。

——将关注国际人道合作的最新进展和动态，分析国际人道合作在应对全球性问题中的作用和价值，积极倡导和推动国际人道合作，为构建人类命运共同体贡献中国智慧、中国方案。

《中国红十字评论》将成为一个开放、包容、多元的学术交流平台，汇聚各方智慧，凝聚各界力量，通过编发重要特稿、研究文章、学术论文、案例报告、新书评介等各类文稿，促进人道公益领域的学术交流和理论创新。

我们期待与广大专家学者、实务工作者和社会各界人士携手合作，共同推动我国人道公益事业和国际红十字运动高质量发展。

目录

特稿

新时代中国特色红十字事业研究

前沿问题探讨

实务与案例

研讨与交流

新书评介

CONTENTS

Practices and Case Studies

Seminars and Communications

Book Review

特稿

努力建设中国特色红十字事业①

彭珮云
中国红十字会原会长

红十字事业是一项造福人类的崇高事业、充满爱心的光荣事业。我从 1999 年 10 月到中国红十字会工作，至今已经 10 年。这是令人难忘的 10 年。10 年来，我与全国红十字工作者同心同德，艰苦奋斗，不懈追求，力争中国红十字事业又好又快地发展。在即将离任的时候，我想谈谈自己通过这些年的学习与实践对红十字会工作的一些认识，与大家交流。

一、我们的目标是建设中国特色红十字事业

国际红十字运动已经有 150 年的历史，中国红十字会建会已经 105 年。在当代中国，我们应当把国际红十字运动的基本原则同中国实际和时代特征结合起来，建设中国特色红十字事业，为建设富强民主文明和谐美丽的社会主义现代化强国服务，为促进人类和平进步事业服务。这是时代的要求，是国家和人民的需要，是中国红十字会必须坚持的正确方向。

建设中国特色红十字事业，必须遵守我国宪法和法律，要把发展作为第一要务，牢牢抓住并切实用好发展机遇期，推动中国特色红十字事业又好又快地发展。我们既要不断提高传统业务工作水平，使各项工作进一步专业化、科学化、规范化；又要适应新形势和人民群众的新期待，积极拓展人道服务领域，精心策划和培育一批有特色、有影响力的品牌项目，在人道工作领域充分发挥政府的助手作用。

建设中国特色红十字事业，必须立足于我国的基本国情。我国仍处于并将长期

① 本文系作者 2009 年 10 月 29 日在中国红十字会第九次全国会员代表大会闭幕式上的讲话摘要，题目为编者所加。

处于社会主义初级阶段。要全面建成惠及十几亿人口的更高水平的小康社会，构建社会主义和谐社会，任重而道远。尽管我国人民生活总体上达到小康水平，但是城乡贫困人口和低收入人口还占相当大的比重。城乡、区域发展不平衡，自然灾害频发，需要救助的群众很多。中国红十字会必须服从、服务于国家的大局，根据人民的需求，认真履行自己的职责，发挥人道救助团体应有的作用，为政府分忧，为百姓解难，只有这样，才能在中国这块土地上真正有作为、有地位，得到党和政府及广大人民群众的认可和支持。

建设中国特色红十字事业，必须坚持以人为本。红十字运动的宗旨是保护人的生命和健康，发扬人道主义精神，促进和平进步事业。红十字会的一切工作应以最广大人民群众的根本利益为出发点和落脚点，真心实意地为人民服务，为最需要帮助的困难群众服务。要大力弘扬人道、博爱、奉献的红十字精神，继承和发扬中华民族扶危济困、敬老助残、救死扶伤、乐善好施的传统美德，培育团结互助、平等友爱、和睦相处、和衷共济的文明风尚。只有这样，红十字事业才能深深植根于人民群众之中，成为加强社会主义精神文明建设、构建和谐社会的重要力量。

建设中国特色红十字事业，必须具备宽广的世界眼光，在世界的大局中来思考。红十字会是一个在人道工作领域具有特殊重要作用的国际性组织，也是我国开展民间外交，推动建设持久和平、共同繁荣的和谐世界的一个重要平台。中国红十字会必须遵循国际人道法和红十字运动的基本原则，积极参加国际红十字运动，充分发挥一个负责任大国的红十字会应有的作用；要加强同国际红十字组织、各国红十字会的交往与合作，深化同香港、澳门红十字会和台湾地区红十字组织的交往与合作，共同推动红十字运动深入发展，促进和平进步事业；既要努力争取国外、境外的资源，支持内地的人道救助工作，又要积极参加国外、境外的人道主义救援工作，支持发展中国家实施人道救助项目，注重学习国外、境外红十字会工作的有益经验，不断改进自己的工作。

中华人民共和国成立尤其是改革开放以来，中国特色红十字事业在实践中得到了长足的发展。它坚持了国际红十字运动的基本原则，又具有鲜明的时代特色、民族特色和实践特色，必将随着中国特色社会主义事业的深入发展而不断向前发展。

二、努力把红十字会建设成一个有活力、有凝聚力、有实力、有公信力的人道救助团体

为了建设中国特色红十字事业，完成时代和人民赋予我们的光荣使命，我们要坚决依照《中华人民共和国红十字会法》，继续理顺县级以上各级红十字会的管理体制，使红十字会成为依法独立自主地开展工作的人道救助团体，充分发挥自身的特点和优势，在我国社会生活中发挥不可或缺的作用。

努力创新工作机制，建立和完善社会化、开放式的运行机制。我们应主动争取各级党委、政府及有关部门的支持，争取并认真完成政府委托的公益项目；加强同社会各界、企事业单位、新闻媒体、知名人士及其他社会团体的联系与合作，积极整合社会资源，动员人道力量参与和支持红十字事业，使红十字会成为充满生机与活力的人道救助团体。

切实加强基层红十字组织建设。我们应不断巩固和发展会员和志愿者队伍，把红十字会工作延伸到社区、乡村、贫困地区；通过优良的服务、广泛深入的宣传工作，增加公众对红十字会的了解与认同，吸引和凝聚更多的人参与红十字事业，夯实红十字会的群众基础。

拓宽筹资渠道，创新筹资方式。我们应努力建立可持续发展的筹资机制，不断增强红十字会救灾、救助、救护的实力，为发展红十字事业提供强大的物质保障。

十分珍惜红十字会的声誉。我们应坚持“公开、透明、公正、高效”的原则，严格执行有关法律法规的规定，进一步完善管理和监督制度，切实管好、用好募集的每一笔善款，及时向捐赠者反馈信息，自觉接受来自政府、公众和新闻媒体等的监督，不断提升红十字会的公信力，从而更好地开展人道救助工作。

三、必须建设一支热爱事业、乐于奉献、精通业务、勇于创新的红十字干部队伍

从事红十字工作的干部首先要热爱红十字事业，大力弘扬人道、博爱、奉献精神，甘于为这一崇高事业贡献自己的全部力量。随着形势的发展，我国红十字事业已进入前所未有的发展机遇期，同时也面临着严峻的挑战。我们必须认清形势，抓住机遇，迎接挑战；要自强不息，奋发有为，不怕困难，不等不靠，坚韧不拔，艰苦创业；既要解放思想，与时俱进，勇于改革创新，又要脚踏实地，埋头苦干，坚持求真务实；要密切联系群众，真情关爱群众，热心服务群众，会做社会工作，善于与人合作；要勤于学习，善于学习，努力掌握和运用科学的新思想、新知识、新经验，认真探索中国特色红十字事业的发展规律，不断提高理论素养和实践能力，增强工作的原则性、系统性、预见性、创造性；要始终保持高尚的精神追求，清正廉洁，一尘不染。有这样一支德才兼备、朝气蓬勃的社会工作者队伍，并培养出一批优秀的社会活动家，就能把中国红十字会真正建成社会影响力、社会公信力最大的人道救助团体，把中国特色红十字事业不断推向前进。

中国人民正处在意气风发、开创未来的伟大时代，每一个中华儿女都对实现中华民族伟大复兴的光明前景充满信心。我们完全有理由相信，在党中央、国务院的正确领导和亲切关怀下，在新的历史起点上，中国红十字会一定会阔步前行，迎来蓬勃发展的美好明天！

书写中国特色红十字事业高质量发展新篇章①

王　可
中国红十字会党组书记、常务副会长

2024 年 10 月 9 日至 10 日，中国红十字会第十二次全国会员代表大会在北京召开。习近平总书记致信大会，向全国广大红十字工作者、会员、志愿者致以诚挚问候，并对做好红十字工作提出希望，充分体现了以习近平同志为核心的党中央对做好红十字工作寄望之深、对发展红十字事业嘱托之重。习近平总书记重要致信精神和关于红十字事业重要指示批示精神，为中国特色红十字事业高质量发展指明了前进方向、提供了根本遵循。中国红十字会把学习贯彻习近平总书记重要致信精神与学习贯彻习近平总书记关于红十字事业重要指示批示精神贯通起来，从中深刻体悟期望之重、使命之重、责任之重，扎扎实实推进中国特色红十字事业高质量发展。

一、坚持党的全面领导，确保红十字事业正确政治方向

坚持党的全面领导是做好红十字工作的根本保证。中国红十字会把学懂弄通做实习近平新时代中国特色社会主义思想作为首要政治任务，深入学习领悟习近平总书记重要致信精神，深入学习贯彻习近平总书记关于红十字事业重要指示批示精神，深刻领悟“两个确立”的决定性意义、坚决做到“两个维护”，不断提高政治判断力、政治领悟力、政治执行力，始终在思想上政治上行动上同以习近平同志为核心的党中央保持高度一致。各级红十字会时刻对标对表习近平总书记重要指示精神，找准切入点、结合点、着力点，确保习近平总书记重要致信精神和党中央决策部署在全国红十字系统落地见效。

---

① 本文原载于《旗帜》2024 年第 11 期，题目、序号为编者所加。

二、发挥桥梁和纽带作用，坚定不移走中国特色红十字事业发展道路

习近平总书记在会见中国红十字会第十次全国会员代表大会代表时强调："我国红十字事业是中国特色社会主义事业的重要组成部分，中国红十字会是党和政府在人道领域联系群众的桥梁和纽带，党和国家高度重视这支力量。"中国红十字会将始终心怀"国之大者"，坚持发挥桥梁和纽带作用，坚持服务群众的工作生命线，把满足人民群众的人道需求、增进民生福祉作为一切工作的出发点和落脚点，增强责任意识，真心关爱群众，扎实开展人道救助，积极做好人道服务，努力改善最易受损群体的生活境况，真心实意地为群众排忧解难，努力为国奉献、为民造福。

三、聚焦高质量发展，更好地服务党和国家中心任务

2015 年习近平总书记曾指出，"中国红十字会是国内历史最悠久的人道组织"，"中国红十字会在重大灾害救援、保护生命健康、促进人类和平进步等方面发挥了重要作用"，"为党、为国家、为人民做了很多好事、善事"。习近平总书记的肯定给予我们极大的鼓舞和鞭策。中国红十字会作为全国最大的人道救助组织，将继续坚持人民至上、生命至上，认真履行《中华人民共和国红十字会法》赋予的职责，积极参与应急救援救护、备灾抗灾救灾和灾后恢复重建；依法推进无偿献血、造血干细胞捐献、遗体和人体器官捐献，深入开展扶危济困、助学助医等民生服务，倾力支持乡村振兴、健康中国建设，多做雪中送炭、急人所困的工作。建立和完善区域协作机制，加强红十字应急救援体系建设，融入国家应急救援体系，增强应急救援反应能力。突出扶危济困，协助党和政府织密织牢民生兜底保障网。积极开展健康教育，大力开展应急救护培训，助力健康中国建设。健全无偿献血、造血干细胞捐献、遗体和人体器官捐献管理运行机制，引导和动员更多爱心人士参与到这一大爱事业中来。主动参与医疗、康复、养老等社会公益事业，不断拓展人道事业发展新领域。

四、进一步深化改革创新，开创红十字事业发展新局面

中国红十字会作为党领导下的群团组织，承担着引导所联系群众听党话、跟党走的政治任务，将进一步全面深化改革，认真履行法定职责，不断提高红十字工作的法治化、制度化、规范化水平。坚持把马克思主义中蕴含的人道主义思想同中国具体实际相结合、同中华优秀传统文化相结合，推动中国特色红十字事业发展道路越走越宽广。加强红十字会法等相关法律法规的宣传教育，推动将红十字会法执行情况纳入人大、政协执法检查或调研，进一步保障红十字会依法履职，落实好人民政府支持和资助红十字会依法参与应对突发事件的有关法定职责。深入推进红十字会改革，创新组织设置、管理模式、人事制度、运行机制和工作方式，不断健全中国特色红十字事业发展组织体系。优化升级应急指挥、项目管理、财务管理、志愿服务管理、“博爱通”等信息系统，建设红十字会数字运营平台，打造“数字红会”。创新参与途径和服务方式，建好用好红十字社区服务站、救护站、博爱家园等基层服务平台，强化阵地服务功能，夯实红十字事业发展基层基础。强化干部队伍建设，加强培养培训，强化激励约束，打造一支忠诚担当、清正廉洁、心怀仁爱、充满活力的高素质专业化干部队伍。

五、加强公信力建设，提高人道服务能力，践行好人道使命

公信力是红十字事业的生命线。习近平总书记指出，“红十字会要高效运转，增强透明度，主动接受监督，让每一份爱心善意都及时得到落实”。这既是对我们加强自身建设的明确要求，也为我们加强公信力建设指明了方向。中国红十字会将着力完善人道资源动员机制，强化内部管理，规范公开捐赠款物接收和使用情况，主动接受各方面监督，增强红十字会公信力和向心力。持续推进信息公开，继续开展红十字系统透明度指数评价，打造阳光透明的红十字会。进一步加强作风建设，狠抓从严治会，深入基层调研，忠实履行职责，以扎实的工作作风和突出的工作成效服务社会和群众。坚持把培育和践行社会主义核心价值观融入红十字工作的各个方面，深入挖掘、大力宣传红十字文化所蕴含的价值理念、人文精神、道德追求，在全社会弘扬人道、博爱、奉献精神，弘扬正能量，引领新风尚。在广大青少年中积极开展人道传播、健康促进、志愿服务等教育实践，引导更多青少年参与红十字运动。

六、积极参与和支持国际人道主义事业，更好服务国家对外工作大局

2023 年 9 月，习近平总书记在会见红十字国际委员会主席斯波利亚里茨时指出，“人道主义是能够凝聚不同文明的最大共识”，“中国是国际人道主义事业的积极拥护者、参与者和贡献者”。中国红十字会作为民间外交的重要渠道，紧紧围绕国家对外工作大局，深入贯彻落实“一带一路”倡议、全球发展倡议、全球安全倡议、全球文明倡议，注重履行国际责任和义务，量力而行、尽力而为开展国际人道主义援助。特别是在新冠疫情防控期间，为 50 多个国家提供各类抗疫物资，向多国派出志愿专家团队。下一步，中国红十字会将继续深化与“一带一路”沿线重点国家红十字会、红新月会务实合作，积极开展惠及当地民众，接地气、聚人心、小而美的民生项目。秉持构建人类命运共同体理念，积极参与国际红十字运动重大事项讨论与决策，为国际人道主义事业贡献更多智慧和力量，彰显中国负责任大国形象，为推动构建人类命运共同体贡献独特力量。

七、积极推动体制机制改革，为红十字会依法履职创造良好环境和条件

习近平总书记在会见中国红十字会第十次全国会员代表大会代表时指出："各级党委和政府要加强对红十字工作的领导和支持，热情帮助解决红十字事业发展中遇到的困难和问题。"习近平总书记在致信中再次强调，"各级党委和政府要加强对红十字工作的领导和支持"。这是红十字会积极服务党和国家工作大局、积极融入时代发展主题的底气和自信所在。近年来，各级红十字会积极争取当地党委和政府重视和支持，推动建立党委和政府加强对红十字工作领导的制度机制，实现地市级和有条件的县级红十字会设立党组，切实把习近平总书记关于红十字事业重要指示批示精神落到实处。

当前，世界正经历百年未有之大变局，人类面临许多重大挑战，人道事务更加艰巨繁重。当前和今后一个时期是以中国式现代化全面推进强国建设、民族复兴伟业的关键时期。面对纷繁复杂的国际国内形势，面对人民群众新期待，我们必须坚持以习近平新时代中国特色社会主义思想为指导，全面贯彻党的二十大和党的二十届二中、三中全会精神，深入学习贯彻习近平总书记重要致信精神和关于红十字事业重要指示批示精神，推动新时代中国特色红十字事业高质量发展取得实质性进展，在矢志奋斗中书写中国特色红十字事业高质量发展新篇章，为以中国式现代化全面推进强国建设、民族复兴伟业和促进人类和平与进步事业作出新的更大贡献。

人体器官捐献与移植的"中国模式"

黄洁夫
中国人体器官捐献与移植委员会主任委员

2014 年 12 月 3 日，中国人体器官捐献与移植委员会宣布，从 2015 年 1 月 1 日起，中国将全面停止使用死囚器官，公民自愿器官捐献成为我国器官移植唯一合法来源。这一改革，标志着中国器官移植事业进入了一个法治、伦理、透明的历史发展新阶段，彰显了中国作为负责任大国的承诺和改革决心，至此，中国迎来了器官移植事业发展的春天。

一、人体器官捐献与移植的"中国模式"创立背景

器官移植技术是 20 世纪生命医学科学的重大进展。这项技术从西方发达国家传入中国，经过了从临床试验到临床应用的发展过程，该项技术逐渐成熟，并成为治疗终末期器官功能衰竭的有效医疗手段，拯救了千千万万的器官衰竭患者，也促进了我国生命医学科学的发展。由于器官移植需要可供移植的器官，无论是遗体捐献器官还是亲属捐献器官，均涉及社会、宗教、伦理、政治、法治等深层次问题，并与国家的传统文化和社会经济发展密切相关。

改革源于公开透明。2005 年，在菲律宾马尼拉举行的世界卫生组织西太区高层卫生工作会议上，中国向世界承诺，中国将推进器官移植事业的改革。由于器官移植技术是"舶来品"，器官移植事业要根据中国国情去发展，既要扎根本国的传统文化，立足于社会发展阶段的国情，又要遵循全世界公认的医学伦理准则。

2006 年 3 月 16 日，卫生部印发《人体器官移植技术临床应用管理暂行规定》（卫医发〔2006〕94 号），要求对器官移植医院进行技术准入审核，统一标准和管理办法。同年，全国人体器官移植技术临床应用管理峰会在广州召开，全体器官移

植领域医务人员凝聚改革共识，发布《广州宣言》，全国器官移植医疗机构整顿工作正式拉开帷幕。2007 年 5 月，国务院正式颁布实施我国第一部《人体器官移植条例》（以下简称《条例》），标志着中国的器官移植开始走上法治化道路。

二、人体器官捐献与移植的“中国模式”探索历程

2010 年，在党中央、国务院的支持下，卫生部和中国红十字会总会启动了人体器官捐献试点工作，联合下发了一系列文件，并出台了《中国心脏死亡器官捐献分类标准》。本着尊重中国社会发展阶段与文化背景的原则，中国建立了中国红十字会作为第三方机构进行器官捐献动员和见证的机制，并依据国际通行准则，立足于国民的认知，创新性地提出公民逝世后器官捐献的三类标准：Ⅰ类（脑死亡器官捐献）、Ⅱ类（心脏死亡器官捐献）、Ⅲ类（心脑双死亡器官捐献），奠定了中国公民逝世后自愿器官捐献的理论基础。2011 年，中国出台了《中华人民共和国刑法修正案（八）》，明确规定严禁器官买卖的行为并发布对应处罚条款，进一步加强了器官捐献的法治化建设。2011 年，中国人体器官分配与共享计算机系统（COTRS）上线运行，通过计算机系统自主分配，明确遵循区域优先原则、病情危重优先原则、组织配型优先原则、儿童匹配优先原则、血型相同优先原则、器官捐献者直系亲属优先原则、稀有机会优先原则、等待顺序优先原则等国际器官获取与分配的原则，并有序地组建器官捐献协调员队伍。

2012 年，中央机构编制委员会办公室（以下简称“编办”）批复在中国红十字会总会成立中国人体器官捐献管理中心，负责参与人体器官捐献的宣传动员、报名登记、捐献见证、公平分配、救助激励、缅怀纪念及信息平台建设等相关工作，指导和监督地方红十字会规范开展遗体及角膜等组织的捐献工作。2017 年修订后颁布实施的《中华人民共和国红十字会法》明确：红十字会“参与、推动无偿献血、遗体和人体器官捐献工作，参与开展造血干细胞捐献的相关工作”。作为法律赋予红十字会的职责，中国红十字会进一步参与到器官捐献和移植体系的建设之中。至此，中国红十字会作为独立第三方机构参与器官捐献体系建设，成为人体器官捐献与移植的“中国模式”的重要组成部分。没有器官捐献就没有器官移植，没有中国红十字会的参与就没有人体器官捐献与移植的“中国模式”。

三、卫生部门与红十字会合作是人体器官捐献与移植的“中国模式”的主要成功要素

从 2010 年到 2012 年，中国公民逝世后自愿器官捐献试点工作在艰难曲折中前进。经过三年的不懈努力，试点工作取得了成功，初步形成了较为成熟的工作体系。自 2013 年 2 月 25 日，卫生部与中国红十字会总会正式在全国范围内开展公民逝世后自愿器官捐献工作，要求所有器官移植医院必须获得卫生行政部门的授权，建立人体器官获取组织（OPO）和器官捐献办公室。同年8月，国家卫生和计划生育委员会出台了《人体捐献器官获取与分配管理规定（试行）》，明确要求各器官移植医疗机构严格使用中国人体器官分配与共享计算机系统实施器官分配，任何机构、组织和个人不得在人体器官分配系统外擅自分配捐献器官，确保人体捐献器官公开、公正、公平、可溯源地共享与分配。在中国器官移植大会上，器官移植医疗机构发布了“杭州决议”，全面推动公民自愿器官捐献工作。

2013年12月19日，中共中央办公厅、国务院办公厅印发《关于党员干部带头推动殡葬改革的意见》，“鼓励党员、干部去世后捐献器官或遗体”，党员发挥先锋模范作用，带头推动人体器官捐献工作。2014年2月，国家卫生和计划生育委员会与中国红十字会总会决定将人体器官移植技术临床应用委员会（OTC）与中国人体器官捐献工作委员会（CODC）合并，成立中国人体器官捐献与移植委员会，负责我国人体器官捐献和移植工作的顶层设计。2014年3月，“施予受”器官捐献志愿登记平台和中国人体器官捐献管理中心志愿登记系统上线，开启了我国人体器官捐献志愿登记的互联网时代。

2014年10月，党的十八届四中全会通过了《中共中央关于全面推进依法治国若干重大问题的决定》。在全面推进依法治国精神的引领下，2014年12月3日，中国人体器官捐献与移植委员会正式宣布，中国全面停止使用死囚器官，公民自愿器官捐献成为人体器官移植唯一合法来源，此举得到了全社会的热烈响应和国际社会的高度赞誉。“十年磨一剑”，经过十年的艰辛改革和探索，我国逐步建立了器官捐献、器官获取与分配、器官移植医疗服务、器官移植质控、器官移植监管五大人体器官捐献与移植体系，并在全社会大力弘扬人体器官捐献的大爱精神，公平公正、阳光透明的公民自愿器官捐献氛围正在全社会逐步形成。

人体器官捐献与移植的“中国模式”取得了可喜成效：2015年，中国实现了2 775例公民逝世后自愿器官捐献，之后这一数据每年呈约30%的增长，2018年达到6 302例。2020—2021年，在疫情影响下，中国仍然保持年捐献量在5 000例以上。器官移植手术量更是从2018年起连续位居世界第二，取得了举世瞩目的成绩。2023年，中国共完成人体器官捐献10 778例，完成人体器官移植手术23 905例，创下了历史新高，人体器官捐献志愿登记人数超过650万人。

四、人体器官捐献与移植的“中国模式”得到国际社会高度评价

世界卫生组织主管人体器官移植的官员约瑟·雷蒙·努涅斯教授说：“世界器官移植像一艘大船，中国以前不在船上，但从2015年后，中国已经站在了船的中央。”众所周知，2006年国际器官移植协会（TTS）由于中国人体器官移植来源问题对中国采取了许多限制政策，如不让中国加入国际器官移植协会、不让中国临床器官移植学者在国际学术会议上演讲、不让中国临床器官移植论文在国际学术杂志上发表等。但国际移植领域大多数专家怀有推进中国器官移植改革的良好愿望。从2006年开始，世界器官移植领域不少专家来到中国进行帮助和指导，并与中国专家在国际器官移植权威杂志上共同发表了一系列推进改革的文章，参与了中国器官移植改革进程，逐步认可了中国器官移植改革所取得的进步。2016年8月，第26届国际器官移植大会在中国香港举行，这是国际器官移植大会首次在中国举行，也是国际器官移植协会第一次邀请中国专家组团参会，中国首次向全世界介绍了中国器官移植改革的10年历程。同年10月，在国家卫生和计划生育委员会与中国红十字会总会指导下，中国器官移植发展基金会、中国人体器官捐献管理中心联合国际器官移植协会、西班牙DTI基金会等在北京人民大会堂召开第一届中国-国际器官捐献大会（CIODC），向全世界阐述了中国器官移植改革的进程，世界各大器官移植协会的专家出席并共同见证了中国器官移植正式走向国际社会。

2017年2月，中国受邀出席梵蒂冈教皇科学院“反对器官贩卖全球峰会”。面对复杂的国际形势，中国专家实事求是地介绍了中国器官移植改革过程，阐述了中国器官移植改革经验，获得了世界各国器官移植领域专家的高度认可，器官捐献与移植的“中国经验”被世界卫生组织誉为“中国对世界器官移植事业的创新和贡献”。同年6月11日，中国器官移植发展基金会和中国人体器官捐献管理中心在北京联合主办第五届中国移植运动会暨第四届中国器官捐献纪念日活动，其后每年6月11日都定期举办，至今已连续举办7届，该活动成为我国器官捐献与移植工作的品牌公益活动。

正如弗兰克·德尔莫尼科教授于2017年底在广州召开的第二届中国-国际器官捐献大会上所讲到的，“你们的骨头也是我们的骨头，你们的进步也是我们的进步”，中国逐步融入了世界器官移植大家庭。2018年3月，中国的器官移植改革经验在联合国与梵蒂冈教皇科学院共同举办的“践行伦理行动”会议上被认可并得到高度赞誉，被称为“中国模式”。该会议认为中国器官移植改革的经验可以供世界上社会文化背景相似、社会经济发展水平相当的国家和地区借鉴。

2018年5月，中国参加第71届世界卫生大会器官移植边会，并介绍了中国器官移植改革之路。世界卫生组织总干事谭德塞博士称赞并感谢中国为世界器官移植事业做出的贡献。同年8月，第27届国际器官移植大会在西班牙马德里召开，其间，世界卫生组织人体器官捐献与移植特别委员会正式成立，来自中国的两位器官移植专家成为该委员会的成员，他们将为器官移植全球治理工作贡献中国智慧。

截至 2023 年底，中国已成功举办 7 届中国-国际器官捐献大会。该大会得到了世界卫生组织、梵蒂冈教皇科学院、国际器官移植协会、国际器官捐献与获取协会、欧洲器官移植协会、欧洲器官捐献和移植协调组织、中东器官移植协会、亚洲器官移植协会、非洲器官移植协会、拉丁美洲与加纳比器官移植协会等国际机构和各主要国际性器官移植学术组织的支持，来自美国、西班牙等 60 多个国家和地区的 150 余名器官捐献与移植相关领域的专家代表先后出席大会。

在与国际同道的交流中，“中国模式”不断发展，不断完善，不断取得新的成就。尤其是 2019 年第四届中国-国际器官捐献大会以“推进‘一带一路’器官移植合作发展，积极构建‘人类命运共同体’”为主题，积极推进“一带一路”国家之间的器官捐献与移植事业在人文与卫生健康领域的国际交流与合作发展，发起成立了“‘一带一路’国家器官捐献与移植合作发展联盟”，共同发表了《“一带一路”器官捐献与移植国际合作发展昆明共识》（以下简称《共识》）。《共识》指出，中国器官捐献与移植事业改革的经验和智慧得到与会者的认可和赞许，这符合中国社会经济发展的现状与中国传统文化的创新，可为具有相似文化传统及社会发展阶段的国家所借鉴，可助力提升“一带一路”国家器官捐献与移植的医疗技术、质量、服务水平，通过探索联盟建设，带动符合《世界卫生组织人体细胞、组织和器官移植指导原则》的人体器官捐献与移植事业及其相关临床、科研、教学、技术和成果转化等不断发展。

2023 年第七届中国-国际器官捐献大会期间，在《共识》的基础上，与会各方遵循《世界卫生组织人体细胞、组织和器官移植指导原则》，发布了《“一带一路”器官捐献与移植国际合作发展南宁行动》，在与器官捐献与移植相关的领导力、管理、质量控制、技术创新方面形成系列行动方案，将通过不断地加强互动、加深互信、增进友谊，向着实现器官捐献与移植自给自足的目标不断前进。

五、人体器官捐献与移植的“中国模式”的守正创新

随着中国器官捐献与移植事业改革的不断深化，中国器官捐献与移植工作的重心由高速度增长转向高质量发展，在积极推动捐献的同时，进一步优化器官移植临床服务资源布局，加大捐献、获取、分配管理力度，规范脑死亡判定流程，加强化解系统性风险的能力，在质的大幅提升中实现量的有效增长，努力实现更高质量、更有效率、更加公平、可持续的发展。中国器官移植医疗服务与人民群众的需求还有很大差距，改革还只是万里长征的第一步。从中国停止使用死囚器官移植、公民自愿器官捐献成为唯一合法移植来源至今（2025 年）只有 10 年的时间，这是一个

“硬着陆”和“壮士断腕”式的改革过程。中国是一个有 14 亿多人口、社会经济发展不均衡的国家，我们的器官捐献与移植事业必须守正创新，在改革中不断完善法律法规和政策，持续深化改革，充分整合各方力量，构建新发展格局，推动高质量发展。

一是进一步建立和完善器官捐献的法规和运作机制。2016 年，交通运输部、中国民用航空局、国家铁路局等六部门联合建立了器官转运绿色通道工作机制，保障人体捐献器官顺利转运。2017 年 5 月，新修订的《中华人民共和国红十字会法》明确将推动器官捐献工作作为红十字会法定职责之一。2020 年，《中华人民共和国民法典》正式颁布，对遗体和人体器官、人体组织捐献作出明确规定，中国的器官捐献与移植的相关法律政策体系越来越完善。2021 年 6 月，以《世界卫生组织人体细胞、组织和器官移植指导原则》为依据，国家卫生健康委员会等七部委联合出台《人体捐献器官获取收费和财务管理办法（试行）》，完善了以成本补偿为基础的人体捐献器官获取收费标准，进一步规范了捐献器官获取的相关财务管理工作。2023 年 12 月，国务院总理李强签署国务院令，公布了《人体器官捐献和移植条例》，并自 2024 年 5 月 1 日起正式施行。该条例明确了器官捐献和移植工作要坚持“人民至上、生命至上”的原则，全面完善了器官捐献和移植制度，标志着我国器官捐献和移植事业进入了新的发展阶段。以该条例正式施行为契机，国家卫生健康委员会与国家发展和改革委员会等十四部门联合发布了《关于促进人体器官捐献工作健康发展的意见》，明确各相关部门要加强沟通合作，建立会商机制，共同研究制定相关政策，相互通报工作信息，联合开展人体器官捐献宣传动员、志愿服务、表扬奖励等活动，推动人体器官捐献系统性、多学科协作机制的建设，形成人体器官捐献工作合力。

二是做好器官捐献与移植相关各项工作的质量控制。国家卫生健康委员会以大数据管理为基础，建立了和器官捐献与移植相关的 5 个质量控制中心，分别对全国肝脏移植、肾脏移植、心脏移植、肺脏移植和人体捐献器官获取工作进行全方位、全流程的质量控制，并将器官移植技术纳入全国医疗质控体系，发布质量安全报告，促进器官移植事业的高质量发展。基于此，中国器官移植发展基金会组织编写了《中国器官捐献和移植发展报告》，该报告成为中国对全球发布的器官捐献和移植数据的官方来源。

三是加强大数据分配共享系统建设。为规范人体器官分配行为，加强行业自律，完善中国人体器官分配与共享计算机系统，中国器官移植发展基金会在国家卫生健康委员会、中国人体器官捐献与移植委员会指导下，于 2021 年 9 月发起成立了中国人体器官分配与共享计算机系统科学委员会（以下简称“科学委员会”）。“科学委员会”成员包括中国器官移植事业改革的管理者、移植专家、伦理专家代表等，负责器官分配政策的研究及顶层设计，定期向国家卫生健康委员会提供器官分配政策相关决策建议。“科学委员会”的成立成为我国器官捐献与移植事业发展进程中的又一个里程碑。2023 年底，国家卫生健康委员会印发《人体组织器官移植与医疗大数据中心工作规则》，为我国人体器官分配与共享体系的不断完善、发展提供保障。

*四是发挥党建引领和人道主义动员优势。*习近平总书记在党的二十大报告中提出，“推进健康中国建设。把保障人民健康放在优先发展的战略位置，完善人民健康促进政策”。自 2013 年中共中央办公厅、国务院办公厅下发通知“鼓励党员、干部去世后捐献器官或遗体”以来，在遗体器官捐献事业发展中“党员表率、医者先行”，倡导党员发挥先锋模范作用，带头践行器官捐献理念，创建“生命接力先锋队”党建品牌，开展“生命接力　百城行动”等主题宣传活动，这些举措发挥了较好的社会引领作用。中国红十字会充分发挥独特的人道组织优势，秉持“保护人的生命和健康”宗旨，弘扬“人道、博爱、奉献”的红十字精神，不断完善促进人体器官捐献工作的体制机制，通过全国组织网络和人体器官捐献协调员、人体器官捐献志愿服务队伍，开展人体器官捐献缅怀纪念暨宣传普及活动，在全社会广泛传播器官捐献的理念和知识，进一步提升社会公众的捐献意识。

新时代中国特色红十字事业研究

红十字“数字标志”的缘起、挑战与中国方案

黄志雄 陈 徽 林嘉悦 张 磊①

摘要：由于人道行动正面临与日俱增的网络攻击风险，红十字国际委员会开启了“数字标志”项目，旨在推动“红十字标志”适应数字化环境，通过技术手段标明受保护实体的数字资产、数据与服务，彰显国际人道法赋予的保护。本文阐述了“数字标志”项目适逢其时的启动背景，分析指出“数字标志”虽有风险，但总体可控且意义与价值更为显著；基于对多种技术方案及其优缺点的探讨，提醒关注并缩小现有技术与现实需求间仍存有的差距。通过对比讨论将“数字标志”纳入国际法律框架的两种方案，本文建议采取制定新附加议定书的方案。中国作为网络大国，应秉持积极态度审慎评估并参与该项目。通过倡议完善“数字标志”的国际行动方案，携手强化网络空间人道保护。

关键词：数字标志；国际人道法；武装冲突；附加议定书；已核验数字标志

“红十字、红新月和红水晶标志”（简称“红十字标志”）是受到国际法承认与保护的特殊标志。依据国际人道法，受保护实体（如医疗机构和人道组织）有权使用“红十字标志”来标识受保护的设施和人员，以此警告恶意行为体不得将其作为攻击目标，因为攻击此类目标可能违反国际人道法。然而，在当前人道行动对数字技术的依赖程度不断加深的背景下，人道行动所面临的网络攻击风险也在不断加

---

① 黄志雄，法学博士，武汉大学法学院副院长、武汉大学网络治理研究院院长、教授，红十字国际学院客座教授；陈徽，法学博士，武汉大学网络治理研究院院长助理、助理研究员；林嘉悦，法学硕士，武汉大学国际法研究所博士研究生，武汉大学网络治理研究院助理研究员；张磊，法学硕士，武汉大学国际法研究所博士研究生，武汉大学网络治理研究院助理研究员。本文系中国红十字会总会的课题研究报告。课题组成员：黄志雄（负责人）、陈徽、林嘉悦、张磊。

剧。为适应数字化环境，红十字国际委员会正积极探索开发“数字标志”，作为一套与“红十字标志”相对应的特殊符号，用以标明网络空间受保护实体的数字资产、数据与服务，从而彰显国际人道法赋予其的保护地位。面对这一新动向，中国作为国际人道法的坚定捍卫者，① 有必要对“数字标志”项目作全面追踪分析，通过积极参与并提出切实可行的行动建议，推动国际人道法在网络空间的适用、发展和完善，为全球数字治理提供新的思路和解决方案。

一、红十字“数字标志”的缘起

随着数字技术的迅猛发展，人道行动正面临着日益严峻的网络攻击风险，全球范围内的医疗系统与人道救援体系不断受到冲击，加剧了国际社会的脆弱性与不确定性。2022 年初，红十字国际委员会被曝遭到大规模网络攻击，致使超过 51.5 万名冲突、灾害等的受难者的个人信息遭到泄露，迫使红十字国际委员会暂时关闭了“重建家庭联系”项目，给全球人道援助工作造成了严重阻碍，使本就处于高度脆弱地位的个人及家庭面临更大风险。② 这一事件表明，红十字国际委员会理应关注如何在网络空间安全有效地开展人道活动。③ 为实现这一目标，通过数字化手段明确标识出网络空间的受保护实体成为推进相关工作的必要前提与应然之举。

基于此，有部分专家较早注意到并提出，可以通过建立一套类似于传统“红十字标志”的数字化印记，来推动关于特殊标志的国际法律规定适用于网络空间。2011 年慕尼黑安全会议的一份报告最早提出了将特殊标志予以数字化的想法，并具体提出了以设置特殊域名作为实现手段的建议。在讨论国际法如何适用于网络行动的《塔林手册 2.0 版》中，专家组在评注诸如“规则 124：不当使用保护性标志”等时，也都注意到诸如假冒“icrc.org”域名的行为，这种行为可能会因不当获取他人的合理信赖，而不当享有武装冲突中国际人道法所赋予的保护。④ 这意味着，特

---

① 红十字国际委员会官网：《巴西、中国、法国、约旦、哈萨克斯坦和南非联合发起一项全球倡议，激励国际社会做出对国际人道法的政治承诺，并呼吁在 2026 年召开一次名为“在战争中维护人道”的高级别会议》，2024 年 9 月 27 日，https://www.icrc.org/zh/news-release/brazil-china-france-jordan-kazakhstan-south-africa-launch-global-initiative-galvanise，2024 年 12 月 7 日最后访问。

② 红十字国际委员会官网：《关于红十字国际委员会遭遇网络攻击事件的当前状况》，2022 年 2 月 16 日，https://www.icrc.org/zh/document/cyber-attack-icrc-what-we-know，2024 年 12 月 7 日最后访问。

③ 2021 年至 2023 年间，红十字国际委员会就召集了一个由法律、军事、政策、技术和安全领域的高级领导人和专家组成的全球咨询委员会，就数字威胁向该组织提供建议，并发布了有关报告，指明了保护平民免受此类威胁的具体建议。参见红十字国际委员会官网：《在武装冲突期间保护平民免受数字威胁》，2023 年 10 月 19 日，https://www.icrc.org/zh/document/protecting-civilians-against-digital-threats-during-armed-conflict，2024 年 12 月 7 日最后访问。

④ 类似地，如在规则 133“识别（特定人员、物体和活动）”中，也提到可采取电子标识等适当手段清楚识别构成医疗队和医务运输工具运行或管理的必要组成部分的计算机、计算机网络和数据。

殊域名如“icrc. org”有可能实现与传统“红十字标志”同等的保护功效。杰弗里·比勒[①]则在2017年的一篇文章中更为具体地提到，网络空间的域名、邮件地址、电子签名和有形的图形展示等也可如同传统特殊标志般获得他人合理信赖，从而可以构成实现“数字标志”的技术方案。[②] 总体而言，这些早期想法与讨论有益地启发了红十字国际委员会的工作，奠定了“数字标志”项目的思路与基础。

2020—2022年，红十字国际委员会一方面与约翰斯·霍普金斯大学应用物理实验室和苏黎世联邦理工学院网络信任中心洽谈，探讨建立“数字标志”的技术方案；另一方面与政策、法律专家，政府官员，红十字会代表磋商，听取关于实现“数字标志”的可行性与建议。在2022年初遭受大规模网络攻击后，红十字国际委员会更为切身地体会到推进“数字标志”项目的紧迫性，于该年末发布了《红十字、红新月和红水晶标志的数字化》（*Digitalizing the Red Cross*, *Red Crescent and Red Crystal Emblems*）研究报告，公开正式宣告了“数字标志”项目的存在并发布了已取得的研究进展。

目前，红十字国际委员会正与合作机构紧密探讨不同技术方案的优劣，加快技术方案的改进，同时通过加强与各国政府、各国红十字会及利益攸关方的咨询沟通，持续验证不同技术方案在实现预期目标上的成效。在2024年10月底举办的第34届红十字与红新月国际大会上，已通过相关决议，要求进一步推进“数字标志”项目。[③] 未来，随着项目的逐渐成熟，“数字标志”有望逐步被纳入国际人道法承认与规制的范围内。

二、红十字“数字标志”的意义与风险

作为特殊标志在网络空间的延伸，“数字标志”是用来识别受保护实体的数字记号，以明确标识具备这一标志的实体享有国际人道法的特殊保护且必须受到保护、免遭伤害。然而，“数字标志”在具体实践中也面临一定的风险。

（一）“数字标志”的意义

1. 帮助识别受保护实体的数字资产、数据与服务

作为受保护实体佩戴的“电子臂章”，“数字标志”可以标记受保护实体的基础

① 杰弗里·比勒时任美国空军中校，隶属美国海军战争学院斯托克顿国际法研究中心（位于美国罗得岛州纽波特市）。他主要研究国际法，特别是与网络安全和军事行动相关的国际法问题。

② Jeffrey Biller, The Misuse of Protected Indicators in Cyberspace: Defending a Core Aspect of International Humanitarian Law, 2017 9th International Conference on Cyber Conflict: Defending the Core, H. Rõigas et al. (eds.), NATO CCD COE Publications, Tallinn, 2017, pp. 107-120.

③ Resolution 2: Protecting Civilians and Other Protected Persons and Objects Against the Potential Human Cost of Ict Activities During Armed Conflict, 34th International Conference, 34IC/24/R2, October 2024, para.12.

设施、数据与服务，从而便于识别其受保护地位，有助于避免错误的目标定位或网络行动造成的附带影响。例如，在武装冲突期间，某军事人员在发起网络行动时，一旦发现该行动的影响范围将覆盖带有“数字标志”的网络基础设施，该军事人员应立即停止该网络行动，或调整其网络行动的范围以确保受保护设施免遭影响。

2. 对恶意行为体产生震慑作用

依据日内瓦四公约①及其附加议定书，在武装冲突期间，攻击受保护实体可构成对国际法的违反，触犯战争罪，进而引致个人刑事责任。② 这对于恶意行为体是否要继续将带有“数字标志”的实体作为军事目标而展开军事行动具有威慑作用。例如，在武装冲突中，某军事人员收到上级命令，要求针对某机构的数据库展开网络攻击，但在攻击准备阶段，该军事人员发现目标数据库标有“数字标志”，这意味着被攻击对象很可能隶属受保护实体。该军事人员基于对国际人道法的尊重与对战争罪和国际刑事责任的畏惧，或将倾向于选择不执行攻击带有“数字标志”的数据库的命令。

3. 推动国际人道法在网络空间的澄清与发展

虽然各国已对国际人道法在网络空间的可适用性达成共识，③ 但就“国际人道法如何适用于网络空间”这一问题尚未取得实质性进展。作为将国际人道法规则适用于网络空间的具体实践，“数字标志”的创设不仅对于受保护实体的数字资产、数据与服务的保护有着实际意义，也对于国际人道法在网络空间的澄清与发展有着积极作用，尤其是有助于区分原则在网络空间的适用。具体而言，通过对受保护实体适用“数字标志”，从而达到将其与军事目标相区分的效果。在理论上，“数字标志”使得对受保护实体实施网络攻击的行为被切实纳入国际法律框架；在实践中，“数字标志”法律制度框架的完善也能在一定程度上解决对肇事者有罪不罚、有责难追的现象。

（二）“数字标志”的风险

1. 固有风险

尽管日内瓦四公约及其附加议定书对于特殊标志的适用作出了系统的规定，但

---

① 日内瓦四公约指的是《改善战地武装部队伤者病者境遇之日内瓦公约》《改善海上武装部队伤者病者及遇船难者境遇之日内瓦公约》《关于战俘待遇之日内瓦公约》《关于战时保护平民之日内瓦公约》。关于公约条文，参见红十字国际委员会官网：https://ihl-databases.icrc.org/en/ihl-treaties/gci-1949，2024 年 12 月 5 日最后访问。

② 例如《国际刑事法院罗马规约》第八条第二款第二项第 24 目与第八条第二款第五项第 2 目。

③ Report of the Group of Governmental Experts on Advancing Responsible State Behaviour in Cyberspace in the Context of International Security, A/76/135, 14 July 2021, para. 71(f).

在实践中，特殊标志仍然存在易被滥用、易暴露受保护实体等风险。而作为特殊标志的数字化延伸，“数字标志”也将面临此类固有风险。例如，未经授权的实体可能利用特殊标志，谎称其受到国际人道法的保护，从而希望免受攻击，这就属于以不当使用的方式滥用标志。滥用标志的情形一旦发生，将在普通大众和武装冲突各方中产生困惑，减损信任。① 此外，“数字标志”也有可能增加受保护实体的暴露风险。在物理环境下的武装冲突中，已有不少针对医疗机构及其人员的蓄意攻击事件。② 而在数字化环境下，网络攻击的远程、低成本、高效率特性使得受保护实体更易被标记，进而遭受大规模网络攻击和针对性损害。

在应对这两类固有风险方面，现有法律框架已有规制。一方面，针对标志的滥用，国际法规定，只有特定实体才有权使用特殊标志；③ 国际人道法禁止不当使用公认标志和背信弃义的行为。④ 另一方面，针对恶意行为体蓄意攻击带有标志的受保护实体，各国已将“故意指令攻击依照国际法使用日内瓦四公约所订特殊标志的建筑物、装备、医疗单位和运输工具及人员”定为犯有战争罪。⑤ 若“数字标志”成为国际法律框架的一部分，上述规则也将用于应对武装冲突期间可能出现的标志滥用与蓄意攻击问题。

然而，尤其需要注意的是，作为一种事前震慑、事后追责的象征性保护机制，“数字标志”与特殊标志一样，对于保护实体免受网络攻击并没有实在防护措施，不能免除采取适当的网络安全措施的必要性。对此，应在“数字标志”的创设与使用的各阶段，持续强调“数字标志”不能替代其他技术防护措施，并提高各主体对于网络安全预防措施的重视。

---

① ICRC, Study on the Use of the Emblems: Operational and Commercial and Other Non-Operational Issues, 2020, pp. 16-17.

② 以苏丹冲突为例。自 2023 年 4 月苏丹地区冲突爆发以来，医护人员伤亡惨重，许多医疗机构在炮击和空袭中遭到破坏。2023 年 12 月，标有也门红新月会标志的红十字国际委员会人道车队在苏丹喀土穆遭到蓄意致命袭击，造成 2 人死亡，7 人受伤。参见红十字国际委员会官网：《冲突摧毁医疗基础设施　苏丹面临医疗危机》，2024 年 8 月 8 日，https://www.icrc.org/zh/news-release/sudan-faces-health-crisis-conflict-devastates-medical-infrastructure，2024 年 12 月 3 日最后访问；红十字国际委员会官网：《苏丹：红十字国际委员会对其人道车队在喀土穆遭到蓄意致命袭击表示谴责》，2023 年 12 月 11 日，https://www.icrc.org/zh/document/sudan-icrc-deplores-deliberate-and-deadly-attack-its-humanitarian-convoy-khartoum，2024 年 12 月 3 日最后访问。

③ 参见《日内瓦第一公约》第四十四条与《第一附加议定书》第十八条。

④ 国际人道法禁止不正当使用国际人道法规定的标志、记号或信号。《陆战法规和惯例的章程》（《海牙章程》）第二十三条第六款，《日内瓦第一公约》第四十四条、第五十三条，《日内瓦第二公约》第四十四条，《第一附加议定书》第三十七条第一款第四项，《第二附加议定书》第十二条，以及《第三附加议定书》第二条第三款都规定了禁止滥用特殊标志。

⑤ 参见《国际刑事法院罗马规约》第八条第二款第二项第 24 目与第八条第二款第五项第 2 目。

2. 特殊风险

“数字标志”的适用与法律归因相较于物理特殊标志存在一定特殊性。针对标有特殊标志的物体的动能攻击进行归因，相关法律责任的追究通常存在于冲突的直接当事国中；而在网络行动的远程性、隐匿性，网络环境的复杂性，溯源能力的差异性等因素的影响下，非冲突当事国可能遭受“莫须有”的不实指控。尤其考虑到不少发达国家多次强调网络行动的政治归因属于各国主权范畴的事务，① 只有提起法律诉讼时，才需要展示充分的归因证据。② 若各国仅基于其政治考量进行政治归因，这可能将进一步扩大不实指控的空间。即使某国并未卷入任何一场正在进行的武装冲突，也可能在各方溯源能力不对等的情况下，面临更多不实指控，这无益于对国际社会和平与安全的维护，也将构成对人道活动的政治干扰。

对于不实指控风险这类特殊风险的化解，应考虑在创设“数字标志”法律框架的具体过程中，明确在对攻击“数字标志”的网络行动进行公开归因时，应当具备确凿的事实证据，主要包括该网络行动的技术属性，该网络行动的范围、规模和影响，该网络行动对国际和平与安全造成的影响，以及有关国家之间的协商结果，各国有义务避免不实指控与恶意指控。

值得注意的是，针对医疗机构及其设施、数据与服务的网络攻击更多发生在和平时期，国际社会目前就这一情形的国际法规制也展开了一定的探索，③ 未来应对此给予更多关注，后文也会进一步探讨这一情况。

---

① 例如爱沙尼亚在其立场文件中指出，归因是基于对某一网络事件或行动的技术和法律考虑的国家政治决定。See Official Compendium of Voluntary National Contributions on the Subject of How International Law Applies to the Use of Information and Communications Technologies by States Submitted by Participating Governmental Experts in the Group of Governmental Experts on Advancing Responsible State Behaviour in Cyberspace in the Context of International Security Established Pursuant to General Assembly Resolution 73/266, A/76/136, 13 July 2021, p. 28.

② 例如荷兰在其立场文件中指出，任何网络行动的归因都是基于政府的决定。对网络行动进行归因，并不要求一个国家披露基本的证据。只有在提起法律诉讼时，法律意义上的证据才会具有重要性。参见上一条注释中的文件的第 61、62 页。

③ 早在 2020 年，红十字国际委员会即指出医疗设施特别容易受到敌对或恶意网络行动的影响，并呼吁各国政府肯定针对医疗机构的网络行动为不可接受的非法行为。同年，牛津大学道德、法律与武装冲突研究所主办的“牛津进程（Oxford Process）”发布了有关国际法保护医疗保健部门免受网络攻击的声明，明确指出国际法禁止国家实施对他国基本医疗服务造成严重不利影响的网络行动。参见红十字国际委员会官网：《呼吁各国政府：携手合作，阻止针对医疗服务的网络攻击》，2020 年 5 月 27 日，https://www.icrc.org/zh/document/governments-work-together-stop-cyber-attacks-health-care，2024 年 12 月 3 日最后访问；The Oxford Statement on the International Law Protections Against Cyber Operations Targeting the Health Care Sector, https://www.elac.ox.ac.uk/the-oxford-process/the-statements-overview/he-oxford-statement-on-cyber-operations-targeting-the-health-care-sector/ (last visited on 3 December 2024); The Second Oxford Statement on International Law Protections of the Health-care Sector During Covid-19: Safeguarding Vaccine Research, https://www.elac.ox.ac.uk/the-oxford-process/the-statements-overview/the-second-oxford-statement/ (last visited on 3 December 2024).。

总而言之，“数字标志”意在加强对受保护实体在网络空间的保护，其创设意义大于潜在风险。具体而言，“数字标志”有助于在网络空间识别受保护实体的数字资产、数据与服务，对恶意行为体产生一定的威慑作用，也有助于推动国际人道法在网络空间的澄清与发展，兼具现实意义与法律价值。与此同时，在推进创设“数字标志”的过程中，必须注意其易被滥用、易暴露受保护实体等固有风险及实践中可能衍生出的不实指控问题。可见，在创设“数字标志”的过程中，必须通过技术手段或法律安排对上述风险予以回应，才能使得“数字标志”的收益确实大于风险。

三、创设“数字标志”的技术方案与可行性

红十字国际委员会通过与两个学术研究机构的合作，探讨了实现“数字标志”的两种可能的技术方案：一是与约翰斯·霍普金斯大学应用物理实验室合作，研究基于附加标志性文件、域名与 IP 地址的解决方案；二是与苏黎世联邦理工学院网络信任中心合作，研究基于已核验数字标志（Authentic Digital Emblem，简称 ADEM）的解决方案。[①] 此外，笔者们在与国内专家的咨询和磋商过程中，还了解到一种综合了域名、二维码、数字签名等多种技术方式的解决方案值得探索，以下将一并予以阐述。

（一）创设“数字标志”的技术方案

1. 基于附加标志性文件

在红十字国际委员会发布的研究报告中，首先探讨了一种基于附加标志性文件的解决方案。这一方案的运作机制是通过特定文件在系统上的可见性来标识该系统的受保护状态。

这一方案的优势在于部署简便，文件既可以被直接添加，也可以被设计为一个持续运行的特定进程予以自动呈现，操作人员可逐系统部署。同时，部署后的文件方便查询，能够快速验证代表特殊标志的标志性文件的存在。

然而，缺点同样明显：首先，需为每台设备单独部署文件，管理难度大，尤其在访问权限受限的设备上更不易操作；其次，方案简单却易被滥用，可能错误标记未受保护设施；最后，文件仅在内部网络静态呈现，无法保护传输数据，且需主动查询各主机，增加了操作风险和难度。

尽管可通过设计提高持续运行的特定进程的可见性，但总体而言，基于附加标

---

① ICRC, Digitalizing the Red Cross, Red Crescent and Red Crystal Emblems: Benefits, Risks, and Possible Solutions, 2022, pp. 27-30.

志性文件的方案在灵活性和全面性上仍有待提升，未能成为红十字国际委员会的重点考虑方案。

2. 基于域名

基于域名的解决方案通过利用域名系统（DNS）中的独特后缀，如 www.icrc.emblem 来展示数字标志。此方案的核心在于，仅限享有保护的系统与该特殊域名关联，确保标志的真实可信。实施此方案需先获互联网名称与数字地址分配机构（ICANN）的批准，设立新顶级域名，并经互联网数字分配机构（IANA）核准，以便在全球范围统一域名使用规范。同时，需成立专门机构管理此受保护顶级域名，负责公正、及时、非政治化地授权使用该独特域名标志，监控更新域名状态，保证实时有效标识受系统保护。为确保平稳过渡，方案还需保证受保护实体在使用新域名时，原网络地址依然可访问，对系统设计提出了一定的兼容性与连续性要求。

该方案的优势在于域名系统的直观易用性，它既便于人理解，也利于软件系统解析处理，能轻松融入现有互联网基础设施，无须大规模升级改造；而且基于整个域名的管理，简化了操作流程，提高了管理效率。特殊域名作为明显易读的标识，有助于提升系统安全性和可信度。

然而，该方案也存在不足：首先，域名缓存机制的存在可能导致标志被撤销后不能立即失效，延长了不应有的保护期；其次，尽管通过域名系统安全扩展（DNSSEC）等技术防范攻击可提升域名安全性，但域名本身仍被视为安全薄弱环节，面临高度威胁；最后，域名在互联网数据交换中的透明性问题也需关注，域名信息通常不直接参与数据交换，可能影响身份验证或访问控制的有效性。

综合而言，基于域名的方案虽具有可读性优势，但在便利性和安全性方面可能不及传统标志。因此，在实际应用中，需综合考虑其局限性，采取相应补偿措施，并可能需要与其他方案结合使用，以确保“数字标志”的有效性和可靠性。

3. 基于 IP 地址

基于 IP 地址的方案是通过在 IP 地址中嵌入特定语义信息，以识别和保护网络数字资产及信息。该机制使系统交互时能准确判断通信对象或传输信息是否归属受保护实体。实施上，可利用 IPv4、IPv6、特定端口等构建基础标识，并通过全球 IP 地址分配系统为受保护实体分配专用 IP 地址段，由软件和路由器识别处理。当实体失去保护资格或遭滥用时，其流量将不再通过专用 IP 地址段路由，该变更通常可在 24 小时内生效，保证及时灵活。

此方案的优势在于依托业已成熟的 IP 地址分配系统，为受保护实体提供清晰、易识别的网络身份，既能在网络层面提供高度可视性，也能在主机层面被软件便捷识别，保护范围周全，且易于查询管理，有助提高维护效率。

然而，缺点也同样明显：首先，在多设备共享 IP 地址的情形下，对受保护实体的标识可能不准确，从而过度扩张保护范围；其次，同一 IP 地址承载受保护与未受保护服务，增加了管理的复杂性和安全风险；最后，该方案的全球推广需协调多方利益和技术标准，协商过程复杂且容易引发争议。

总体而言，单独依赖基于 IP 地址的“数字标志”亦有局限，固有的技术特性导致其在可读性、管理精度和简易度上存在不足，可能与基于域名的方案一样无法达到预期效果。

4. 基于已核验数字标志

已核验数字标志是一种基于“公钥基础设施（PKI）”技术的综合性解决方案，该技术成熟且被广泛应用于网络安全、电子商务、电子政务等领域，能有效维护信息的机密性、完整性和真实性。以 HTTPS 网站为例，其中的“S”即代表应用了 PKI 技术的 SSL/TLS 协议，可确保网站真实及通信安全。

已核验数字标志需解决三大问题，即如何添加、查看和验证“数字标志”。首先，受保护实体使用内含私钥的客户端为设备添加加密签名作为“数字标志”，过程类似传统电子签名。其次，任何人可通过 DNS、TLS、ICMP 等协议访问“数字标志”并同时予以安全解密，查看公钥与私钥的配对情况，核查设备是否受保护。最后，验证“数字标志”的真实性，即为何确信刚才的查验过程是真实可信的。已核验数字标志对此提供三层级的保证：一是“自签名标志（self-signed emblem）”，访问者选择不追问公钥来源，仅基于信任签发者均有权添加标志而信任标志的真实性；二是“组织级标志（organizational emblem）”，访问者知晓的现实组织为公钥来源提供信任背书，标志与可识别组织相关联，可提供更高层次信任；三是“受认可标志（endorsed emblem）”，第三方权威机构如红十字国际委员会认证标志与某一组织间的关联，即使对该组织存疑，也可通过信任可靠的第三方而相信标志的真实性。

值得一提的是，上述只是对已核验数字标志所使用的 PKI 技术的简单通俗描述，由于红十字国际委员会在开发的过程中要求考虑多种场景和不同需求，因此实际应用过程难免会更为复杂与严密。①

已核验数字标志方案的优势在于支持广泛分发和便捷识别，结合多种分发机制，

---

① 参考已核验数字标志方案的主要开发者费利克斯·林克尔和大卫·贝森公开发表的论文，已核验数字标志的实际使用过程还将涉及去中心化的运作与分层级的加密解密。See Felix Linker & David Basin, “ADEM: An Authentic Digital Emblem”, *CCS '23: Proceedings of the 2023 ACM SIGSAC Conference on Computer and Communications Security*, 2023, pp. 2815-2829.

能适应不同需求，同时提供不同层级验证，满足各类信任需求。即使小型组织也能通过自签名标志表明身份，尽管可信度不高，并且据称此层级的验证已被红十字国际委员会弃用，但考虑到武装冲突中的复杂环境及现实中难免存有的技术力制约，适当降低验证门槛并容许一定程度的灵活性或许反倒可以填补保护中的“真空地带”，促进“数字标志”在更普遍的范围发挥功效。

然而，已核验数字标志也存有风险。一方面，攻击者可以通过黑客手段窃取权威机构的权限，经由提供虚假认证而为“数字标志”的非法使用提供伪装。这在现实中不仅已有相关网络攻击的案例予以印证，权威机构的集中化也加剧了这一担忧。另一方面，尽管难度较高，攻击者仍可以通过直接窃取受保护实体的私钥，进而冒充其身份签发虚假的“数字标志”。

总体而言，已核验数字标志方案以其灵活性、广泛适用性和多层认证体系展现出强大的应用潜力，为保护数字资产提供了可行的解决方案。随着技术进步和实践经验积累，该方案有望得到进一步优化和完善，为更多受保护实体提供数字技术支持。正因如此，已核验数字标志方案目前已成为红十字国际委员会所青睐的主要解决方案。

5. 基于域名和二维码的多重认证机制①

基于域名和二维码的多重认证机制，是一个旨在将两项技术的优势相结合，以构建一个全面、高效且安全的“数字标志”系统的创新方案。该方案不仅能够有效标识受保护实体，还满足易识别、易分发、易验证及易撤销等多重需求。

该方案首先提出了新建顶级域名“. redcross”的构想。这一域名将由红十字国际委员会等权威国际组织进行严格控制和管理，以确保其下的二级域名申请者均为符合国际人道法的受保护实体。同时，为了兼顾全球化与本土化需求，各国/地区的代码顶级域名（ccTLD）管理机构将设立如“. redcross. cn”这样的二级特别域名，与本国/地区红十字会共同管理，确保三级域名申请者的合规性。

受保护实体可以选择在“. redcross”顶级域名下或所在国/地区的二级特别域名下进行注册。注册成功后，实体将获得一个包含唯一域名和二维码的“数字标志”实体证书。这个证书详细记录了实体的特征信息，并经过管理机构的严格审核和数字签名加密，以确保信息的准确性和有效性。用户只需扫描二维码或访问域名，即可获取验证网址，进而核对受保护实体的信息，验证其真实性。当实体失去受保护地位时，系统能够实时更新其状态为“已撤销”。

① 该技术解决方案的详细思路与说明由中国互联网络信息中心的姚健康研究员提供，特致谢意。

这一方案的优势在于它巧妙地结合了全球化和区域化的管理需求，既确保了受保护实体在国际上获得普遍认可，又适应了各国或地区的自主管理要求。同时，通过域名和二维码的结合，用户能够方便快捷地获取受保护实体的信息，提高了系统的可用性和透明度。此外，实时验证机制的引入使得访问者可以随时查看实体的实际受保护状态，而管理机构也能实时维护更新信息。

然而，这一方案也面临着一些挑战。首先，国际顶级域名的申请流程复杂且耗时，存在国际利益纠葛的不确定性。其次，各国/地区的代码顶级域名管理机构设立二级特别域名也需获得当地政府机构的审批，这同样是一个耗时的过程。再次，“数字标志”信息的注册和审核过程可能因各国/地区法律法规和文化背景的差异而变得复杂且成本较高。从次，随着网络攻击的不断加剧，验证网站的安全防护也成为一个需要重点关注的问题。最后，不同国家/地区的用户对二维码等技术的接受程度也可能影响方案的普及效果。

尽管如此，基于域名和二维码的多重认证机制仍为“数字标志”的创建提供了一种全新的思路。它在提升信任度和安全性方面的潜力不容忽视。若能不断优化技术、加强国际合作及提高公众对该技术的认知度和接受度，这一方案也有望在未来为国际组织、国家或地区的相关实体提供良好的标识与保护功效。

（二）创设“数字标志”的技术挑战

在探索“数字标志”创设的过程中，尽管存在多种技术路径，但均面临一系列亟待解决的难题。以备受瞩目的已核验数字标志方案为例，其与现实需求间的差距主要体现在以下几个方面。

第一，区分保护性使用与标明性使用是“数字标志”设计的一大挑战。传统标志在应用中明确区分了这两种用途：保护性使用要求标志显著且易于识别，以提供免受攻击的安全屏障；而标明性使用则侧重于标识身份，要求避免与保护性标志相混淆。然而，当前探讨的“数字标志”技术方案在这两者间都缺乏明确的技术区分，导致在由和平时期过渡到武装冲突时期时，使用上可能出现混淆。

第二，广泛兼容性是“数字标志”推广的关键。一个理想的“数字标志”应能跨越技术迭代，兼容各类设备，实现低成本升级。但已核验数字标志方案的复杂性及对高性能硬件与新软件系统的依赖，对老旧、小型、移动设备构成了挑战。特别是医疗设备，其出厂设定的封闭性使得添加“数字标志”及后续操作可能干扰设备稳定运行，增加了实施难度。

第三，跨国互认与互操作性是“数字标志”国际应用的基石。已核验数字标志所基于的 PKI 技术需多个供应商协同供应整套设备与服务，但各国/地区可能因法律、成本等因素选择不同供应商和技术标准，导致国际“数字标志”的识别与互操作存在障碍。如何协调不同标准，实现全球互认与互操作，成为亟待解决的问题。

第四，人类可读性也是“数字标志”设计中不可忽视的一环。在全球发展不均衡的背景下，标志不仅要能被机器识别，还需让所有网络操作员，无论来自何地、拥有何种文化背景，都能理解其含义。已核验数字标志方案需探索具象化展示途径，如通过特定图标或文字提示，确保“数字标志”得到普遍认知与理解。

第五，战场环境的适应性将是对“数字标志”在复杂极端条件下的“生存能力”的一大考验。相比物理标志，网络空间在战时易受电子干扰，可能限制“数字标志”的有效运作。已核验数字标志方案需为此广泛探索离线操作、本地验证等特别使用场景，以适应多变的战场环境。

综上所述，尽管“数字标志”的创设面临重重挑战，但其对于加强网络空间国际人道法保护的必要性与可行性不容忽视。解决这些问题不仅要依赖技术的持续进步，更需要法律框架的同步调整与创新。通过法律明确“数字标志”的使用规范、促进技术标准协调与国际互认，以及增强法律在数字环境下的适应力与保护力，是推进“数字标志”发展的必由之路。因此，法律如何接纳并规范“数字标志”，将成为未来讨论的重中之重。

四、创设“数字标志”的法律方案及其对比分析

采用不同的法律方案将“数字标志”纳入国际法律框架，对于“数字标志”规则的确立流程与具体实施有着不同的影响。目前有两种主流法律方案，即制定日内瓦四公约的新附加议定书，或将“数字标志”纳入《1949 年 8 月 12 日日内瓦四公约关于保护国际性武装冲突受难者的附加议定书》（以下简称《第一附加议定书》）附件一。

（一）创设“数字标志”的两种法律方案

红十字国际委员会在其 2022 年的报告中就如何创设“数字标志”提到了三种法律方案：一是通过一个新的日内瓦四公约的附加议定书；二是修订《第一附加议定书》关于规制“特殊信号”或通信使用的附件一；三是就“数字标志”达成特别协定（*ad hoc* agreement）。① 第一项方案与第三项方案的本质都是就“数字标志”制定一项新的国际公约，但两者之间的区别主要在于制定新附加议定书与日内瓦四公约及其三项附加议定书拥有较强的联系，而特别协定则是一项更为“独立”的新文

① ICRC, Digitalizing the Red Cross, Red Crescent and Red Crystal Emblems: Benefits, Risks, and Possible Solutions, 2022, p. 26.

书。虽然特别协定这一方案或可突破“国际人道法适用于武装冲突时期”这一局限，就和平时期的相关规制予以探索，但这一方案的现实可行性较低。具体而言，特别协定有脱离现有的国际人道法框架之嫌，同时诸多安排也可能是对现有法律的简单重复；此外，考虑到当前地缘政治风险升温的现实，制定一项全新的人道法条约的启动难度过高、谈判耗时久，需要极充分的外交准备和极强的政治意愿。由此，本文将着重比较分析更具操作性的前两项法律方案。

1. 方案一：制定新附加议定书

通过一个新的日内瓦四公约的附加议定书，这大致包括签署、纳入章程和生效三步。以《1949 年 8 月 12 日日内瓦公约关于采纳一个新增特殊标志的附加议定书》（以下简称《第三附加议定书》）的订立为例。日内瓦公约的缔约国在 2005 年 12 月通过了关于创设“红水晶标志”的《第三附加议定书》，次年的红十字与红新月国际大会将新标志纳入了章程条款，该附加议定书于 2007 年 1 月生效，完成了确立新增标志的整个过程。

就法律性质而言，新附加议定书是附加性的文件而非独立的文件。在形式上，新附加议定书与日内瓦四公约有一定联系，例如日内瓦四公约的非缔约国不可能成为新附加议定书的缔约国；在实质上，新附加议定书将是对日内瓦四公约的实质性规则和执行机制的补充，但该议定书同时又受到日内瓦四公约中未修订的相关条款的约束。

2. 方案二：纳入《第一附加议定书》附件一

作为日内瓦四公约的补充，《第一附加议定书》是为保护国际性武装冲突受害者并对作战方式加以限制而订立的附加议定书。《第一附加议定书》附件一“识别章程”涉及特殊标志和特殊信号的识别与使用。修正该附件的相应程序是：首先，由红十字国际委员会启动技术专家会议；然后，召开议定书缔约方与日内瓦公约缔约方会议，审议并通过技术专家提出的修正案；最后，如果修正案在送交各缔约方的一年期限内获得超过三分之二的缔约方同意（包括默示同意），则该修正案在三个月后对这些缔约方生效。一旦附件一的修正获得通过，将对《第一附加议定书》的缔约各方产生效力。

根据《第一附加议定书》的规定，红十字国际委员会可以自行主动开启修订程序。《第一附加议定书》第九十八条规定，红十字国际委员会应就该议定书附件一与各缔约方进行磋商，并在红十字国际委员会认为必要时，建议召开审查附件一的技术专家会议，并对附件一提出其认为适宜的修正案。而一旦召开技术专家会议，后续的流程都能够在该条中找到遵循。

（二）创设“数字标志”法律方案的对比分析

就程序事项而言，方案二更易于启动，但在两项方案均顺利启动的条件下，方案一更易于落地。这是因为，方案一本质上是订立一项新条约，需要各缔约方对于“数字标志”项目凝聚较大的共识，所以启动阶段耗时久、难度高，能否持续推进存在较大的不确定性；而方案二的启动标志是召开技术专家会议，《第一附加议定书》明确规定了附件一的修改流程。在方案落地方面，方案二需要获得两轮大规模的同意：一是修正案的通过需经出席议定书缔约方与日内瓦四公约缔约方会议并参加表决的缔约方超过三分之二的多数同意；二是生效时，各缔约方对送达的修正案在一年内的表态。而方案一仅需对新拟定的议定书草案进行一次表决。因而与方案一相比，方案二能否顺利落地存在更大的不确定性。

就实质内容而言，考虑到现实中各国/地区对“国际人道法在网络空间如何适用”所达成的共识十分有限，制定新附加议定书能够尽可能兼容“数字标志”的技术细节与各国/地区对其的政治考量，尤其是对不实指控的担忧和能力建设的需求。《第一附加议定书》附件一是对在武装冲突期间如何识别平民、居民等受保护实体的补充说明，旨在对特殊标志、特殊信号的具体使用方式作出简明而具体的规定。若采纳方案二，将“数字标志”纳入《第一附加议定书》附件一，主要涉及的是“数字标志”设计与使用的技术事项，并不足以承载国际社会对“数字标志”的所有期待。而采用制定新附加议定书的方式，各国可以就技术之外的事项表达自身的利益诉求。以应对不实指控风险为例，专攻技术事项的方案二无法有效处理这一问题，必须依赖对现有国际法归因规则的解释来强调各国/地区应负责任地进行公开归因。而方案一作为一项新的法律文本，各国/地区可以直接将“数字标志”的归因规则纳入其中，甚至可以考虑设计相关机制以追踪并监督“数字标志”在实践中的使用情况。此外，“数字标志”的实际使用是需要一定技术门槛的，并非所有国家/地区都有能力依靠自身完成“数字标志”在该国/地区的设置与运行。若在新附加议定书中增加与能力建设合作相关的条款，将为切实推动发达国家和有能力的发展中国家与需要援助的发展中国家间开展国际合作提供规则支撑。

综合考虑两种法律方案，以制定新附加议定书的方式将“数字标志”纳入国际法律框架应当更符合现实需求。值得注意的是，不管选择何种法律方案，后续还必须处理好“数字标志”与现有国际人道法中特殊标志的法律关系问题，思考衔接二者的方式，以及确定是否还需对相关实体性规则做必要变更。

五、推动“数字标志”的中国立场与对策建议

“数字标志”作为红十字运动直面数字时代新问题、新挑战的重大举措，对解决医疗机构与人道组织面临的严峻数字威胁具有重要的现实意义。作为网络大国，同时也是遭受网络攻击最频繁、最严重的国家之一，“数字标志”的创设符合中国的现实需求。① 中国应当在审慎、客观研判的基础上，正面回应相关国际实践发展。

（一）在防范可能风险的前提下，支持并积极推动“数字标志”的创设与实践

“数字标志”的创设与实践具有显著的积极效益，但其带来的风险与挑战也无法忽视。但总体而言，创设“数字标志”的收益大于风险。中国应在防范可能风险、适当降低对“数字标志”作用的预期的前提下，支持“数字标志”的创设并积极推动各方就“数字标志”的技术与法律方案达成共识，后续也应通过国内法律程序与政策措施使“数字标志”顺利落地以切实发挥其保护作用。

（二）组织技术专家对技术方案展开全面、专业、自主的测试与评估

目前，以红十字国际委员会所青睐的已核验数字标志方案为例，其虽理论上具有易部署、易识别、易验证和易撤销等特征，但仍存有一些技术挑战有待预设和解决。例如，PKI 技术依赖公钥和私钥对的管理，一旦私钥不慎泄露，整个系统中基于 PKI 技术的安全体系将受到严重威胁，因而需要考虑如何强化秘钥管理体系。同时，PKI 技术还仰赖权威认证机构来建立整个体系内的信任关系，若认证机构受攻击沦陷或者出现信任危机，验证“数字标志”所需的信息真实性和完整性将受损，因而可以考虑引入分布式信任模型来提升信任关系的稳健性。针对诸如此类的问题，需要做更为全面、专业的测试与评估。国家或地区在自主评估时，还需要在一定程度上脱离纯粹的技术考虑，融入国际政治博弈背景，综合衡量利益与风险。

对已核验数字标志的现有评估是相对封闭的，主要由西方国家的专家与实验室负责联合测试，我国仅有机会参与中后期磋商。考虑到日趋紧张的国际供应链形势，以及中国强调关键核心技术的自主可控，为确保中国未来能充分享有国际人道法赋予的权利、自主可控地使用“数字标志”，建议中国权威技术部门或机构组织专家加强在互联网工程任务组（IETF）等标准组织中的参与，加强跨部门联络和磋商，提前谋划后续有关的技术测试与评估，以实践检验理论，充分支撑中国主张。

此外，需要注意的是，针对中国专家提出的“基于域名和二维码的多重认证机制”方案应保持开放态度，积极为相关方案的理论完善、原型开发、测试评估提供必要支持。若认为其更符合中国和国际社会的共同利益，则应积极向红十字国际委

---

① 中国信息通信研究院安全研究所、深信服科技股份有限公司：《医疗物联网安全研究报告（2021年）》，2021 年 7 月，http://www.caict.ac.cn/kxyj/qwfb/ztbg/202107/P020210728391088371964.pdf，2024 年 12 月 7 日最后访问。

员会予以推荐。

（三）主张制定新附加议定书将“数字标志”纳入国际法律框架，我国宜积极考虑批准或加入相关法律文件并做好国内立法转化

修正《第一附加议定书》附件一和制定新附加议定书相比，修正附件一更易于启动、灵活性较强。然而，制定新附加议定书虽然启动困难，但更符合红十字国际委员会创设新内容的工作惯性。同时，制定新附加议定书也有利于纳入防止不实指控、加强对发展中国家的能力建设等内容，充分体现中国的利益诉求。综合看来，主张以制定新附加议定书的方式将“数字标志”纳入国际法律框架更符合中国的现实情况。

红十字国际委员会将“数字标志”纳入国际法律框架后，中国宜积极考虑批准或加入相关法律文件并做好后续国内立法转化工作。中国是否批准或加入相关国际规则的主要判断依据是有无后续“实质影响”。以中国对《第三附加议定书》（旨在新增“红水晶标志”）的实践为例，2009 年第十一届全国人民代表大会外事委员会认为，是否加入该议定书对中国继续参与、开展境内外人道主义活动、实施国际人道法等均无实质影响，可暂缓加入该议定书的进程，待时机成熟后再考虑。“数字标志”的创设对于保护中国医疗机构与人道组织的数字资产、数据与服务具有重要意义，对中国参与境内外国际人道主义活动、实施国际人道法具有突出的实质影响，因而中国宜积极考虑批准或加入相关法律文件。若中国批准或加入新附加议定书，下一步的工作则是启动对《中华人民共和国红十字会法》的修改，将“数字标志”附加议定书添入“本法所称日内瓦公约‘附加议定书’”列举中，从而为《中华人民共和国红十字标志使用办法》的修改提供遵循。

（四）呼吁在新附加议定书中写入防止对网络攻击的不实指控、加强发展中国家网络能力建设的相关内容

鉴于“数字标志”在中国应用后或有风险加剧的潜在可能，中国应呼吁在新附加议定书中写入针对医疗机构与人道组织的跨境网络攻击事件，各方应秉承善意原则，加强对话与溯源合作，避免任意、恶意的不实指控等内容。通过达成此类国际规则，能为中国在后续反击相关政治与舆论攻势时提供法理依据。

除此之外，发展中国家多是网络欠发达国家，“数字标志”虽然提供了法律保障，但其自身的网络安全措施、网络基础设施等仍然较为落后，亟需网络大国提供相关能力建设援助。为帮助发展中国家搭建“数字标志”基础设施并保障后续顺利运行，提升网络防御和对网络攻击的溯源能力，中国应率先示范，为“一带一路”共建中的发展中国家提供相关能力建设援助。同时，中国可呼吁在新附加议定书中

写入发达国家和网络大国应秉承公平、非歧视的原则，为发展中国家提供相关网络能力建设，确保“数字标志”的顺利运行等内容。建议上述文本都站在构建人类命运共同体的高度，不针对特定国家和实体，且提供互惠性的国际公共产品，这样受到广泛支持的概率较大。

六、完善“数字标志”的国际行动与方案倡议

“数字标志”是惠及国际社会的标志性人道主义项目，各国/地区、红十字运动成员及相关互联网实体应当合作推动其落地和实践，携手构建更加包容、普惠、有韧性的网络空间命运共同体。

（一）各方应平等参与技术方案的选择、测试与评估，评估过程与结果应向国际社会公开透明，且应尊重军事主管当局在实施与监督过程中的自主性

在前期（2020—2021 年）提出“数字标志”技术方案、中后期（2022—2024 年）开展技术测试与评估这两个阶段，发展中国家和非西方国家总体参与较少。在两年多的技术测试与评估阶段，红十字国际委员会也并未发布相关报告，国际社会对相关技术评估细节与结论知之甚少。我们呼吁：各方应平等参与技术方案的选择、测试与评估，评估过程与结果应向国际社会公开透明并保持常态化更新。

除此之外，《日内瓦第一公约》第三十九至四十三条保障了军事主管当局在特殊标志的授予和监督过程中的自主性，“数字标志”的授予和监督理应适用这一规则。① 各方不应当以数字基础资源的获取与协调、技术援助、经济援助、胁迫等任何理由或方式干涉他国内政，务必尊重他国军事主管当局在“数字标志”项目的实施和监督过程中的自主性。

（二）建议红十字国际委员会建立“数字标志”风险响应与报告机制，并组织定期风险评估与改进会议

“数字标志”的任何技术方案都并非无懈可击，仍然可能被黑客破解程序、任意授权并进行滥用。同时，医疗机构与人道组织的数字资产、数据与服务即使添加了“数字标志”，依旧可能遭受蓄意攻击。因此，红十字国际委员会可在红十字运动成员间建立“数字标志”的风险响应与报告机制，及时报告、共享网络风险事件

---

① 例如，《日内瓦第一公约》第三十九条强调，“在军事主管当局之指导下，上项标志应标明于旗帜、臂章，及医疗部门所使用之一切设备上”。第四十二条指出，“本公约特殊旗帜之悬挂仅限于依本公约应受尊重之医疗队及医疗所，并须经军事当局同意”，等等。红十字国际委员会对“数字标志”适用这一规则持支持态度，其在《红十字、红新月与红水晶标志的数字化：益处、风险及解决方案》报告“谁可以使用特殊标志”部分表示，民事医疗单位和运输队使用特殊标志，须经主管当局（国家或武装冲突期间可能是“武装团体”）授权。

和相关技术信息，使各实体对此类黑客组织的身份与来源、攻击模式或方法、漏洞信息及诉求（如计算机勒索）等有所防范。

“数字标志”风险响应与报告机制有四点需要注意的地方：一是各实体本身应建立完善的网络防御机制，包括建立防火墙、安全监测系统，监控和审计网络流量，实时诊断等。二是各实体要明确责任分工和流程。要确保专人或部门负责，建立清晰的响应流程，包括发现与报告风险、评估威胁级别、采取应急措施等。三是各实体应在国内相关部门同意的前提下，及时向红十字国际委员会分享或报告风险信息。四是红十字国际委员会应定期组织“数字标志”风险评估与改进会议，以吸取有效经验。

（三）各方应通过国际和国内层面的问责制“双轨并行”，加强在和平时期对医疗机构与人道组织的保护

国际人道法包含一系列在发生武装冲突时适用的规则，其并不能为和平时期的医疗机构与人道组织提供法律保护。因而，“数字标志”在和平时期仅能对医疗机构与人道组织的数字资产、数据和服务提供有限的识别功能。需要注意的是，当前绝大部分网络攻击发生在和平时期而非武装冲突时期。为了弥补国际人道法框架下的“数字标志”相关规则的规制范围缺陷，给和平时期的医疗机构与人道组织提供充分的法律保护，需要加强国际与国内层面的问责制。

一方面，需要发展“禁止在和平时期对医疗机构与人道组织发起网络攻击”等新的国际法规则，推动形成相关国际义务。当前，鉴于缺乏直接规制在和平时期对医疗机构与人道组织发起网络攻击的国际法规则，国际社会通常援引一般性的主权原则或联合国信息安全政府专家组（UN GGE）2015年通过的软法性的“网络空间负责任国家行为规范”规制相关行为。[①]“医疗机构应被视为主权国家的关键基础设施”在联合国信息安全政府专家组和联合国信息安全开放式工作组（OEWG）的报告中已然达成共识，然而人道组织能否被视为关键基础设施尚未有定论，这也是近年来红十字国际委员会等探索发展新的国际规则——“禁止在和平时期对医疗机构

① 多数国家在其发布的关于国际法适用于网络空间的立场文件中指出，攻击关键基础设施即视同侵犯主权。联合国信息安全政府专家组“网络空间负责任国家行为规范”13（f）和13（g）也涉及保护关键基础设施。红十字国际委员会指出，医疗设施属于“网络空间负责任国家行为规范”所保护的关键基础设施的一部分。Norms for Responsible State Behavior on Cyber Operations Should Build on International Law, ICRC, 2020, https://www.icrc.org/en/document/norms-responsible-state-behavior-cyber-operations-should-build-international-law (last visited on 7 December 2024).

与人道组织发起网络攻击"的重要原因。① 我们呼吁通过新附加议定书、决议等文件及各国实践逐步推动形成相关规则，为在和平时期对医疗机构与人道组织的保护提供一定法律依据。

另一方面，各方应通过修法或立法等方式将"数字标志"相关规则纳入国内法。"数字标志"相关规则倘若以新附加议定书等方式获得通过，并不当然在各国国内实施与执行，这取决于各国的法律体系、宪法规定及对待国际法的态度。为了确保国内法与国际法的协调一致，通常需要将国际规则通过国内立法程序转化或根据宪法或法律明文规定直接采纳等方式纳入国内法。

（四）鼓励各方深化对"数字标志"在自主武器等未来人工智能军事应用领域的适应性研究

2023年初至今，以ChatGPT为代表的生成式人工智能给人类的生产生活带来了革命性冲击。然而，红十字国际委员会2022年11月发布的"数字标志"报告对该标志的应用与功能的探索仅止步于防范网络攻击，相关技术与法律方案未能对技术的快速发展保留一定前瞻性和弹性空间。当前，一些国家在其军事战略中已明确提出加强人工智能技术的应用与普及。未来的战争必将是智能战争，其伤害与损失的规模和后果将远超网络战。正如350名顶尖人工智能专家与高管所言，人工智能可能给人类带来的生存性风险已经与大流行病、核战争等规模的风险并列。② 同时，根据丹尼尔·C. 欣克等学者的研究，由于发射距离较远，自主武器恐无法有效识别保护性标志，并提出了一种"跨频率的保护标志（cross-frequency protective emblem）"。③ 除此之外，在以人工智能工具发起大规模、低精度的自动化网络攻击时可能也无法识别"数字标志"的验证机制并区分受保护实体的数字资产、数据与服务，受保护实体甚至可能因佩戴标志提高了在网络空间的曝光度，被恶意行为体纳入攻击目标清单，遭受更严重的定向攻击。

---

① 围绕对和平时期医疗部门的保护，红十字国际委员会和"牛津进程"发布了较多研究成果，例如 ICRC, Call by Global Leaders: Work Together Now to Stop Cyberattacks on the Healthcare Sector, 2020, https://blogs.icrc.org/law-and-policy/2020/05/26/call-global-leaders-stop-cyberattacks-healthcare/ (last visited on 7 December 2024); The Oxford Statement on the International Law Protections Against Cyber Operations Targeting the Health Care Sector, 2020, https://www.elac.ox.ac.uk/the-oxford-process/the-statements-overview/he-oxford-statement-on-cyber-operations-targeting-the-health-care-sector/ (last visited on 7 December 2024).

② Kevin Roose, A.I. Poses "Risk of Extinction", Industry Leaders Warn, 30 May 2023, *The New York Times*, https://www.nytimes.com/2023/05/30/technology/ai-threat-warning.html (last visited on 7 December 2024).

③ Daniel C. Hinck & Jonas J. Schottler, et al., A Next-Generation Protective Emblem: Cross-Frequency Protective Options for Non-Combatants in the Context of (Fully) Autonomous Warfare, *International Review of the Red Cross*, 2024, pp. 1-29.

我们呼吁国际社会未雨绸缪，深化对“数字标志”在自主武器及其他人工智能军事应用领域的适应性研究。此举不仅是对当前技术发展趋势的积极响应，更是对未来战场人道主义保护机制的前瞻布局，其战略价值与紧迫性不言而喻。通过加强跨领域合作与技术创新，我们能够更好地确保技术进步服务于人类的和平与安全，而非成为新的威胁源泉。

七、结语

“数字标志”是国际红十字运动直面数字时代新问题、新挑战的重大举措。在创设“数字标志”的磋商阶段，深入研究其意义与风险、技术和法律方案的可行性及如何推动国际法的完善与发展具有重要的理论与现实意义，有助于形成并切实发挥“数字标志”对医疗机构与人道组织全天候的保护作用，同时也将进一步促进国际人道法的数字化转型乃至国际法在网络空间的澄清与发展。然而，本文的研究仍然存在一定局限，呼唤学界为此展开更深入的探讨。例如，发展“数字标志”的相关规则如何与现有的国际人道法体系相调适；新附加议定书的制度设计如何更多地体现广大发展中国家的利益；《中华人民共和国红十字标志使用办法》如何具体修订以内化“数字标志”相关规则；对“基于域名和二维码的多重认证机制”方案如何评估其可行性并进行国际推广等都是需要探究的问题。在 2024 年 10 月底举行的第 34 届红十字与红新月国际大会上，国际社会关于“数字标志”的意义达成了初步共识,① 这是推动“数字标志”从构想化为现实的起点，学界和红十字国际运动等实务界亟需加强合作研究，以理论支撑实践，助推各方早日就“数字标志”的技术与法律方案达成一致。

Red Cross “Digital Emblem”: Origins, Challenges and Chinese Solution

Abstract: As humanitarian operations are facing an increasing risk of cyberattacks, the International Committee of the Red Cross launched the “Digital Emblem” project, which aims to adapt the “Red Cross emblem” to the digital environment, and to similarly indicate the protected entities’ digital assets, data and services through technical means, so as to highlight the protection afforded by International Humanitarian Law. This article

① ICRC, Resolution on Protecting Civilians and Other Protected Persons and Objects Against the Potential Human Cost of ICT Activities During Armed Conflict, 34IC/24/R2, October 2024, para.12.

describes the background to the timely launch of the "Digital Emblem" project and argues that comparing with the risks, the significance and value of the "Digital Emblem" weigh more. Based on the discussion of various technical solutions and their respective merits and drawbacks, it highlights the existing gaps between current technology and practical requirements, urging attention and improvement. Following a comparative analysis of two potential pathways for integrating the "Digital Emblem" into the international legal framework, this article advocates for the adoption of a new additional protocol as the preferred approach. As a prominent cyber power, China should adopt a positive attitude, carefully evaluate and participate in the project. By advocating for an international action plan to refine the "Digital Emblem", we can collectively bolster humanitarian protection in the digital realm.

Keywords: digital emblem; International Humanitarian Law; armed conflict; additional protocol; authentic digital emblem

理顺县级红十字会管理体制的制约因素和关键举措①

葛道顺

摘要：本文通过多省市调查资料分析，讨论了我国县级红十字会理顺管理体制的进程和存在的约束，并结合新时代发展的历史要求，提出了全面理顺管理体制的新内涵，即党的工作由党委直接领导、机关作为编制单位管理、机构作为群团组织管理、组织和事业发展纳入五年规划管理等，从而实现以党的领导为核心，以参公管理为形式，以群团工作为基础，以规划管理为引导的统一于国家治理体系的全面管理体制。这对我国红十字会和红十字事业在新征程的高质量发展具有重要意义。

关键词：理顺管理体制；红十字会组织建设；转型发展；高质量发展

理顺管理体制是进入21世纪以来中国红十字会组织发展的核心工作。全国省级（31个省、自治区、直辖市）和地级红十字会分别于2006年10月和2021年12月全部理顺了管理体制（边疆意义城市三沙市例外），从过去卫生健康行政部门代管改为单设建制。课题组根据相关资料估算，截至2024年末，全国尚有近20%的县级红十字会没有理顺管理体制。本文根据课题组于2022年6月至2024年12月在C市、Q省和G省及其他相关地区红十字会的实地调查资料，就县级红十字会理顺管理体制及我国红十字会全面理顺管理体制内涵的相关问题展开讨论。

---

① 本文系2020年国家社科基金重点课题“大变局视角下我国群团组织赋权结构扩展与发展机制研究”（批准文号：20ASH016）的阶段性成果之一，是在中国红十字会总会“我国红十字组织体系建设的重点难点和关键举措研究”报告基础上的拓展研究。课题组成员包括葛道顺（负责人）、杨刚、卢娟、邓雅丹、司学敏、刘姝辛、杨书超、古敏等。本文执笔葛道顺系苏州大学红十字国际学院教授，新时代红十字事业教研中心主任。

一、影响县级红十字会理顺管理体制的主要因素

根据实地调查，结合既有研究资料①及课题组成员多年来对我国红十字会组织建设的观察，课题组认为县级红十字会没有理顺管理体制，既有客观因素，也有主观因素影响。

（一）客观因素："编制-财政"硬约束

1. 人口规模决定了县级红十字会理顺管理体制的编制总数和财政预算基数

控制财政供养机构和人员编制总量是各国普遍做法，我国也不例外。党的十八大以来，中央加强了编制管理工作，地方行政编制、事业编制及其他各类专项编制的总量由中央统一控制，不得超额。其中，各级事业单位编制以 2012 年底统计基数为准，只减不增。县级地方红十字会机构单设，至少需要 3 个人员编制和 1 个领导职数。其中，地方编制总量由常住人口规模决定，领导职数受编制总量限制。机构单设的红十字会成立党组和监事会，则需要更多编制和更多领导职数。所以，理顺管理体制的前提条件是地方能够或者有意愿从短缺的编制总额和领导职数中分出"蛋糕"给红十字会。如 1 万人口规模的新疆维吾尔自治区阿拉山口市，工会、共青团、妇联等人民团体皆未能机构单设，而是由编制 4 人的工青妇工作部协统。该市成立了一般社团性质的红十字会，由市卫生健康委员会运维。②

与编制配套的还有财政预算、办公场所等相关物质基础条件，它们能否满足红十字会机构单设，取决于地方财政预算能力，也是硬性约束。如 Q 省 H 州人口在 10 万以下的 4 个县，近 90%的财政预算来自中央和省政府的转移支付，红十字会作为卫健部门的一个内设办公室，借力开展相关基本工作，难以理顺管理体制。

2. 一般经济社会发展模式下，5 万人口以下规模的县的红十字会理顺管理体制难度大

随着经济社会发展和公共服务水平的不断提高，我国县域行政区划的编制总量占总人口的比例已经比中华人民共和国成立初期的 2‰③扩大了 10 多倍，但作为公共服务型组织的机关事业单位人手不足业已成为常态。一般情况下，编制库存流经党政机关、人大、政协、政法系统专项、民主党派和工商联、国有企业、科教文卫

---

① "编制"和"身份"是影响各级红十字会理顺管理体制的重要因素，参见王名等：《转型期的中国公益事业——中国红十字事业 2005—2009 年发展规划中期评估报告》，清华大学 NGO 研究所、中国红十字会总会内部资料，2007 年。

② 阿拉山口市政府办公室：《阿拉山口市红十字会改革方案》，阿市政办发〔2021〕30 号。

③ 数据来自中共中央对于中央精简小组《关于各级国家机关、党派、人民团体精简的建议》的批示（1962）。

体事业单位、作为政协界别组成的人民团体，以及以上按比例核定的机关后勤单位，最后才能到红十字会等群众团体。也就是说，在人口数量稀少、编制总量短缺的县级地方，编制（包括规模和领导职数）一般还没有分配到群众组织就已用尽。比如课题组调查的Q省D州的E县、F县、G县的人口分别只有4.85万、3.77万和4.07万，即使编制总量占常住人口的比例再扩充1倍也难以满足党政各部门及教育、卫生等公共服务部门全部单位设置的需求。如果地区发展方式不发生转化，红十字会理顺管理体制几乎无望。

（二）主观因素："认知-文化"软约束

影响县级红十字会理顺管理体制的主观因素源于"认知-文化"软约束，具体表现为认知偏差、使命感不足等。

1. 认知偏差："社团建立论"和"背靠卫健系统优势论"

一些地方分管领导片面地认为，《中华人民共和国红十字会法》（以下简称《红十字会法》）并没有明确规定县级地方"建立"机构单设的红十字会，地方已经按照《红十字会法》"建立"了社会团体作为法人的红十字会（对应第十条），赋予了卫健部门红十字会办公室专门编制，按照实际工作需要配备了专职工作人员（对应第七条），拨给了专项经费（对应第五条），红十字会可以"独立自主地开展工作"（对应第四条），分别符合《红十字会法》相关条款要求；至于是否隶属卫健部门办公，《红十字会法》并没有明确规定。如此认知明显背离了《红十字会法》和《中国红十字会章程》的精神，课题组称之为偏差的"社团建立论"。课题组发现，正是部分地区党政领导对《红十字会法》的认识偏差导致实际工作难以推动，甚至个别地方还出现分管领导建议取消红十字会的声音。

"背靠卫健系统优势论"的认知偏差，从中国红十字会总会提出并推动各级红十字会理顺管理体制以来一直存在。从课题组汇总的调研材料来看，主要表现在三个方面：一是红十字会可以借助卫健系统资源，在人员队伍、工作运行、工作经费等方面都得到了保障；二是红十字会可以借助卫健系统的行政力量，在与下辖单位，如街道、乡镇及相关部门的沟通对接中更加直接有效；三是红十字会在组织医疗卫生机构参与"三救三献"具体业务时更加有力。课题组实地调研后认为，卫健系统在这三个方面能够提供的工作便利是客观、真实存在的，但并不能因此说明以如此方式提供的人道服务更加有效。相反，调查数据显示，A市已经理顺管理体制的H区红十字会在预算经费（含项目经费）、人员和办公设施保障、基层组织建设、服务项目推展及服务成效各方面都显著优于未理顺管理体制的N区红十字会。

2. 代管部门和红十字会使命感不足、知之畏行

使命感不足主要指代管部门（如卫健部门）认识不足，红十字会缺乏主动性，上级红十字会推动不够等。

使命感不足与其说是主观因素，不如说是一种文化建构，在本课题中主要表现为以下方面：一是代管的卫健部门主动性不够，其中有部门利益的考量，认为红十字会独立可能会减少其机关人员职数，还会失去一个可以内部运作的平台，正如中国红十字会原会长彭珮云当年指出的："卫生部门不愿意，他们已经把长期使用或混用红会编制、经费视为常态，不愿意'分家'"；二是分管红十字会负责人因为具有卫健部门的领导身份而知之畏行,① "分家"可能意味着"革自己的命"，没有积极主动申请并争取推进；三是上级红十字会推动理顺管理体制办法单一，更多的是在红十字会系统内督促，而在争取地方组织部门、编制部门指导及地方党委政府支持上远远不足。

综合调研资料分析，课题组认为县级红十字会没有理顺管理体制更多是客观因素限制，而市辖区红十字会则主要受主观因素影响。

二、理顺管理体制的内涵及发展要义

理顺管理体制是进入21世纪至今中国红十字会的一项重要组织建设工作，其核心要义是各级红十字会按照"'三定'规定"脱离原隶属的卫健部门成为体制内单设机构。作为法人独立运行是组织管理体制建构和组织发展的基本要求，也是走向组织全面发展的关键起点。

（一）理顺管理体制：红十字会作为体制内独立法人发展的开端

根据中央机构编制委员会办公室《关于理顺中国红十字会总会管理体制的通知》（中编办字〔1999〕136号）精神，理顺管理体制的基本内涵是指各级红十字会从原卫健管理部门独立出来单设，人员参公管理，经费列入财政预算。作为编制单位②单设是指红十字会的"'三定'规定"由地方编办审定，经党委、政府批准，具体包括确定机构及其级别、内设机构、人员编制及领导职数、参公管理性质，政府提供办公场所及开办经费。这标志着红十字会脱离了卫健部门的代管，拥有了作

---

① 孙中山在论述中国革命不成功时曾概括，"如是不知固不欲行，而知之又不敢行，则天下事无可为者矣"。参见孙中山：《知行总论》，《孙文学说》第五章，上海强华书局，1919年。

② "编制单位"是笔者根据党和政府有关文件精神提出的概念，指按"三定"规定（规定部门或单位职能配置、内设机构和人员编制）经党委政府编制委员会通过，获得体制内单设机构身份的部门和单位。参见《"三定"规定制定和实施办法》（中共中央办公厅，2020）及《中国共产党机构编制工作条例》（中共中央，2019）。

为体制内独立法人发展的条件。

理顺管理体制为红十字会的发展提供了基础物质条件，突出体现在获得可持续发展的公共预算支持上。其中，人头费和办公经费等运行支出是基本预算，项目经费是发展预算，二者共同为红十字会全面开展“三救三献”工作提供了人员、物质和项目经费保障。

何为“县级以上地方”是理顺管理体制的一个实务迷思。《中华人民共和国宪法》确定了省级、地级、县级和乡级 4 个级别的行政区域（第三十条）。据此，民政部发布的中华人民共和国行政区划统计表（2020）显示，我国有 34 个省级行政区划单位（含香港、澳门特别行政区和台湾地区），333 个地级行政区划单位，2 844 个县级行政区划单位①。《红十字会法》第七条规定“县级以上地方按行政区域建立地方各级红十字会”，但此款表述的“县级以上地方”并没有明确指是县级以上“行政区划单位”还是县级以上“行政区域”。如 C 市 26 个市辖区的行政区划单位是县级，但党政机关行政级别是地级；239 个街道和 621 个镇的行政区划单位是乡级，但党政机关行政级别是县级。所以，直辖市和副省级城市的街道、镇是不是“县级以上地方”，是否需要建立红十字会并理顺管理体制，成为困惑基层实务工作者的问题。②

（二）转型发展要件：将红十字会列入群团组织序列，从卫健部门代管模式转型为政府直接联系的红十字事业发展模式

红十字会理顺管理体制之后，脱离卫健部门代管的工作模式，势必进入体系化的红十字事业发展模式，成为党和政府在人道领域的“工作助手”。党和政府的“工作助手”一般是赋予群团组织的定位，是“桥梁和纽带”机制的内在本意。红十字会列入地方群团组织序列具有重要意义，可得到群团组织发展的相应政策、资金和社会支持。但是县级地方对群团组织的数量普遍有限制，很多理顺管理体制的红十字会并不能被纳入群团组织序列。根据中央机构编制委员会办公室有关解释，地方各级红十字会是否列入群团组织序列及是否作为编制单位，由地方党委和政府

---

① 包含 973 个市辖区、388 个县级市、1 312 个县、117 个自治县、49 个旗、3 个自治旗、1 个特区、1 个林区。参见中华人民共和国民政部：“中华人民共和国行政区划统计表”，截至 2020 年 12 月 31 日，http://xzqh.mca.gov.cn/statistics/2020.html，2025 年 1 月 21 日最后访问。

② 按照中国红十字会总会资料，“我国地级以上地方截至 2021 年 12 月全部理顺了管理体制”，此处的“地级以上地方”应该是指“地级以上行政区划单位”，不包括市辖区，因为市辖区都是县级行政区划单位。截至 2024 年 12 月，C 市（直辖市）NA 区（县级行政区划单位，但党政机关行政级别是地级），G 省 G 市（副省级）的 LW 区、PY 区（县级行政区划单位，但党政机关行政级别是副地级）等地级行政区域（行政区划单位是县级）的红十字会没有理顺管理体制。

具体决定，所以各地具体落地政策不尽相同。如在 C 市，县级红十字会理顺管理体制之后，在不突破地方群团组织数量上限的情况下才可以列入群团组织序列；但在 G 省 M 市，红十字会列入群团组织序列是理顺管理体制的前提条件，也就是说，要先获得群团组织身份才能理顺管理体制。党组的设立意味着红十字会党的工作由地方党委直接领导，政治定位更高，自主发展的话语权增大，如党组可以对红十字会组织体系的“四重一大”事项自行作出审议和决定。监事会的设立是完善内部治理体系的必要举措，也是《中华人民共和国民法典》对红十字会作为捐助法人的必然要求。

和地级以上红十字会普遍列入了群团组织序列管理、普遍设立了党组和监事会不同，有相当一部分理顺管理体制的县级红十字会没有成为群团组织的一员。同时，因为大部分县级红十字会理顺管理体制时只配备了 1 个领导职数，达不到党员领导成员有 3 人以上才可设立党组的基本条件，而设立监事会也至少需要 1 个领导职数，所以，大部分县级红十字会没有设立党组，也只能设立以兼职为主的监事会。因此，县级红十字会在理顺管理体制之后需要不断强化转型发展的领导力和监督力。

（三）高质量发展的引导：将红十字事业纳入国家和地方发展规划

中国红十字事业高质量发展的一个重要引导力是将红十字会或红十字事业纳入国家和地方发展规划管理体制。习近平总书记强调，编制和实施国民经济和社会发展五年规划，是我们党治国理政的重要方式。只有将红十字会或红十字事业纳入五年规划管理体制，才能更好地体现“我国红十字事业是中国特色社会主义事业的重要组成部分”的价值。课题组调研发现，在各省市的《国民经济和社会发展第十四个五年规划和二〇三五年远景目标纲要》中，C 市强调“发挥红十字会人道救助作用”，Q 省提出“建设红十字会备灾救灾和应急救护中心”和“提升红十字事业发展水平”，G 省提到“建设全球人道主义应急仓库和枢纽”，说明 3 省市已经明确或者功能性地将红十字会纳入了地方经济和社会发展五年规划管理体制，标志着红十字事业进入地方经济社会发展大局的目标得到落实，成为党委和政府的重要工作内容。

在 3 省市地级行政区域中，课题组发现只有 G 省 H 市在“十四五”规划和 2035 年远景目标纲要中提出“推进红十字事业发展，提高红十字会人道救助能力”，并在“完善城乡基层社会治理机制”的建设中，强调发挥“红十字会组织为辅助”的地位和作用。课题组在实地调查的 3 省市 10 个县级行政区域的“十四五”规划中没有发现红十字会及红十字事业的相关信息。中国红十字会应持续努力，将红十字会和红十字事业发展纳入国家和地方各级经济和社会发展五年规划和远景目标纲要及年度计划管理，从而为组织和事业高质量发展提供规划引导动力和全面落实保障。①

综上所述，结合新时代、新阶段我国红十字事业高质量发展对红十字组织建设的要求，课题组提出红十字会全面理顺管理体制的内涵：党的工作由党委直接领导、机关作为编制单位管理（党委分管领导直接领导、政府分管领导联系）、机构作为群团组织管理（中国红十字会总会及各级红十字会列入群团组织序列）、组织和事业发展纳入五年规划管理（红十字事业纳入国民经济和社会发展五年规划和远景目标纲要）等，从而实现以党的领导为核心，以参公管理为形式，以群团工作为基础，以规划管理为引导的统一于国家治理体系的全面管埋体制。这是新阶段、新征程发展中，中国红十字会全面完善组织建设的重中之重。

三、进一步促进红十字会理顺管理体制的关键举措

未理顺管理体制的县级地方大部分位于中西部地区，地方“编制-财政”硬约束根深蒂固。结合转型发展和高质量发展内涵，课题组认为，进一步促进红十字会理顺管理体制，需要注意以下战略和关键举措。

（一）理顺“区”红十字会管理体制应成为工作重点

全国 2 844 个县级行政区划单位不含街道和镇，也就是说直辖市和副省级城市的街道和镇的党政机构虽然是县级，但作为乡级区划单位，依法并不要求建立红十字会。课题组调查的 3 省市合计 76 个县级行政区划单位中，县（市）有 37 个，区有 39 个，前者的理顺率为 59. 5%，后者的理顺率只有 43. 6%。“区”是容易被忽略的需要建立红十字会的“县级以上地方”。

随着我国城市化进程的加快，越来越多的县（市）转变为“区”。从调研资料来看，3 省市“区”的数量略多于“县（市）”的数量，而“区”的人口规模和经济社会发展水平总体上高于“县（市）”。“编制-财政”硬约束减弱，应该有更好的基础建立编制单位的红十字会，能够更全面地提供人道服务，但实际上“区”红十字会的理顺率比县（市）红十字会低 15. 9 个百分点。所以，理顺“区”红十字会管理体制应该成为今后一段时间的工作重点。

（二）上级红十字会应发扬“一家一家拜访”作风

2018 年，国务院办公厅印发了《中国红十字会总会改革方案》，要求加大上级红十字会对下级红十字会的业务指导、工作督查和财务监督力度。我国红十字事业

---

① 只有进入规划，才能制度化进入人大和政协的规划实施监督，从而确保相关工作制度化进入工作大局。

发展已经取得历史性进步，地级以上红十字会全部理顺了管理体制，具备了足够的指导和支持能力帮助县级红十字会转型发展。在新的发展阶段，对于尚未理顺管理体制的县级红十字会，相关地级红十字会应进一步发扬彭珮云提出的“一家一家拜访”① 作风，帮助尚未理顺管理体制的县级红十字会全部理顺管理体制。

“一家一家拜访”既是对《红十字会法》的宣讲，也是对该法贯彻与落实的自上而下的推动，是一个有效的加快推进县级红十字会理顺管理体制的手段。例如，2024 年 7 月和 8 月，G 市红十字会主要领导带队分别“拜访”了该市所辖 PY 区和 LW 区，与两区政府副区长兼区红十字会会长及区政府办公室、区委组织部、区委编办、区财政局、区卫生健康局等部门相关领导商讨了两区红十字会理顺管理体制相关事宜，促使两区将该工作提上议事日程。

（三）强化东西部协作和对口支援

据《中国县域统计年鉴-2019》，中国尚有户籍人口不足 10 万的县级地方 190 个，占全国县级行政区划单位总数 2 844 的 6.68%，绝大部分位于地广人稀的西部。其中，人口不足 5 万的县级地方共有 82 个，人口 1 万左右的县级地方有 4 个。课题组观察到，采用优先发展模式可以打破“编制-财政”硬约束，如西藏阿里地区 2020 年末人口为 12.86 万，7 个县的平均人口规模不及 2 万，但得益于中国红十字会总会的对口援建和挂职主管干部的努力推动，该地区县级红十字会于 2023 年 5 月全部理顺了管理体制。②

对于超小人口规模县级地方，中国红十字会总会和相关省市红十字会需要给予特殊关注，增加对口支援或专项援助，首先帮助尚未开展红十字运动的县级地方成立作为一般社会团体的红十字会，将“三救三献”核心业务开展起来，再鼓励条件成熟的县级红十字会逐步理顺管理体制。

（四）树立全面理顺管理体制意识

在以中国式现代化全面推进中华民族伟大复兴的新阶段，理顺管理体制的目标和内涵应与时俱进。全国红十字系统需要树立全面理顺管理体制意识，在党的坚强领导下，不断提高各级红十字会的政治定位，持续完善组织体系和内部治理结构，提高决策水平和响应效率，推动红十字会组织建设和红十字事业高质量发展。

新时代也是大变局的时代，各级红十字会要不断增强作为党和政府人道领域工

① 彭珮云提到，当年为推动省级红十字会理顺管理体制，曾对省市主要领导“一家一家拜访”。参见王达：《潮起东方万象新——中国红十字会破局攻坚理顺管理体制工作往事》，《中国红十字报》，2018 年 11 月 27 日。

② 资料来自笔者 2023 年 5 月在给阿里地区红十字会培训班授课期间对阿里地区红十字会负责人的访谈。

作助手的能力，进一步明确全国和地方工作大局，努力将红十字会组织发展和红十字事业纳入国民经济和社会发展规划管理，为中国式现代化和中华民族伟大复兴，也为世界人民相融相通和人类和平事业做出更大贡献。

Rationalization of the County Branches of the Red Cross Society of China's Management System: Constraints and Key Initiatives

Abstract: This article discusses the process of rationalizing the management system of the county branches of the Red Cross Society of China (RCSC) and the existing constraints through the analysis of survey data from several provinces and cities, and, in conjunction with the historical requirements of development in the new era, suggests new essentials for a comprehensive rationalisation of the management system, including: the Party's work is under the direct leadership of the Party committee, that the organ is managed as an establishment, the institution is managed as a people's organisation, and the organisational and cause development is incorporated into the management of five-year planning, etc. These are aiming to realize a comprehensive management system that is unified in the national governance system, with Party leadership at its core, public participation management as its form, people's work as its foundation, and planning and management as its guide. This is of great significance to the high-quality development of the Red Cross Society and its cause in the new journey.

Keywords: rationalization of management system; organizational development of the Red Cross; transformational development; high-quality development

打造红十字会生态优势与生命教育推进策略

杨方方[①]

摘要：在新时代背景下，红十字会作为党和政府在人道领域的助手及联系群众的桥梁与纽带，其作用与重要性日益凸显。从竞争优势向生态优势的取向拓升，是红十字会适应新时代角色定位、增强群团属性及实现自我完善的必由之路。生态优势强调整体优势、拓展边界、合作共赢及资源共享和共同体思维，涵盖生态位、组织形态和组织姿态3个系统要素，精准锚定生态位是重中之重。红十字会的生态位明确为生命保护，具体表现为以生命教育为主导模式的生命保护策略。借鉴马斯洛需求层次理论，红十字生命教育被细化为生命至上、生命救护、生命关爱、生命平等及生命价值5个教育层次，全面覆盖理念塑造、技能提升与行动引导。在推进策略上，“体验式”生命教育通过共情体验唤醒公众生命意识；“借力式”生命教育则利用制度力量整合社会资源，构建生命教育生态网络；“辐射式”生命教育则以易受损群体为中心，逐步向全社会扩散，实现生命教育的广泛覆盖。

关键词：红十字会；生态优势；生命教育；推进策略

160多年来，起源于战地救护的红十字运动绽放出巨大的人道力量，为人类和平进步事业做出了杰出贡献。中国红十字会作为中华人民共和国统一的红十字组织和国际红十字运动的重要成员，不仅承载着党和政府在人道领域的群众工作重任，更是连接人民群众与党和政府的桥梁与纽带。在新时代背景下，随着共同富裕进程

---

① 杨方方，浙江工商大学英贤慈善学院教授，红十字国际学院专家咨询委员会委员。

的加速推进，红十字会作用的广度与高度均得到了显著提升，社会对其的期望也随之增加。如何在遵循红十字运动基本原则和《中华人民共和国红十字会法》的框架的同时，按照《塞维利亚协议》的约定，优化发展思路，充分发挥红十字会的桥梁与纽带作用，成为新时代的重要议题。①

一、从竞争优势到生态优势：红十字会的发展取向拓升

习近平总书记指出："我国红十字事业是中国特色社会主义事业的重要组成部分，中国红十字会是党和政府在人道领域联系群众的桥梁和纽带。"从"党和政府在人道工作领域的助手"到"党和政府在人道领域联系群众的桥梁和纽带"，这一角色定位的提升，不仅是对红十字会的肯定与鼓励，更是对其提出了新的更高的要求。

（一）发展取向拓升是适应新角色的内在要求

从红十字会发展的运行层面来说，"角色提升"具有丰富的意蕴，意味着红十字会应做得更"多"，站得更"高"，干得更"好"。

1."角色提升"是鼓励，也是责任，红十字会应做得更"多"

作为"党和政府在人道领域联系群众的桥梁和纽带"，红十字组织效能的辐射面和影响力应该更大，红十字会将更加全面和细致地融入国家和社会发展的命运之中。党的任务是实现全局性的社会建设目标，作为人道领域"党和政府的助手"，红十字会不只是在政府不能覆盖的人道领域拾遗补阙，还应在更广阔的空间主动创新供给方式，可以主动预防人道风险的发生，也可以自主探索，通过创造性的供给提升群众的人道服务体验。

2."角色提升"是机遇，也是挑战，红十字会应站得更"高"

如何在工作职责增多的情况下做得更好，需要站在更高的维度审视和思考，提炼出资源配置和组织运行的深层逻辑链；立足新的角色定位，分辨真正面临的挑战，找准浓缩点、切入点和发力点，找到更加契合的发展思路、发展方式。红十字会发展不仅应服务于当下阶段性、相对具体和明确的目标，也要致力于国家长远的战略规划。其组织能力也应"水涨船高"，与目标任务相匹配：既要具备清晰的宏观思维，又能精耕细作；既要关注当下具体的人道需求，又要目光长远，有战略性规划。

---

① 1997年11月26日在西班牙塞维利亚审议通过的《国际红十字与红新月运动各组成部分国际活动组织协议》（《塞维利亚协议》）明确了三大组织在红十字运动中的分工：红十字国际委员会（ICRC）在战争或武装冲突中起主导作用；红十字会与红新月会国际联合会（IFRC）在自然灾害中起主导作用；国家红十字会在特殊情况下起主导作用；在既有战争或武装冲突，又有自然灾害的情况中，由红十字国际委员会协调。

3.“角色提升”是信任，也是鞭策，红十字会应干得更“好”

红十字会应彰显更强大的人道力量、更有特色的人道服务，成为人道服务的标杆，为行业提供示范效应；从群众中汲取智慧和力量，更优质和精细地服务群众，保持与群众的密切沟通与互动；等等。红十字人不仅要能在传统业务领域驾轻就熟，也要能在与其他事业相关联的各类场景中自由转换；不仅要有扎实、高效的服务能力，也须具备较强的精神引领和凝聚人心的能力。

（二）发展取向拓升是增强群团属性的现实考量

2017年8月26日，习近平总书记对群团改革工作作出重要指示：“要推动各群团组织结合自身实际，紧紧围绕增强‘政治性、先进性、群众性’，直面突出问题，采取有力措施，敢于攻坚克难，注重夯实群团工作基层基础。”习近平总书记在党的十九大报告中强调：“增强群众工作本领，创新群众工作体制机制和方式方法，推动工会、共青团、妇联等群团组织增强政治性、先进性、群众性，发挥联系群众的桥梁纽带作用。”角色定位和群团属性决定了红十字会枢纽型组织的定位。但从运作层面来看，政治性、先进性、群众性的具体意蕴是什么？究竟该如何贯彻？这些基本问题需要明晰。

1. 红十字会的政治性以社会性的人道服务为载体

政治性是红十字会发展的隐性支点。群团组织的政治性不同于政府组织的政治性。国家主席习近平在联合国日内瓦总部的演讲中提到：“面对频发的人道主义危机，我们应该弘扬人道、博爱、奉献的精神，为身陷困境的无辜百姓送去关爱，送去希望；应该秉承中立、公正、独立的基本原则，避免人道主义问题政治化，坚持人道主义援助非军事化。”“政治性是群团组织的灵魂，是第一位的。”①“灵魂”意味着内在、隐秘和无形。红十字会的政治性不是指行政化的组织形态，不是对群众的政治面貌加以区分并提供有差别的服务，而是隐性、“看不见”的政治性。这种“无形”的政治性的常态是务实地具化和外化为有形的服务输出。对于群团组织来说，政治性并不是政治依赖，不是失去自主空间和自主能力，而是更多地融入社会建设的宏观进程，与大环境、外部环境同频，“既见树木又见森林”。如果说政治性是“灵魂”，社会性就是“身躯”，是红十字会发展的根基，是红十字会发挥社会影响力、获得社会公信力的基础。

① 中共中央文献研究室：《习近平关于青少年和共青团工作论述摘编》，北京：中央文献出版社，2017年，第69页。

2. 红十字会的先进性体现为文化引领和行动示范性

先进性既是群团组织的魅力所在，也是其立身之本，对于更具国际性、社会性和开放性的红十字会而言更是如此。红十字文化先进性“历久弥新”，一是在于本源性和深刻性。古往今来，有多少战火燃起，有多少生命之光在战场中熄灭，而自红十字运动开始，一个个无法复制、失而不得的生命才得到不加区别的关注，实现生命至上、生命平等。二是在于积极性和实践性。“与其诅咒黑暗，不如亲手点亮一盏明灯”，红十字人道主义有鲜明的实践性，因此也具有了强大的生命力。① 在《索尔费里诺回忆录》里，亨利·杜南化作一台摄像机，把战争的伤害记录得详尽而平静，没有愤怒、没有控诉，却奋力疾呼“行动起来”，力所能及地参与和倾其所有地给予，提出了务实的行动倡议。三是在于动态性和发展性。发端于战场的红十字文化凭借自身的本源性和超越性“无所不在”，在生活化的道路上孜孜以求，通过行动与其他各种文化积极碰撞、融合。②

3. 红十字会的群众性与良好社会生态互促互生

群众性是群团组织的出发点和落脚点，是政治性和先进性从理论可能到实践效果的媒介和手段。群众性是对群团组织运营过程的精准概括，与群众保持密切且良性的互动是群团组织健康发展的前提和实质。“从群众中来，到群众中去”也是红十字资源转移过程的写照，即落实“群众—红十字会—群众”的链条。群众不仅仅是红十字会助力和服务的对象，也是红十字会物质资源、人力资源和智力资源的主要提供者。群众的智力、激情和主观能动性是红十字会实现更大目标和更大作为的有力支撑。从单向沟通到双向互动，从被动到主动互动，从沟通桥梁到互动平台，群众与群众可以直接沟通、互动，也可进行资源对接，进而社会资本存量增加，社会信任加强。这时的红十字会不再是群众与群众的联结媒介，而是群众与群众的互动场域，红十字会的发展生态得以优化。

（三）发展取向拓升是红十字会自我完善的必然追求

中国红十字运动起始于 1904 年。中华人民共和国成立后，中国红十字会由卫生部代管，20 世纪 90 年代中后期逐渐脱离卫生部，开始体制理顺之旅。人道的“广博性”和难以抑制的扩张冲动使得红十字会的职能进入快速扩张阶段，十几年间，红十字会就形成了“大而全”的职能体系。中国红十字会原副会长郭长江曾这样表

① 张立明：《坚定红十字文化自信是我们事业发展的长远动力》，中国红十字基金会官网，2018 年 3 月 30 日，https://pic.crcf.org.cn/attachment/20200415/936ae92e0e5d4762b10a0eb57a948e9d.pdf，2024 年 6 月 30 日最后访问。

② 杨方方：《筑底共同富裕——人道慈善与扶弱助残》，北京：中国社会科学出版社，2024 年，第 58 页。

述："那种以为自己什么都可以做，什么都可以做好的包打天下的想法是十分幼稚的；那种什么都参与的四面出击的做法是十分盲目的；那种缺乏规划、缺少目的性的'打一枪换一个地方'的做法不是一个成熟的组织的表现。要想让我们的组织拥有强大的生命力，保持特色是非常重要的。失去特色跟在别人后面跑，亦步亦趋，肯定会被众多的团体所淹没而不知去向。"① 为了在激烈的社会资源竞争中立于不败之地，服务职能从"大而全"走向"专而精"成为红十字会的必然选择。打造核心竞争力以谋求竞争优势，已成为近十几年来红十字组织的发展方向。

但是，只具有竞争优势已很难适应新的角色定位，也难以充分贯彻群团组织的政治性、先进性、群众性。红十字会自身的竞争优势只有转化为生态优势才有价值。生态优势是竞争优势的目的和方向，竞争优势是生态优势的起点和保障。也就是说，红十字会追求"一起成长"，"我们"不一样，但我们的目标"一样"。人道事业不是一条固定的跑道，不是一方边界清晰的土地，而是一片有待发现和拓展的天空，开阔、广博，没有硬性、明确边界的多维立体场域，俨然一个生态系统：既有无形、"看不见"的目标愿景、文化认知、意识态度、氛围状态、心理感受等精神力量，也有"看得见"的各类组织、各个主体的沟通互动和资源对接等。"看得见"的成长与"看不见"的成长相互依存、相伴相生。

二、打造生态优势：从明晰红十字会的生态位开始

在一个复杂而有序的生态系统中，每个物种都有其独特的生存空间和功能定位，红十字会在社会的人道服务生态中也占据着特定的生态位。明晰这一生态位，是深入理解生态优势内涵、把握其系统要素的基础，更是精准开展面向公众的红十字生命教育、实现红十字会在社会中的独特价值的重要开端。

（一）生态优势的内在价值与系统要素

生态优势，作为一种超越传统竞争优势的新型发展理念，蕴含着如下价值取向。

1. 生态优势的内在价值

一是并非寻求自我优势，而是寻求整体优势。生态优势强调的不是个体的自我优势，而是整个生态系统的繁荣和健康，即整体优势。对于红十字生命教育而言，这意味着要超越单个红十字会组织或部门的局限，将目光投向整个社会生态系统中的生命教育体系。例如，红十字会不应仅仅关注自身所开展的生命教育课程或活动的规模和影响力，还应考虑如何与学校、社区、其他公益组织等各方力量协同合作，共同构建一个全面、系统的生命教育网络。

① 郭长江：《红十字事业科学发展之我见》，《中国红十字报》，2009 年 5 月 8 日。

二是并非做大自身份额，而是拓展影响边界。生态优势倡导的是拓展影响的边界，而非在有限的范围内增加自己的份额。红十字会通过与其他组织合作，扩大人道救助的影响力，覆盖更广泛的群体。做大、做强人道救助事业，而不是做大自己在人道救助事业中的份额。

三是没有竞争，只有合作共赢。在生态优势的理念下，红十字会应秉持开放包容的心态，与政府、学校、社区和其他社会组织合作，共同推进生命教育，实现资源共享和优势互补。例如，红十字会可以向学校提供专业的急救知识和实践培训，补充学校相关教育内容的不足；与其他公益组织合作，共享资源和经验，共同开展大型生命教育公益活动等。

四是资源“不为我所有，可为我所用”。生态优势秉持共享经济的理念，从关注资源所有权转变为关注资源使用权。红十字会应开放自身所拥有的部分资源，与社会各界共享；同时，善于整合与利用来自各方的资源，如志愿者资源、媒体资源、政府资源、社会资源等。通过对资源的有效整合与合理配置，确保所有资源都能实现价值最大化。

五是自己只是更大生态网络的节点，而非统领所有节点的主导者。在生态优势的理念下，整个世界是一个由无数节点组成的复杂生态链条。红十字会在这个生态网络中只是其中的一个节点，而非统领所有节点的“巨无霸”。红十字会应明确自己在生态网络链中的定位，思考自己能贡献什么、能与其他组织实现怎样的合作与协同、能实现怎样的互补与共赢。通过积极参与生态网络的构建与运营，营造和谐共生的氛围，让每一个参与其中的组织和个体都能感受到归属感和成就感。

2. 生态优势的三要素

一个组织的生态系统包含生态位、组织形态和组织姿态这三个关键要素。一个组织的生态系统呈现出虚实结合、动静交错的特性，是组织有序性与结构性混沌之间的一种微妙平衡。从宏观视角来看，优化生态系统的进程起始于精准确定生态位，进而丰富组织形态，并努力塑造能够灵活应对各种情况的弹性组织姿态。

一是精准的生态位。生态优势为竞争优势的进阶，二者并非毫无关联，生态优势的构建仍需明确自身的生态位，这一生态位代表着组织独特的功能定位。生态位的思维本质上是一种减法思维，即聚焦于自身最核心的能力。红十字会应基于已有的竞争优势精耕细作。红十字运动起源于战场上的生命救护，保护生命是人道救助的首要使命。生命作为人类在宇宙中施展创造力、体验万千美好的载体，其重要性无可替代。在当下这个风险如影随形的世界里，每个人的生命安全都面临着威胁。与维护尊严等其他人道任务相比，对生命理念的淡薄现象较为突出，而且生命保护方面的供需差距亟待弥补。

从红十字会自身的供给优势及社会对生命保护的紧迫需求来看，立足生命保护是其获取生态优势的先决条件。在红十字会内部，应将生命保护确立为各项工作的主线与核心，促使不同工作有机融合，构建一个有机的整体；在更为宽泛的生态场域，红十字会要以生命保护为基点，整合社会资源，尽最大可能保护更多人的生命。

二是丰富的组织形态。红十字事业与众多其他事业相互促进，相互交融，在减灾建设、残障事业、慈善事业等多个领域均存在交叉点，这为开展多向、多元、多环节的合作提供了广阔空间。例如，与残联合作推动应急通道的无障碍建设，与教育系统合作开展生命救护技能和应急逃生训练等。为了更好地实现这种丰富的组织形态，红十字会的领导者需要具备卓越的沟通能力及创造合作场景的能力，即能够积极创造合作互动的机会，建立起具体的关联。毕竟，任何组织层面的合作最终都要通过个体层面的沟通互动来达成。

三是弹性的组织姿态。作为生态系统的维护者，红十字会应具备共情、无我、谦卑的气质，同时保持高度的灵活性与适应性。在“看不见”的层面，红十字会应高瞻远瞩，以高姿态引领社会认知的升级与观念的革新；而在“看得见”的层面，则需俯下身来，倾听群众的声音，通过专业细致的服务与群众建立深厚的联系。这种弹性的组织姿态，既体现了红十字会的担当与使命，也展现了其作为人道领域领导者的智慧与远见。

（二）生态定位：面向公众的红十字生命教育

如何保护生命？保护生命主要有两种模式：生命救援模式和生命教育模式。整体上，两种模式殊途同归，相互促进，比如高超的专业救援技能往往也能产生较强的公众救护培训能力，较强的自救互救能力可从源头上降低紧急救援的压力。但毕竟两者的侧重点和路线不同，在一个组织内两种模式很难并驾齐驱，红十字会开展生命保护的主导模式应是哪一种呢？

1. 两种模式比较：生命救援与生命教育

相对而言，生命救援模式相对封闭，面对的是正在和已经遭遇风险伤害的公众，发展路径是加强专业救援力量的能力建设，进而根据灾害特点进行相应密度的布局，以保证救援效率；生命教育模式相对开放，旨在提升公众的自救互救能力和普及灾害意识等。

以生命救援模式为主导意味着生命保护以专业救援为主，自救互救为辅，侧重“做精”。通过专业救援队伍的救援行动来保护生命，其优点是救援水平高，缺点是救援面有限，救援面和救援力度主要受限于专业救援力量的多寡强弱。

以生命教育模式为主导意味着生命保护以自救互救为主，专业救援为辅，侧重“做广”。通过向公众传播人道精神，提升公众防灾避险、自救互救的能力来最大限度地保护生命，其优点是自救比任何外部救援都及时，缺点是生命教育面向全体社会成员，因而对红十字组织的救护教育资源与能力有较高的要求，而且由于社会公众的认知差异，自救能力参差不齐。

根据《中国红十字事业发展“十四五”规划（2021—2025年）》的发展目标，到2025年，全国取得应急救护培训证书的人数占总人口比例不少于2%，这一比例与一些发达国家的应急救护技能普及率相差甚远，如德国是80%，法国是40%，等等。[①] 而在救灾的现实需要中，红十字系统的救援毕竟处于助手和补充地位，我国的专业救援人员主要集中在消防、军队、安全等国家应急管理系统，且生命救援主要发生在灾害现场。可见，只有主次分明，两者的发展才能相得益彰，红十字会有必要根据时代和国情需要明确发展导向。主要策略是，应该在继续做精、做强专业救援力量的同时，将工作重点转向公众应急救护技能塑造；同时，打通从救护到救援的路径通道，比如从救护员中产生救援队，让救援队承担常态化公众培训任务，在灾害现场形成群众自救互救到救援队现场救援的接力等。

2. 生命教育：红十字生命保护的主导模式

生命教育导向是风险社会中红十字事业的必然模式。风险社会意味着社会中几乎所有人都共同遭遇和面对着风险，且风险种类、形式、频率无法计数、无法预知。在风险高度分散的社会中，生命教育显然是红十字工作的不二选择。红十字生命教育以提高全社会公众的自救互救能力为主要目标。

之所以如此定位，主要基于以下多方面原因：一是救援资源有限，面对生命安全保障需求的无限性，红十字系统的专业救援力量的有限具有绝对性。二是从救援效率来说，任何外部的救援都不如自救及时有效。“5·12”汶川地震中，有相当一部分人尽管在地震发生时成功躲过了建筑物倒塌等直接威胁，但由于缺乏必要的自救知识，在随后的余震、火灾、有毒气体泄漏等灾害中未能采取适当的应对措施，而没有幸存。三是观念优势才是根本优势，现在已不是“资源落差”的时代，而是“动机落差”的时代。只有唤起每个个体对生命安全的重视才有可能最大范围、最大限度地保护生命。四是能弥补社会供需缺口。我国的生命教育滞后，由生命意识淡漠引发的个人和家庭悲剧不胜枚举，而致力于生命教育服务的社会组织十分有限，

---

① 环球网：《中国应急救护技能普及率不足1%　德国高达80%》，2017年6月17日，https://society.huanqiu.com/article/9CaKrnK3yNI，2024年6月30日最后访问。

生命教育的供需缺口大。五是与国家减灾建设不谋而合。中国减灾的 9 项任务①可归纳为提高全社会防灾减灾意识、提高公众自救互救能力、有灾时高效的灾害救援和无灾时社会各界的防灾备灾 4 个方面。其中有 3 个方面属于生命教育的内容。六是与红十字运动的传统特色吻合。红十字运动起始于战地的救护行动，提供突发事件下逃生、常见急症自救互救、心肺复苏术、创伤救护等紧急避险知识与技能是红十字会的传统优势。

值得一提的是，生命教育模式的有效运行离不开生命救援模式的支持：生命教育是生命救援的基础，生命救援为生命教育提供专业支撑。以生命教育导向为发展目标并不意味着红十字会要放弃专业的生命救援服务，因为生命救援是起源于战地救护的红十字运动的立身之本，是生命教育能力的有力证明，是生命教育资源的重要来源，是不断升级救护培训内容和方式的智囊和土壤。只有红十字的生命救援力量经得起实战检验，才能证明其生命教育资质的正当性和权威性，也才能使其社会性的生命教育服务“干货”满满、足够“接地气”。

三、生态优势取向下红十字生命教育的系统阐释与推进策略

生态优势理念下的红十字生命教育，有着更高的站位、更广阔的视野和更开放的“接口”，强调连接、协同、共享与可持续发展。

（一）马斯洛需求层次理论框架下的红十字生命教育

作为红十字会人道行动的重要组成部分，生命教育的核心在于帮助个体构建全面的生命理念认知与人道价值观，并掌握关键的自救互救技能，以便在日常场景和紧急时刻能够迅速而有效地采取行动。这一教育过程涵盖了理念、技能与行动 3 个不可或缺的层面。技能层面尤为关键，掌握与否往往决定了在危机中的生死存亡。为更深入地理解并推广红十字生命教育，可借助马斯洛需求层次理论这一广为人知的心理学理论框架进行解读。

马斯洛将人类需求由低到高划分为生理、安全、社交、尊重和自我实现 5 个层次。与此相对应，红十字生命教育亦可划分为以下 5 个层次。

1. 生理需求层次：生命至上教育——珍惜生命、敬畏生命

在马斯洛的需求层次理论中，生理需求是人类最根本的需求。倘若个体的生理需求无法得到满足，那么追求更高层次的需求便无从谈起。鉴于此，红十字会应开展生命至上教育。这种教育引导社会成员深刻认识到生命的基础性和不可替代性，体会到生命的珍贵与脆弱。它着重强调每个人都应当“珍惜生命、敬畏生命”：珍

① 中华人民共和国国务院新闻办公室：《中国的减灾行动》白皮书，2009 年 5 月 11 日。

惜自己的生命，避免主动放弃；同时要敬畏他人的生命，做到不侵犯、不伤害。

2. 安全需求层次：生命救护教育——救护培训、紧急避险

安全需求在重要性上仅次于生理需求，是个体生存与发展的关键保障。唯有安全需求得到满足，人们才会去追求更高层次的需求。针对安全需求，红十字会应开展生命救护教育。生命救护教育秉持“防灾避险、生命至上、健康第一”的理念，旨在通过救护培训提升公众的风险意识、预防意识、自救技能及自救意识等，从而在保全生命的基础上最大程度地维护健康。

3. 社交需求——生命关爱教育：互救互助，弱者优先

社交是人类的基本需求之一，是在满足生理和安全需求之后应满足的重要需求。红十字生命教育针对社交需求应开展生命关爱教育。生命关爱教育强调“互救互助，弱者优先”，在普及基于“陌生人伦理”的现代公益价值观的同时，传达出易受损群体优先的救助伦理。生命关爱教育着重培养同理心和共情能力，通过增进人与人之间的理解与尊重，共同营造和谐友爱的社会环境。

4. 尊重需求——生命平等教育：生命平等、尊重弱者

尊重是人际交往的基石，也是红十字生命教育的核心所在。在这一需求层次，红十字生命教育的重点在于生命平等教育。它强调每个生命都具有同等的价值和尊严，不论其社会地位、经济状况或身体条件如何；同时，应着重维护生命的尊严并尊重个体差异，尤其要注重对弱势群体的尊重与保护。例如，在急救和救助过程中，必须尊重受助者的意愿和隐私。无论是医疗救助还是其他形式的援助，都要确保受助者的尊严不受侵犯，使他们切实感受到被尊重和被重视。

5. 自我实现需求——生命价值教育：志愿奉献、生命捐献

自我实现需求处于马斯洛需求层次理论的最高层级。在这一需求层次，生命教育的重点在于生命价值教育，其核心在于激发个体的潜能和创造力，培育奉献社会、服务他人的奉献精神，这包括志愿行动和生命捐献等行为。“生命价值”教育强调对死亡和生命捐献的科学认知，引导社会公众逐步树立“我尊重、我倡导、我奉献”这种递进式的科学态度。公众进行生命捐献的动机可能源于美德，也可能源于责任，但更多的是基于对生命的理性思考。生命是有限的时间与有限的能量的集合体，人的躯体无法永恒。在人类社会中，用爱延续生命、用死亡挽救生命已然成为文明的象征与体现。

（二）多向推进：生命教育导向下的路径拓展

曾有教育家言：“一切教育都是自我教育，都是主动的教育。”好的教育方式既能传达知识，又能激发学习热情，是形成教育传递良性循环的催化剂。

1.“体验式”生命教育：在共情中唤醒

根据行为学理论，体验过生命的无常和脆弱，才能真正懂得珍惜生命、爱护生命；亲历挫折，才能激发内心的坚强和潜能，去除心中的顽疾，激发正能量。“体验式”生命教育不同于以说教为主、单向输出且形式单一的传统教育，是开放、平等、互动式的生命教育形式，秉承“淡化教育，通过共情点燃和唤醒”的理念，通用设计的现代性“生命教育体验馆”是其重要的教育载体。“体验式”生命教育传达出的对生命脆弱的感知更为强烈，也更能激发生命教育的主动性和积极性。在深度体验紧急避险、逃生的基础上再进行心肺复苏等救护培训或人道传播，无疑将事半功倍。一次次生活场景式的自救体验必将推动抽象的生命理念具象化和内化。从认知规律出发，根据不同的体验对象灵活调整体验方案，如小学以游戏和模拟为主，初中以活动和体验为主，高中以体验和辨析为主等。

浙江省为红十字生命教育投入了大量资源，阶段性成效显著。截至 2023 年底，浙江省已累计建成覆盖生命全周期的“生命教育体验馆”106 个，均实现常态化开放；同时充分利用数字技术和自媒体平台开发生命教育在线项目，推出“来浙学急救”手机应用和直播平台，并探索开发课程体系、展馆设备、应用程序、用户终端“四位一体”的综合体验平台，提升学习体验感、获得感。①

2.“借力式”生命教育：发挥制度的力量

人道主义的广阔视野赋予了红十字事业与众多社会领域的深度融合与相互促进的潜力。红十字事业如同一条纽带，将减灾建设、教育事业、残障关怀、医疗服务、慈善公益等紧密相连。在此背景下，红十字系统应积极探索并实践“借力式”生命教育，通过制度的力量，构建生命教育的生态优势。

红十字会应开展广泛的合作，充分借助其他组织的力量，对生命教育进行精细化、模块化的设计与规范，从内容、方式、对象等多个维度进行细致划分，并为每个教育模块预留“接口”。这一做法不仅能增强红十字会内部教育内容的灵活性与组合性，更能为红十字会与其他社会组织的合作提供便捷与可能，从而极大地拓宽生命教育的实施范围，提高其形式多样性。

进一步来讲，“借力”之道在于巧妙融合制度与生命理念，让制度成为推动生命教育深入人心的强大动力。红十字会可以依托国家安全生产、工伤预防等现有制度框架，通过深度融合与协同，将生命教育的理念与要求融入其中，使之成为制度执行不可或缺的一部分。同时，红十字会应积极倡导并推动生命捐献鼓励制度的建

① 根据笔者 2024 年多次对浙江省红十字会工作人员的访谈和与浙江省红十字会交流的材料归纳。

立与完善，如通过立法支持、政策引导等方式，为生命捐献行为提供坚实的制度保障。以“三献”动员为例，红十字会应积极推动脐带血保存补贴政策的出台及公共脐带血库制度的建立。脐带血富含造血干细胞，这种干细胞能够重建人体造血和免疫系统，可应用于造血干细胞移植，对 80 多种疾病具有治疗作用。据统计，在我国仅有约 1%的家庭选择在自体库保存新生儿脐带血，相较于发达国家 10%～20%的存储率，差距较为明显。基于新生儿出生率，我国每年脐带血的流失率在 95%以上。① 因此，通过政策激励与制度建设，鼓励家庭保存脐带血，并建立公共脐带血库，不仅能够有效保护更多生命，更能在社会上传递对生命的尊重与珍视，进而从源头上激发公众对器官捐献和遗体捐献的积极态度与行动。

3.“辐射式”生命教育：以易受损群体为中心

风险一旦产生，就会不断发生纵向流动和横向转移，结果必然是抗风险能力越低的群体承受的风险越多。这决定了彰显人道力量的红十字生命教育应聚焦易受损群体开启生命教育，进而再辐射、扩散到其他群体，直至全体社会成员。在各类群体中，身心不成熟且阅历有限的儿童在风险应对中是“弱势中的弱势”。据统计，2014 年中国 1～17 岁儿童伤害死亡率为 20.67/10 万，儿童伤害死亡人数占该年龄段儿童死亡人数的 51.9%，超过因传染病和其他疾病死亡人数的总和，伤害是儿童死亡的第一位原因。②

以易受损群体为生命教育的中心，至少能够衍生两方面的积极效应：一方面，这种教育能够自然地向其他群体辐射。例如，当调动起儿童参与生命教育的热情时，往往会自然而然地引起其父母的关注与兴趣，进而提升整个家庭的应急能力。另一方面，从最难开展教育服务的群体入手，必然能够实现向下兼容。例如，针对残障群体的生命教育开展难度相对较大，然而，当红十字会能够熟练地针对不同残障类型和残障程度的群体开展生命教育时，为健全群体提供生命教育就会变得相对轻松。这种以点带面、逐步辐射的方式，将有助于红十字生命教育全面、深入地覆盖整个社会，实现生命教育的广泛传播与有效开展。

综上所述，人道事业并非一条既定的跑道，亦非一方边界分明的土地，而是一片尚待探索与开拓的广阔天空，是一个开阔且广博、不存在硬性和明确边界的生态系统。红十字会唯有立足自身的竞争优势，精准探寻到生态位，也就是以生命教育为主要模式来提供生命保护，并且不断延展生命教育的内涵与理论体系，促使生命

① 杨方方：《筑底共同富裕——人道慈善与扶弱助残》，北京：中国社会科学出版社，2024 年，第 89 页。
② 梁晓峰：《中国儿童伤害报告》，北京：人民卫生出版社，2017 年，第 2 页。

教育能够连接更多群体，从理念的传播、技能的传授到行动的引导等全方位地提升公众的生命意识和人道精神，才能够打造人道领域的生态优势。

Strategies for Building the Red Cross Ecological Advantage and Promoting Life Education

Abstract: In the context of the new era, the role and importance of the Red Cross, as the bridge and link between the Party and the Government in the humanitarian field, is becoming increasingly prominent. Broadening its orientation from competitive advantage to ecological advantage is a necessary way for the Red Cross Society to adapt to its role and position in the new era, enhance its group attributes and achieve self-improvement. Ecological advantage emphasizes overall superiority, expanding boundaries, win-win cooperation, resource sharing and community thinking, and encompasses the three systemic elements of ecological niche, organizational form and posture, with precise anchoring of the ecological niche being the most important one. The ecological niche of the Red Cross Society is clearly life protection, which is specifically manifested in the life protection strategy that takes life education as its leading mode. Drawing on Maslow's theory of the hierarchy of needs, Red Cross life education is subdivided into five educational levels: life first, life rescue, life care, life equality and life value, and comprehensively covers conceptual shaping, skills upgrading and action guidance. In terms of promotion strategies, "experiential" life education is advocated, awakening the public's awareness of life through empathetic experience; "borrowing" life education makes use of institutional strength to integrate social resources and build an ecological network for life education; and "radiating" life education focuses on vulnerable groups and gradually spreads to society as a whole, achieving broad coverage of life education.

Keywords: Red Cross Society; ecological advantage; life education; promotion strategy

前沿问题探讨

国际人道法在当代武装冲突中面临的挑战①

红十字国际委员会

摘要：2024 年 9 月，红十字国际委员会发布了《国际人道法及其在当代武装冲突中面临的挑战》报告（以下简称《挑战报告》）。《挑战报告》概述了当代武装冲突给国际人道法带来的部分挑战，并阐述了红十字国际委员会当前或未来的行动、立场及关注领域。

关键词：国际人道法；武装冲突；核武器；新型作战技术；人道工作

导言

本报告的出版恰逢 1949 年日内瓦四公约缔结 75 周年。作为国际人道法的基础性条约，日内瓦四公约在诸多方面均取得了显著成功：日内瓦四公约与更广泛的国际人道法均被证明极为持久，并得到了各国坚定不移的普遍支持。各国政府反复重申国际人道法的重要性，世界各地的武装部队也将遵守国际人道法视为其核心价值之一。

然而，问题依然存在。即使在各方主张其行动守法的情况下，对国际人道法条文和精神的不同解读也构成了实现该法宗旨的重大障碍。考虑到当今世界一些国际性和非国际性的武装冲突正在进行，国际人道法面临的挑战不仅众多，而且复杂。

在各国政府与媒体将注意力集中于乌克兰和加沙的血腥冲突和由此带来的严重破坏时，非洲及其他地区的暴力局势使人类付出了同样惨痛的代价。在埃塞俄比亚，

① 本文是红十字国际委员会为红十字与红新月国际大会编写的《国际人道法及其在当代武装冲突中面临的挑战》报告的缩写，缩写者是红十字国际委员会东亚地区代表处法律顾问刘欣燕博士。该报告的全文刊载于红十字国际委员会官网上。

数十万人死于武装冲突和暴力局势；在苏丹，至少 1 050 万人在国内流离失所，超过 200 万人在他国寻求避难；在刚果民主共和国，暴力局势升级已造成 200 万人流离失所。与此同时，中非共和国、哥伦比亚、莫桑比克、缅甸、叙利亚、也门及其他地区旷日持久的冲突仍在持续造成人类不能承受的后果。

自 2019 年上一份《挑战报告》发布以来，冲突外溢与升级的可能性已成为尤为令人关切的事项。加沙在经过数月激烈的敌对行动后，整个区域日益面临进一步大规模冲突的威胁。萨赫勒地区的暴力局势正逐渐向南渗透，并向非洲西海岸方向扩展。大湖区周边的冲突则牵涉该区域众多的国家和非国家参与方。

与此同时，一些国家持续在局部冲突中寻求自身利益。这些国家在为其伙伴提供武器、人员和行动支持时，可能会导致人道局势进一步恶化。各国政府坚称控制冲突局势并防止冲突升级是其优先要务，但暴力局势仍极有可能蔓延，给更多国家和地区带来毁灭性后果。

在此背景下，强国之间不断升级的紧张局势导致政府、军方和媒体围绕国际性武装冲突的潜在爆发展开一系列行动。武装部队正在扩充实力，并为大规模行动制定应急方案；决策者正在调整国家安全优先事项，并考虑如何应对来自对手的威胁；媒体则在公共言论中充斥着关于未来战争的讨论。所有这些事态发展都导致国际关系叙事发生转向：一度居于主导地位的全球化和多边主义议题，正逐渐被强调竞争而非合作、备战而非和平的叙事取代。不论这些变化反映了何种事实，此种话语转变都可能滋生“战争不可避免”这样一种危险的观念。

更令人担忧的是，人们显然低估了世界上强大军队间爆发冲突将必然导致的灾难性破坏和人员伤亡。各国领导人在继续强调防止核战争依然是核心关切的同时，也在加强军备现代化。其实，大国间仅发生常规冲突也会导致可预见的毁灭性后果，但连这也未引起足够重视。

在此背景下，就减少武装冲突的人类代价而言，国际人道法仍然是一个独特的强大工具。即使在极严峻的危机中，国家、人道参与方、法庭诉讼人或媒体通过援引国际人道法，也能对武装冲突各方施加压力，使其在军事行动期间不伤害平民，并保持一定程度的人道。此外，随着围绕当前冲突中不同国家与非国家当事方伦理道德的政策辩论激增，各方也更加依赖国际人道法作为最能够判定是否允许采取某项行为的规则体系。除此以外，并不存在其他能够迫使各方保持克制的公正且普遍的规范体系。

然而，如果说当前世界上发生的武装冲突证明了国际人道法至关重要，它们也同样揭示了加强国际人道法的迫切需要。在全世界的冲突中，医院沦为废墟，救护车遭到攻击，医务人员在履行职责时被杀害，平民被蓄意攻击，战斗员与平民相互混杂，流离失所者的营地遭遇空袭，记者死亡人数创下历史新高，国际人道法旨在保护的人员和场所常常陷于战火。

出现上述种种悲剧，不遵守国际人道法无疑是部分原因。蓄意违反国际人道法的情况太过普遍，而为防止悲剧再度发生及追究国家与非国家行为人的责任，各国所作的努力却又太少。各国必须开展更多工作，培训并约束本国人员，推动其他各方遵守国际人道法，赋予司法机构起诉并惩治战争罪的权力，并与国际机构合作以防止有罪不罚。武装冲突的非国家当事方也必须酌情采取类似措施，且须摒弃力量不对称的借口或认为国际人道法起源于西方即可不遵守等错误观念。国际人道法（战争法）确立的规范根植于全球的法律、社会、宗教及道德传统，以此为基调，战争法应得到有效接纳。武装团体必须作出更多努力主动遵守国际人道法。

疏忽大意是另一个长期存在的问题。目标选择错误导致平民死亡惨重的情况屡见不鲜。无论多么真诚致歉和表达遗憾，都与国际人道法的要求相距甚远。各方必须作出努力，不仅要培训战斗部队、改进目标选择的方法，还必须在攻击时采取一切可能的预防措施，以杜绝毁灭性错误。

还有一种更具侵蚀性的趋势正在削弱国际人道法挽救生命的能力。几十年来，对国际人道法的权宜解读往往是在武装冲突极激烈时为国家可以杀伐、拘留而提出的，但这进一步削弱了国际人道法的保护效力。在一场又一场冲突中，一些国家设法不断拓宽“允许行为”的定义，同时又不断缩小“被禁止行为”的范畴。在面对要求更好地保护平民和被拘留者的压力时，这些国家往往辩称，与要求其采取的措施相比，国际人道法赋予它们更多的行动自由。当因其采取更具保护性的政策而获得赞许时，这些国家又往往称其行动只是自愿采取的良好实践——暗示国际人道法规定的标准远低于此。

此外，国际人道法的保护效力也受到其他潜在威胁。其中最主要的是，允许的例外情况越来越多，正在吞噬禁止性规定的空间。国际人道法的公信力源于其务实性。很多禁止性规定包含个别例外情况，旨在确保该法将军事必要纳入考量，同时防止敌方利用法律所赋予的人道保护来获取军事利益。然而，对例外情况的解读正在扩大并导致危险的结果：平民免受攻击之保护动辄受到剥夺，理由是其直接参加敌对行动；医院的神圣性动辄遭到无视，理由是敌方正在利用其受保护的地位；学校、工作场所及专门用于关键服务的建筑动辄丧失民用性质，理由是其对敌方具有某些益处；人道准入动辄遇到阻碍，理由是救济物资可被用于人道以外的其他目的……凡此种种，直至原本少数例外情况演变为用以规避重要保护的宽泛法律漏洞。

一些国家解释国际人道法的核心概念及运用其中较为模糊的条款的方式也在削弱该法的保护效力。就“军事目标”和“平民”的定义而言，这些国家一方面对前者进行扩张解释，另一方面对后者进行限缩解释，从而在概念上拓宽了构成合法目标的人员或物体的范围。这些国家通过解释比例原则，不断扩大“军事利益”的定义，同时将长期的衍生后果排除于“附带损害”的概念之外，从而使平民伤亡更易被接受。针对预防措施原则，这些国家或是直接质疑必须采取“一切可能的”预防措施以防止平民伤亡的义务，或是更多地将其视为政策选项而非法律义务，从而将该原则架空。

这些危险趋势可能会因新型作战技术的投入应用而进一步扩大。如果以过于宽松的目标选择规则训练算法，就会导致新技术以更快的速度造成更大规模的平民死亡和破坏。在极端情况下，除非各方就新的法律限制达成一致，否则自主武器将在几乎没有任何约束的情况下投入使用，在没有人类控制的情况下作出事关生死的决定。此外，在已经开始数字化进程的社会中，数字手段可能被用于对平民生活和基本服务造成大规模的破坏与混乱。声称这些手段不受规制，或在解释可适用的国际人道法规则时损害其在数字化世界承担的保护性功能，都会在新的层面引起混乱和伤害。

还有一个令人担忧的发展是，一些参与方开始质疑作为国际人道法基础的一些重要原则与前提。认为国际人道法规定的义务取决于对等性，即只有敌方遵守国际人道法，己方才需要遵守，这是一种谬论。如果采取这种做法，那么国际人道法在不守法的恶性循环中将不复存在。同样，认为诉诸战争权（*jus ad bellum*），即规制两国之间诉诸武力的法律体系，会对国际人道法的适用产生某种影响，这样的观点也是令人无法接受的。在国际性武装冲突中，交战各方永远都不太可能就谁是侵略者、谁是受害者达成一致。允许诉诸战争权在确定各方的国际人道法义务时发挥作用，只会削弱对各方的人道保护。

在此基础上，近期冲突最为恶劣的特征之一使得问题更加严重：冲突当事方不仅将敌方的战斗部队非人化，还将与其存在联系的平民居民非人化。国际人道法的基础是军事必要与人道之间的微妙平衡，是在两种不可调和的价值观之间进行的现实妥协。武装冲突法通过允许在其他情形下不可想象的一定程度的暴力，例如，允许攻击战斗员，或对平民造成一定限度的附带伤害，就已经赋予了军事必要适当程度的重要性。如果国家在人类生命因国籍、种族、宗教或政治信仰而受到轻视时置若罔闻，天平将不可逆转地倾斜，国际人道法的合法性基础也将崩溃。

后文将阐述红十字国际委员会对上述一些发展趋势的法律层面的观点，但本部分所概述的这些趋势的更广泛的影响将对国际人道法构成严峻的考验。如果各方持续对国际人道法的保护性规定施加下行压力，仅仅满足于绕开守法的限制，则国际人道法将被颠覆：它将成为暴力的“辩护方”，而非人道的“庇护者”。国家将日益倚仗自身并未违反法律的事实以使其军事行动合法化，而国际人道法将变成不道德行为进行积极抗辩的工具。

若此等趋势延续下去，国际人道法的合法性对于各国政府和非国家武装团体而言将荡然无存，最重要的是，在其意图保护的民众心中亦然。各国必须行动起来，终止螺旋式恶化的局面。面对敌方部队的攻击，没有哪个国家能够独善其身，也没有哪个国家的士兵或平民能够免受暴力。世界需要一部强有力的且具人道保护性的武装冲突法——一部值得信赖、能够拯救生命而非掩饰死亡的法律。

一、禁止核武器：保护人类免遭难以言喻的痛苦

自 1945 年以来，国际红十字与红新月运动（以下简称“运动”）多次对核武器的毁灭性人道后果表示关切，并呼吁各国禁止核武器。红十字国际委员会首次呼吁废除核武器是在广岛原子弹爆炸发生后。当时，红十字国际委员会的工作人员目睹了使用核武器导致的灾难性后果，并与日本红十字会一同照顾数以万计受伤和垂死的平民。这一经历对红十字国际委员会和整个运动产生了深远的影响。

在随后的数十年间，运动仍经常呼吁禁止并消除核武器。进一步推动呼吁的原因在于，越来越多的证据表明，在使用核武器的情况下无法开展切实有效的人道应对行动。如果核武器在人口密集地区或其附近引爆，将会产生巨大的人员伤亡，且由于当地大多数医疗机构已被摧毁，将有大量人员难以得到救治，援助提供方还将面临暴露于辐射的严峻风险。

由于核武器拥有巨大且骇人的破坏潜能，自其研发并于 1945 年首次使用以来，就一直是国际政治与法律层面持续关注的对象。近期的事态发展使得这一问题更加紧迫，并凸显了国际人道法对于应对该问题的重要意义。

使用核武器的危险正处于冷战至暗时刻以来的最高峰。随着国际与区域紧张态势加剧，核言论的激增令人担忧，已经出现明示或暗示使用核武器的威胁。核威慑理论再受追捧，核武器在军事条令与安全政策中的地位不降反升。核武库的更新换代风头正劲：更小型的核武器正在被研发，据称此类武器更为“可用”，并将面向战术军事用途。还有人担心，人工智能可能会被引入核武器的指挥控制系统。

与此同时，核裁军与核不扩散框架正遭到侵蚀，若干条约和协定已告终止或被废弃，其他条约和协定也面临压力。《不扩散核武器条约》仍被广泛视为全球核不扩散与核裁军努力的基石，但其裁军条款的实施进程却长期停滞，审议大会上商定的关于裁军与降低风险的措施尚未付诸实施，缔约国也未能就进一步措施达成一致。

面对这些令人不安的境况，国际人道法在维持并强化使用核武器的禁忌，并为《禁止核武器条约》等推动消除核武器的新法律措施提供基础等方面发挥了重要作用。

二、澄清法律框架："竞争""混合战争/威胁""代理人战争""灰色地带"

今天的地缘政治环境呈现如下特征：国家间关系紧张、国家内部不稳定、力量投射通过一系列隐蔽且具有胁迫性的措施进行，且武装冲突与日俱增。在政治和军事论述中，如下术语值得关注。

"竞争"一词通常被用于描述国家之间在政治、经济和军事层面的对抗。

"混合战争/威胁"通常被用于描述国家或非国家参与方综合使用不同技术或其他手段以投射力量、扰乱敌对方的做法。所谓"混合"行动涵盖军事和非军事领域，包括隐蔽或公开、动能或非动能（如虚假信息或网络行动）、致命或非致命的行动。该术语可能指影响一国政府、平民居民或基础设施的行动，并用于描述由国家和非国家参与方联合开展的行动。

"代理人战争"一词指的是，国家或非国家参与方基于自身战略利益，在政治、物质、资金、军事或其他方面直接或间接支持其他实体（可以是国家，也可以是非国家参与方），以对抗另一国家或非国家参与方的武装敌对行动。

"灰色地带"一词表示战争与和平之间的界限日趋模糊，或在某些情况下法律规定不明或缺位。不过，尽管其模式有新有旧，但国际法适用于所有情况；而对于国际人道法能否适用的问题，关键在于确定具体情势是否构成武装冲突。

适用国际人道法的武装冲突的定义并未改变。国家和其他参与方必须从法律角度评估每一种武装暴力局势，以确定其行动是否构成武装冲突或武装冲突的一部分。

红十字国际委员会为开展行动并与冲突各方进行人道对话，对于哪些局势构成武装冲突进行了系统性评估。根据广泛确立的法律标准，红十字国际委员会评估认为，2024 年全世界发生了超过 120 场武装冲突，冲突当事方涉及超过 60 个不同的国家及 120 个非国家武装团体。

根据国际人道法，武装冲突依其性质分为国际性武装冲突和非国际性武装冲突两类。国际性武装冲突是两个或两个以上国家相互敌对的武装冲突。1949 年日内瓦四公约共同第二条（以下简称"共同第二条"）规定，日内瓦四公约"适用于两个或两个以上缔约国间所发生之一切经过宣战的战争或任何其他武装冲突，即使其中一国不承认有战争状态"。据此，两个或两个以上国家间产生并导致诉诸武力的任何分歧均构成共同第二条意义上的武装冲突。所以，假如某一局势的客观情况表明，一国参加了针对另一国的军事行动或任何其他敌对行动（通过攻击或俘获敌方军事人员，攻击或缴获敌方军事财产，阻碍敌方的军事行动，或未经同意即使用或控制敌方领土），则该局势就构成国际性武装冲突。无论冲突持续多久、发生多少屠杀，或参加的部队规模如何，均不能改变其性质。这意味着，与非国际性武装冲突不同，国际性武装冲突不要求敌对行动达到特定的激烈程度。

非国际性武装冲突指一国与一个非国家武装团体之间或非国家武装团体相互之间的武装冲突。若要适用国际人道法，必须满足两个条件：其一，非国家当事方必须是有组织的；其二，各方之间的暴力行为必须达到充分的激烈程度。

在对武装冲突进行定性或归类时，任何评估都必须依据国际人道法确立的标准，完全在一线实际情况的基础上客观地进行。从这个意义上讲，出现新的事实情形或叙事并不意味着必须专门制定新的或特定的法律标准，才能判定局势是否构成武装冲突。因此，根据国际人道法，对"竞争""混合战争/威胁""代理人战争"等概念必须根据现有标准进行评估。例如，被视为"竞争"的国家间是否构成武装冲突，这要取决于"竞争"是否会导致相关国家之间诉诸武力。

同样，被称为"混合战争/威胁"的行为只有在触发武装冲突或在既有武装冲突背景下发生（并与该冲突有关）时，才受国际人道法规制。后一种情况即使在行为本身并不会触发国际人道法之适用时也依然成立。例如，并非所有在和平时期攻击医疗机构的网络行动都会触发武装冲突，但在武装冲突背景下开展网络行动时必须遵守国际人道法，并因此不能攻击医疗机构等。类似地，就信息行动来说，即使其本身在和平时期不会触发国际人道法的适用，但如在武装冲突背景下开展，则禁止以在平民居民中散布恐怖为主要目的的暴力行为或暴力威胁的规则也对其适用。在被称作"混合战争/威胁"的行为既没有触发武装冲突，又并非发生于武装冲突背景的情况下，这些行为仅受制于和平时期的规则而非国际人道法。

另外，在分析国家使用代理人的行为时，也应当且必须基于现有法律标准。例如，对控制某代理人的 A 国与对抗该代理人的 B 国之间的武装冲突进行归类，取决于 A 国对其代理人的控制程度。若要将该冲突定性为 A 国与 B 国之间的国际性武装冲突，该代理人的行为在法律上就必须能够归因于 A 国。在非国家武装团体作为代理人行事的情况下，当一国对与另一国作战的武装团体行使"总体控制"时，该局势就归类为这两国之间的国际性武装冲突。无论政治上是否将某局势定性为"代理人战争"，确定这种情况下是否存在国际性武装冲突的法律标准始终都是"总体控制"标准（严格来讲，该标准用以确定非国家武装团体是否构成一国事实上的机关）。

如果国际人道法适用于某一特定局势，则可适用的国际人道法规则的范围仅取决于该局势的武装冲突归类及可适用的条约和习惯法规则。国际人道法义务不因敌对行动的规模或激烈程度而改变。

围绕“竞争”“混合战争/威胁”“代理人战争”“灰色地带”等术语的政治叙事，绝不能对武装冲突的法律定性及国际人道法的适用造成混淆。要对这些局势进行法律定性，必须厘清一线的实际情况，并将法律适用于这些事实。虽然有时因为难以获得明确的信息而较难进行定性，但这属于事实上而非法律上的困难。重要的是，采取经济措施、开展信息行动和采取间谍行为等活动本身并不会触发国际人道法的适用。

三、为落入武装冲突各方之手的人提供更有效的保护

武装冲突不可避免地会带来苦难。即使在某一武装冲突中，国际人道法得到了充分尊重，也仍然有人被拘留，有人不幸遇害。在敌对行动期间，人们与家人离散或失踪的情形时常发生。而在成千上万的失踪人员中，许多人再无音讯，使其亲人陷入极度悲痛和长期困顿；儿童与家人离散，也会导致痛苦和艰难的境遇。

保护受武装冲突影响的民众的庞大规则网络，正是为了尽量预防或减少冲突造成的此种伤害。时间已经证明，这些规则对于在冲突期间减少苦难、保护民众免于虐待或失踪而言非常重要；但即便如此，它们仍在经受考验和挑战。一些挑战源于冲突各方秉持将特定团体或人员排除在保护之外，试图缩小这些规则的保护范围的论调。有时，人们遭到拘留，却没有合理理由或拘留时限不明。在这种情况下，人们经常面临虐待等导致身体受苦的严峻风险。其他挑战则源于在冲突爆发时未采取必要措施妥善实施国际人道法并防止违反国际人道法的行为。就制定必要的法律、体系和进程以使国际人道法能够有效保护民众而言，现有的努力还远远不够。

在善意解释国际人道法义务，并将实施和遵守此类义务作为内部政策和进程的优先要务方面，目前迫切需要加大行动力度。这两点是恢复国际人道法的保护效力的核心要求。

最后，有效实施国际人道法并保护民众免受伤害，需做到以下两点：一是认识到民众所面临的特殊风险及其特定需求；二是采取具体措施实施国际人道法，且不基于性别、残障情况、种族和任何其他类似标准而加以区别对待。

四、在敌对行动中善意平衡人道原则与军事必要

当代武装冲突造成的苦难与严重破坏几乎无法用言语形容。战火将整座城市夷为平地，使医院沦为废墟；平民挣扎求生，无法获得充足的食物、水电供应或医疗服务；民众可能受伤、终身残疾、内心遭受重创，甚或不幸遇害。武装冲突还摧毁生态系统，并进一步加剧正在迅速恶化的全球环境与气候危机。

国际人道法关于敌对行动的原则和规则旨在保护平民和民用物体免受军事行动的危险，并为此在两方面之间进行审慎平衡：一是为达成合法军事目的所必需的行动，二是在武装冲突期间限制伤亡、苦难和破坏的要务。然而，这一框架正面临压力。对国际人道法关于敌对行动的规则进行过分宽松的解释有可能会打破这一微妙的平衡，并阻碍实现相关规则的目的，即挽救生命并保护平民和民用物体，包括自然环境。来之不易的成果正在遭受怀疑：使用杀伤力较大的地雷和集束弹药的行为正在不断增多，并导致人员伤亡日益增加，令人极为担忧。这些武器滥杀滥伤，在冲突结束后很长一段时间内仍会造成普遍的人类苦难。

五、将国际人道法适用于新型作战技术

今天，世界各地的平民在日常生活中依赖数字技术，其中既包括计算机和智能手机，也包括人工智能、机器人和外层空间基础设施。与此同时，武装冲突各方正在将这些技术用于军事目的。若干年前，应用数字作战技术，包括在军事决策中使用人工智能，似乎还只是遥远的前景，但现在情况已不再如此。

令红十字国际委员会关切的是，各方越来越依赖具有不同程度自主性的武器系统，并利用人工智能决策支持系统来确定攻击对象和方式。当代武装冲突中还出现了令人担忧的趋势：国家和非国家参与方利用网络行动破坏数字治理基础设施、基本服务和经济，并利用数字通信工具扩大信息行动的覆盖范围和规模，加快其速度，从而助长违反国际人道法的暴力行径。随着基本民用服务越来越依赖空间系统，必须关注军事空间行动的潜在人类代价，以及此类行动必须遵守的法律限制。

六、在不断演变的冲突局势中保护人道工作公正开展

据联合国估计，2024 年有 3 亿人需要人道援助和保护，是 2019 年的 1.3 亿人的 2 倍还多。然而，这个令人震惊的数字仅反映了部分情况，其中并未涵盖应对其他需求的人道活动。例如，被剥夺自由的人只有通过有能力跨越前线开展工作的公正的人道组织才能与家人取得联系；失踪人员家属通过人道志愿者的努力才能找到亲人。此外，红十字国际委员会等人道组织在向交战方传播国际人道法并提醒其履行义务方面也发挥了重要的作用。

尽管如此，人道行动仍面临诸多挑战，问题频繁发生：与民众的接触时常受阻，障碍不断设立，人道工作人员的生命和安全往往面临威胁。更微妙的是，制裁与反恐措施的复杂网络使得公正的人道组织难以开展工作，并削弱了规制人道准入与人道活动的国际人道法规则。

此外，如今所有人道组织为了能够更加高效地服务受武装冲突影响的民众，都在使用数字技术，也因此面临数字威胁。如果人道组织的计算机系统被阻断、人道数据被窃取，或出现旨在质疑人道工作的公正性的网络行动，这都会使这些组织难以援助并保护有需要的人，也难以安全地开展人道行动。

七、构建遵守国际人道法的文化

自第一份《挑战报告》发布以来，红十字国际委员会持续强调缺乏对国际人道法的尊重是该法面临的最重大挑战。红十字国际委员会的工作人员每天都在目睹无法形容的苦难、破坏和残暴行为，并面对平民规模巨大且尚未被满足的需求。每一场战争都会导致生命逝去、家庭离散和生计毁坏。但如果国际人道法得到尊重，一些极端的后果是可以避免的。解决这一挑战的首要责任在于武装冲突各方。

各国发挥着重要的作用。它们就限制战争的文书进行谈判，并通过批准或加入这些文书同意受其法律约束。它们将国际人道法规则和其他规范纳入国内法、政策和实践。它们确保其武装部队了解国际人道法、接受相关培训，并受到强有力的纪律制度约束。它们出台刑事立法并设立司法制度以起诉严重违法者。它们还能够通过双边、区域及多边合作确保包括其盟友与伙伴在内的其他相关方遵守国际人道法义务。在武器转让方面，各国负有特别的法律义务。

各国采用多种国内进程履行其国际人道法义务。其中之一是国际人道法所要求的对新武器、作战手段和方法的法律审查。国家对其发展或取得的任何新武器、作战手段和方法都要进行法律审查，这是确保其武装部队能够遵守国际人道法义务的必要步骤。为协助各国建立或改进审查程序，红十字国际委员会于 2006 年出版了《新武器、作战手段和方法法律审查指南：1977 年〈第一附加议定书〉第三十六条实施措施》（以下简称《指南》）。《指南》正在进行修订，目的之一是反映对依赖新兴技术的新武器、作战手段和方法进行法律审查所面临的挑战。

非国家武装团体也必须理解国际人道法，在其内部规则和纪律体系中予以实施并予以尊重。国际人道法是约束武装冲突所有各方的法律框架。鉴于此，为了在与武装部队及非国家武装团体对话时有效地传达并巩固受武装冲突影响的民众应享有的保护，当文化传统与实践及其他法律框架（如伊斯兰法）中的规范、道德和标准与国际人道法存在一致之处时，人道组织也可予以借鉴。

即便如此，如果没有遵守国际人道法的政治意愿和观念模式，国内框架下对该法的了解和实施本身并不能确保该法得到充分尊重。为使数以百万计受武装冲突影响的民众的生命和尊严得到保护，各国必须将构建这一政治意愿作为优先要务。最后，尊重国际人道法至少可以通过去除建立和平方面的一些障碍，从而为构建可持续和平的目标做出贡献。

结论

1949 年通过的日内瓦四公约作为国际人道法的基础性条约，实践已证明其取得了显著成功。与更广泛的国际人道法一道，日内瓦四公约展现了卓绝的持久性，并获得各国坚定不移的支持。在全世界正在不断发生武装冲突的当下，这些公约每一天都在拯救生命并保护人类的尊严。

然而众多挑战依然存在。数十年来，红十字国际委员会持续强调，国际人道法面临的最重大挑战就是缺乏对该法的尊重。由此可见，违反国际人道法的行为仍是其主要关切。国际人道法实施上的缺陷则削弱了实践中的遵守。此外，对国际人道法的各种权宜性解释——往往在武装冲突最激烈时提出——又进一步削弱了国际人道法的保护效力。

这些侵蚀性趋势必须停止。各国必须勠力同心，使尊重国际人道法成为优先要务。世界需要一部强有力的且具有人道保护性的武装冲突法，能够赖以拯救生命。红十字国际委员会希望本报告能够帮助揭示国际人道法面临的一些突出挑战，凝聚解决挑战的政治意愿，并最终构建起遵守国际人道法的文化，从而在冲突期间保护人道，不论在现在还是未来。

Challenges to International Humanitarian Law in Contemporary Armed Conflicts

Abstract: In September 2024, the ICRC published report: *Challenges to International Humanitarian Law in Contemporary Armed Conflicts*. The report outlines some of the challenges to International Humanitarian Law posed by contemporary armed conflicts and sets out the ICRC's current or future actions, positions and areas of concern.

Keywords: International Humanitarian Law; armed conflict; nuclear weapon; new technologies of warfare; humanitarian work

论国际人道法的习惯转向

汪家雨①

摘要：20 世纪 90 年代前后，国际人道法在适用与发展方面更加频繁地诉诸习惯渊源，本文将这一现象界定为国际人道法的习惯转向。在这一趋势下，包括主权国家、国际法庭与法院及国际组织等在内的多元主体更加频繁地依靠习惯渊源去主张特定人道法规则的存在与否、适用是否等问题，越来越多的条约规则与人道主义原则被主张为习惯国际法，还有一些习惯规则通过司法判例、国际组织的非正式编纂等路径逐渐形成。本文认为，这一发展趋势的出现受到了有影响力的国家的外交政策及相关的学术论辩的推动，随后在国际司法与学术编纂领域得到了集中体现。随着多元主体的实践参与到对习惯人道规则的主张和塑造当中，习惯国际人道法的形成成为一个“去中心化”的规范性网络。这一转向主要在规范与理论两个方面发生影响：规范层面，传统上区分国际性与非国际性武装冲突的“二分法”框架受到冲击，强调国家言辞行为的习惯国际法的识别方法也在国际人道法转向习惯的过程中得到了巩固与发展；理论层面，这一转向为人本化理论的兴起提供了注脚。

关键词：习惯国际人道法；多元主体；国际造法；“二分法”；人本化

一、引言

20 世纪 90 年代前后，随着前南斯拉夫问题国际刑事法庭等国际司法机制的成立，在武装冲突中适用国际人道法的现实语境发生了显著变化。第一，美国等军事大国不批准两个附加议定书的决定使得海湾战争、科索沃战争等事件所引发的相关

---

① 汪家雨，北京大学法学院博士研究生。

法律争议（如武装冲突中的环境保护、空中轰炸是否符合区分原则及比例原则等）无法以人道法条约规则为主要依据。[①] 第二，在以国家为缔约主体的人道法条约无法提供合法性基础的情况下，特别刑事法庭等国际司法机制更为频繁地介入非国际性武装冲突。实践中的变化使得国际人道法的适用与发展出现了转向习惯渊源的趋势，有学者将其称为习惯国际人道法的“复苏”[②]，甚至称作人道法领域的“习惯革命”[③]。

概括而言，国际人道法的习惯转向是指20世纪90年代前后，国际人道法在适用与发展方面所呈现出的越来越依赖习惯渊源的趋势。在这一趋势下，主权国家、国际法庭与法院、国际组织等多元主体更加频繁地依靠习惯渊源去主张特定人道法规则的存在与否、适用是否等问题。在此过程中，越来越多的条约规则与人道主义原则被主张为习惯国际法，还有一些习惯规则通过司法判例、国际组织的非正式编纂等路径逐渐形成，渐进式地改变着人道法体系的内容与架构，并塑造着人道法规则的解释框架与约束范畴。

中国是1949年日内瓦四公约及其两个附加议定书的缔约国，负有条约所规定的义务，但仍然有必要对于习惯国际人道法问题进行深入研究。第一，从司法实践与学术编纂的角度来看，习惯国际人道法成为适用于非国际性武装冲突的重要规范，随着大量被认为具有习惯性质的“拟议法”（*lex ferenda*）通过国际法庭与法院的司法判例、条约中的原则与规则、非正式编纂等路径逐渐形成，适用于非国际性武装冲突的习惯规则显然已经超出1949年日内瓦四公约共同第三条（以下简称“共同第三条”）和《日内瓦四公约关于保护非国际性武装冲突受难者的附加议定书》（以下简称《第二附加议定书》）等“实定法”（*lex lata*）的范畴，但其边界还很不清晰。第二，目前两个附加议定书还未达到普遍缔结的程度，对于当事方为非缔约国的武装冲突，习惯国际人道法仍然是具有可适用性的最为重要的规范。因此，本文将尝试从习惯国际法形成的视角，对于国际人道法转向习惯的背景、进程及路径进行考察，并对其影响进行评估。

二、国际人道法转向习惯的背景与进程

20世纪80年代末，美国正式决定不批准日内瓦四公约的两个附加议定书。此

① 海湾战争时期，美国、伊拉克、伊朗、以色列、英国和法国均未批准1977年的两个附加议定书。

② Theodor Meron, “Revival of Customary Humanitarian Law”, 99 *American Journal of International Law* 817 (2005).

③ Giovanni Mantilla, *Lawmaking under Pressure: International Humanitarian Law and Internal Armed Conflict*, Cornell University Press, 2020, p. 170.

后，美国在外交及学术方面转向了将人道法条约规则论证为习惯规则的路径，美国、英国、德国等开始在北大西洋公约组织（以下简称“北约”）的框架内重新审查附加议定书的内容，以确定是否应在军事手册中纳入相关规则，并进一步确定这些规则是否具有习惯性质。① 这构成了国际人道法转向习惯的政治背景。20 世纪 90 年代初，随着前南斯拉夫问题国际刑事法庭（以下简称“前南刑庭”）等特别刑事法庭的成立，国际人道法转向习惯的主张不再局限于部分国家的主张，并从学术走向法庭。②

（一）缔约会议后的外交转向与学术论辩

在 1974 年至 1977 年的缔约会议上，第三世界及社会主义国家与西方国家之间的最大分歧在于是否应该将民族解放战争定性为国际性武装冲突。经过激烈的争论，会议最终通过了两个附加议定书，并在《第一附加议定书》的第一条第四款中将各国人民“对殖民统治和外国占领以及对种族主义政权作战的武装冲突”界定为国际性武装冲突，但这一条款成为 1987 年美国政府决定不建议参议院批准《第一附加议定书》的主要原因。③ 在宣布这一决定的同时，美国政府表示，该议定书的部分条款反映了习惯国际法，而另外一些则是对于现有规则的新发展，因此美国将与其盟国协商，将特定条款纳入各国军事手册，从而使这些规则成为独立于《第一附加议定书》的习惯国际法。④

自此，美国在军事外交上转向了将人道法条约规则论证为习惯规则的路径。1987 年，时任美国国务院法律顾问迈克尔·马西森在美国红十字会主办的国际人道法年会上发表了《美国对习惯国际法与 1949 年日内瓦公约及其 1977 年附加议定书的关系的立场》。马西森表示，由于附加议定书未获批准，美国将仅受附加议定书中能够反映习惯国际法的部分规则的约束，因此，美国政府和学术界应当聚焦于现在或将来值得承认为习惯国际法的规则的确定。⑤ 其后，美国等西方国家的军队开

---

① Rene Kosirnik, “The 1977 Protocols: a Landmark in the Development of International Humanitarian Law”, 320 *International Review of the Red Cross* 483 (1997), p. 494.

② Theodor Meron, *Customary Humanitarian Law Today: From the Academy to the Courtroom*, in Andrew Clapham, and Paola Gaeta (eds), *The Oxford Handbook of International Law in Armed Conflict*, Oxford Academic, 2014, pp. 28-42.

③ Message from the President of the United States, US Government Printing Office, 100th Congress, 1st Session, Treaty doc. 100-2, Washington, 1987.

④ Message from the President of the United States, US Government Printing Office, 100th Congress, 1st Session, Treaty doc. 100-2, Washington, 1987.

⑤ Michael J. Matheson, “The United States Position on the Relation of Customary International Law to the 1977 Protocols Additional to the 1949 Geneva Conventions”, 2 *American University International Law Review* 419 (1987).

始在“北约”的框架下通过军事手册等政策性材料主张人道法规则的习惯性质。其中具有代表性的是德国 1992 年颁布的《武装冲突中的人道法手册》,① 加拿大、英国也分别在 2001 年、2004 年出版了载有对于人道法规则习惯性质声明的手册。② 美国虽然迟迟没有发布官方手册，但美国陆军军法局法律中心和学校（US Army Judge Advocate General's Legal Center & School）自 1987 年开始发布旨在为军法官实施军事行动法提供指导的《行动法手册》（*Operational Law Handbook*），在其中载明了大量对于习惯人道法规则的主张。③

美国在外交层面的转向推动了相关学术论辩的展开，任职于“前南刑庭”等特别国际刑事法庭的学者西奥多 · 梅隆成为这一路径的主要倡导者。他不仅提出了条约规则习惯化、人权理论与习惯国际人道法的相互作用等丰富的理论主张，也于国际司法层面推动了国际人道法转向习惯的实践进程。在 1987 年发表的文章中，梅隆集中讨论了日内瓦四公约的习惯性质问题。他认为，虽然相对于两个附加议定书而言，1949 年日内瓦四公约已获得普遍批准，但对其习惯性质的讨论仍然同时具有学术及实践价值。第一，在许多国家，习惯法被视为国内法，而条约则需要立法机关经由一定的程序才能转化为国内法，在条约规则无法被转化为国内法时，习惯规则的存在有利于在国内法框架下为个人提供人道法的保护。第二，无论是条约的保留和退出都不影响缔约国在习惯法下承担的义务，这意味着对条约规则的习惯性质的认定对于条约缔约国而言也是有意义的。④

此外，梅隆还强调了将条约规则论证为习惯规则的道德效果，即习惯国际法所承载的国际社会的一致意见将加强国际社会对于遵守日内瓦四公约的道德要求。他认为，无论是国际法院在 1979 年“伊朗人质危机”中通过论证习惯国际法的存在强化国际法主体的义务感的做法，还是其在 1986 年“尼加拉瓜诉美国案”中对于习惯国际法方法论的重塑，都体现了司法造法的进程对于发展国际人道法的现实价值，特别是其内蕴的道德性强化了法律论证中的修辞力量。⑤ 在此基础上，梅隆率

---

① Nobuo Hayashi (ed.), *National Military Manuals on the Law of Armed Conflict*, Torkel Opsahl Academic EPublisher, 2023, p. 95.

② Canada, Office of the Judge Advocate General, *The Law of Armed Conflict at the Operational and Tactical Levels*, 2001; United Kingdom, Ministry of Defence, *The Manual of the Law of Armed Conflict*, 2004.

③ 根据美国《统一军事司法典》（*Uniform Code of Military Justice*）的规定，“军法官（Judge Advocate）”在军事法律事务中代表军队，并作为法律顾问以维护军事法。

④ Theodor Meron, “The Geneva Conventions as Customary Law”, 81 *American Journal of International Law* 348 (1987), pp. 348-349.

⑤ Theodor Meron, “The Geneva Conventions as Customary Law”, 81 *American Journal of International Law* 348 (1987), pp. 348-350.

先将这一议程与人权理论结合起来。1989 年，梅隆在其著作《人权与作为习惯的人道主义规范》中讨论了基于人权的普遍性将国际人道法的条约规范论证为具有普遍约束力的习惯法的问题，尤其是具有习惯性质的人权与人道规范在国际与国内司法中的重要作用。①

这一时期，也有部分学者对梅隆的主张持审慎的怀疑态度。例如，马蒂·科斯肯涅米提出，转向习惯这一渊源实际上是为了避免那些围绕自然正义立场的争论。在对于基本的习惯标准不存在共识的情况下，考虑到各国在政治文化、经济和技术能力上的巨大差异，这种基于人权理论的法律上的赋权将有可能意味着在司法领域强行实施一套西方的价值观。② 马尔科·萨索利则对梅隆采用的识别方法提出了质疑。他认为，不应过于强化大国及参与武装冲突的国家的实践的重要性，只有考虑到所有国家，包括生活在和平中的国家的实践，才能评估一项国际人道法规则的习惯性质；此外，也不应过于依赖军事手册的作用，在很多国家，它们往往并不常见或者难以获得，因此无法作为一般实践的指南。③ 尽管在学术层面仍然存在争议，但随着 20 世纪 90 年代"前南刑庭"的成立，国际人道法转向习惯的主张最终从学术走向法庭。

（二）特别刑事法庭的成立与管辖权问题

在南斯拉夫解体的过程中，其内部冲突不断加剧，与此同时，传播媒介的发展大大缩短了新闻媒体、公众舆论、政府间与非政府间国际组织等对于内部冲突中暴行的反应时间，这使得以维护国际和平与安全为首要职责的联合国安理会面临着世界舆论所要求的保护人权的压力。1993 年，联合国安理会先后审议通过了第 808 号、第 827 号决议，决定成立处理这一问题的特别刑事法庭。④

新的国际刑事司法机制的创设首先需要回应管辖权的问题。在人道法条约体系中，对于非国际性武装冲突加以规制的主要是共同第三条和 1977 年的《第二附加议定书》，将国际人道法与个人刑事责任联系起来的则是日内瓦四公约及其《第一附

---

① Theodor Meron, *Human Rights and Humanitarian Norms as Customary Law*, Oxford University Press, 1989.

② Martti Koskenniemi, "The Pull of the Mainstream", 88 *Michigan Law Review* 1946 (1990), pp. 1947-1960.

③ Marco Sassòli, "Human Rights and Humanitarian Norms as Customary Law", 29 *International Review of the Red Cross* 602 (1989).

④ 于 1992 年至 1995 年间担任联合国人权委员会特别报告员的塔德乌什·马佐维耶茨基（Tadeusz Mazowiecki）所呈交的关于南斯拉夫人权情况的调查被认为很大程度上促成了联合国安理会关于设立前南刑庭的第 808 和 827 号决议的通过。See Paul Tavernier, "The Experience of the International Criminal Tribunals for the Former Yugoslavia and for Rwanda", 37 *International Review of the Red Cross* 605 (1997), p. 606.

加议定书》所规定的“严重破约行为（grave breaches）”。[①] 在1974年至1977年缔约会议期间，各国均反对将“严重破约行为”制度的范围扩大至国家内部冲突，并将其视为对于国家主权的不可接受的侵犯，特别是新独立的国家更加警惕这类干涉行为。因此，从既有的条约规则出发，很难将追究个人刑事责任的“严重破约行为”制度与非国际性武装冲突联系起来。

在“法无明文规定不为罪”原则与缺乏条约规则依据的规范的现实的龃龉之下，习惯渊源在“前南刑庭”成立之初即被用于合法化这一试图在非国际性武装冲突中追究个人刑事责任的新的国际刑事司法机制。联合国秘书长在讨论特别刑事法庭的属事管辖权时指出，“法无明文规定不为罪”原则要求国际法庭适用“毫无疑问已成为习惯法一部分的国际人道法的规则”，以避免发生只有一些国家而不是所有国家都遵守具体公约的问题。[②] 在“前南刑庭”随后处理的“塔迪奇案”中，属事管辖权的争议再次被提出。

上诉人认为，法庭对其受到指控的罪行缺乏属事管辖权，因为《前南斯拉夫问题国际刑事法庭规约》（以下简称《规约》）第二、三、五条所规定的属事管辖权仅限于在国际性武装冲突中所犯的罪行。[③] 对此，上诉分庭援引人权理论的发展情况，在很大程度上依赖习惯渊源对《规约》进行了扩张解释。法庭指出，“海牙法”与“日内瓦法”主要都是为国际性武装冲突准备的，而非国际性武装冲突仅受一些更为简略、概括性的条款的规制——这显然是以主权为导向的；但在内战变得更加频繁、残酷和持久，以至于其与国际性武装冲突的区别日益缩小的情况下，这种区分不再符合战争的现实及在国际法领域迅速发展和传播的人权理论的要求。[④] 在此基础上，法庭强调了习惯国际法在国际人道法的发展与适用中的持续重要性。由此，“塔迪奇案”成为确认习惯国际人道法在非国际性武装冲突中的可适用性的重要里程碑。

从上诉人所提出的抗辩理由与法庭所采取的论证路径来看，法庭的选择显然不是唯一的，也是有争议的。特别是上诉分庭没有选择将南斯拉夫内战定性为国际性

---

① 主要规定参见《日内瓦第一公约》第五十条、《日内瓦第二公约》第五十一条、《日内瓦第三公约》第一百三十条、《日内瓦第四公约》第一百四十七条及《第一附加议定书》第十一条和第八十五条。

② UNSC, “Report of the Secretary-General Pursuant to Paragraph 2 of Security Council Resolution 808 (1993)” (3 May 1993) UN Doc S/25704, paras. 34-35.

③ *Prosecutor v. Duško Tadić* (Decision on the Defence Motion for Interlocutory Appeal on Jurisdiction) [2 October 1995] ICTY Case No. IT-94-1-AR72, para. 65.

④ *Prosecutor v. Duško Tadić* (Decision on the Defence Motion for Interlocutory Appeal on Jurisdiction) [2 October 1995] ICTY Case No. IT-94-1-AR72, paras. 96-97.

武装冲突，而是仅仅基于人权理论及国家实践的发展，认定《规约》第三条所列举的所有违反战争法或惯例的行为——即使是在国内武装冲突中犯下的——也有可能受到起诉和惩罚。时任上诉分庭法官李浩培即在其个别意见中提出了对于这一做法的反对，认为这一决定实际上是在未经任何国家授权的情况下，对于该法庭的“立法权（legislative power）”的毫无根据的假定。①

虽然“前南刑庭”已经结束其历史使命，但其对国际人道法格局的改变是不可逆转的，习惯国际人道法在非国际性武装冲突中的可适用性的确立将非国家行为体、个人等主体纳入塑造国际人道法的进程。② 在其之后，卢旺达问题国际刑事法庭（以下简称“卢旺达刑庭”）、柬埔寨法院特别法庭、塞拉利昂问题特别法庭和国际刑事法院陆续成立。随着习惯国际人道法在司法领域的实践日益丰富，相关编纂工作也在红十字国际委员会的主导下拉开序幕。

（三）红十字国际委员会对习惯国际人道法的非正式编纂

自 1863 年成立以来，红十字国际委员会在国际人道法的编纂方面一直扮演着重要的角色。作为国际人道法的主要源流之一的“日内瓦法”正是 1864 年至 1949 年间在红十字国际委员会的倡议与推动下逐渐形成的。20 世纪 70 年代以来，在人权理论的主导和红十字国际委员会的推动下，“国际人道法”这一术语逐渐被用于指代武装冲突中的规则乃至战争法整体，这一新的、越来越被广泛使用的术语统摄了传统人道法条约体系中的“海牙法”与“日内瓦法”源流，③ 红十字国际委员会得以在国际人道法的发展方面发挥更为广泛的作用。1995 年 12 月，红十字国际委员会在第 26 届红十字与红新月国际大会上接受委托，开始编写一份适用于国际性和非国际性武装冲突的国际人道法习惯规则的报告。④ 2005 年，《习惯国际人道法》作为该研究的阶段性成果正式出版。

《习惯国际人道法》共确立了 161 条习惯国际人道法规则，其中 148 条适用于非国际性武装冲突。这些规则绝大多数来自日内瓦四公约及其附加议定书，尤其是在 1974 年至 1977 年的缔约会议上分别就保护国际性与非国际性武装冲突受难者起

---

① Separate Opinion of Judge Li, in *Prosecutor v. Duško Tadić* (Decision on the Defence Motion for Interlocutory Appeal on Jurisdiction) [2 October 1995] ICTY Case No. IT-94-1-AR72, paras. 10-11.

② Katharine Fortin, "Customary International Law: A Transformative Force in the Landscape of IHL", in Sandesh Sivakumaran and Captain Christian R. Burne (eds), *Making and Shaping the Law of Armed Conflict*, Oxford University Press, 2024, pp. 37-62.

③ Amanda Alexander, "A Short History of International Humanitarian Law", 26 *European Journal of International Law* 109 (2015), pp. 121-123.

④ "Resolutions of the 26th International Conference of the Red Cross and Red Crescent" (1995), *Annex II*, p. 2.

草的《第一附加议定书》与《第二附加议定书》。其中，除了规定适用范围的第一条及规定不干涉原则的第三条，[①]《第二附加议定书》的几乎所有条款都被用作论证适用于非国际性武装冲突的习惯规则的基础。此外，由于《第二附加议定书》所涉及的事项非常有限，在论证其他适用于非国际性武装冲突的习惯规则时，1954 年《关于发生武装冲突时保护文化财产的公约》（以下简称《保护文化财产公约》）、1980 年《禁止或限制使用某些可被认为具有过分伤害力或滥杀滥伤作用的常规武器公约》（以下简称《特定常规武器公约》）等适用于非国际性武装冲突特定领域的条约也成为重要的依据。

除了主权国家之间缔结的条约及各国的国内实践以外，[②] 更多不同种类主体的实践被纳入识别习惯人道规则的进程。第一，国际组织与国际会议的实践，主要包括联合国安理会及联合国大会决议、联合国人权理事会及其他专门组织和机构通过的决议、联合国秘书长及特别报告员的声明与报告等。第二，国际司法和准司法机构的实践，前者主要包括纽伦堡和远东国际军事法庭、国际法院、"卢旺达刑庭"、"前南刑庭"等；后者则在红十字国际委员会的分类下广泛地涵盖了监督人权公约执行情况的人权条约机构，如人权委员会、消除种族歧视委员会、消除对妇女歧视委员会、禁止酷刑委员会、儿童权利委员会，还包括作为联合国安理会附属机构的联合国赔偿委员会。第三，国际红十字与红新月运动的实践。第四，武装反对派团体的声明、非政府组织的报告等。[③]

对于人权机构实践的实质性考量解释了《习惯国际人道法》对大量人权法原则与规则的吸纳，如规则 98 "禁止强迫失踪"、规则 99 "禁止任意剥夺人身自由"、规则 133 "流离失所者的财产权须受到尊重" 等。甚至对于其中一些规则而言，人权机构等多元主体的实践对于习惯国际人道法的塑造作用并不是辅助性的，而是决定性的。例如规则 133 被确定为同时适用于国际性与非国际性武装冲突的习惯规则，其主要的文书依据是联合国经济及社会理事会 1998 年通过的人权文件《国内流离失所问题指导原则》及包括《欧洲人权公约第一议定书》《美洲人权公约》《非洲人权和人民权利宪章》在内的多个人权条约，此外还参照了欧洲人权法院、波斯尼亚

---

① 其中第二十至二十八条均为对签字、批准、退约、登记等程序性事项的规定。

② 各国国内实践主要包括军事手册、国内立法及国内判例。

③ Jean-Marie Henckaerts and Louise Doswald-Beck, *Customary International Humanitarian Law, Volume II. Practice*, International Committee of the Red Cross and Cambridge University Press, 2005, pp. xxiii-xxv.

和黑塞哥维那人权委员会人权分庭在相关案件中的裁决。[①] 非国家武装团体的声明与实践也影响着习惯规则的形成。习惯规则 128 规定，在非国际性武装冲突中被剥夺自由的人，一旦剥夺自由的理由不复存在，就必须立即被释放。这一规定参考了哥伦比亚革命武装力量-人民军（FARC-EP）的声明及苏丹人民解放运动/苏丹人民解放军（SPLM/A）的实践。[②]

随着多元主体的实践参与到习惯人道规则的塑造当中，习惯国际人道法的形成成为一个“去中心化”的规范性网络。不仅有越来越多的条约规则与人道主义原则被主张为习惯国际法，还有一些习惯规则通过司法判例、国际组织的非正式编纂等软法逐渐形成，从而改变着人道法体系的内容与架构，并塑造着人道法规则的解释框架与约束范畴。

三、国际人道法转向习惯的路径

在国际人道法转向习惯的进程中，既有的条约规则成为形成中的习惯国际人道法规则最主要的来源，区分原则、比例原则等人道主义原则的习惯性质也在这一进程中得以确立。此外，基于国际法庭与法院及红十字国际委员会在这一进程中所扮演的关键性角色，司法判例及国际组织的非正式编纂等软法成为国际人道法转向习惯的重要路径。

（一）从条约规则到习惯

将条约规则论证为习惯规则的主要影响是使非缔约国受到条约规则的约束，因此，这一路径首先常见于国际法庭与法院对于当事国并非特定条约缔约国的个案的处理。虽然基于多边条约识别习惯规则面临着“巴克斯特悖论（Baxter Paradox）”[③] 的挑战，但是在涉及人权与安全问题的案件中，国际法院往往倾向于对“两要素”的要求做宽松的处理，从而直接认定人道主义多边条约的习惯国际法地位。[④] 例如，在 2004 年“在被占领巴勒斯坦领土修建隔离墙的法律后果咨询意见案”中，国际法院认定《陆战法规和惯例章程》（《海牙章程》）的规定已经成为习惯国际法的一部分，因此相关规定可以适用于以色列，即使其并非附有《海牙章

---

① Jean-Marie Henckaerts and Louise Doswald-Beck, *Customary International Humanitarian Law, Volume I. Rules*, International Committee of the Red Cross and Cambridge University Press, 2005, pp. 472-474.

② Jean-Marie Henckaerts and Louise Doswald-Beck, *Customary International Humanitarian Law, Volume I. Rules*, International Committee of the Red Cross and Cambridge University Press, 2005, pp. 451-454.

③ 随着条约缔约国数量的增加，想要证明存在于该条约之外的相关习惯国际法就变得更加困难，因为在这种情况下，用以判断习惯规则是否存在的国家实践与法律确信可能是源于条约义务而非习惯国际法下的义务。R.R. Baxter, “*Treaties and Custom*”, 129 Recueil des Cours (1970), p. 64.

④ Frederic L. Kirgis, “Custom on a Sliding Scale”, 81 *American Journal of International Law* 146 (1987).

程》的 1907 年《陆战法规和惯例公约》（海牙第四公约）的缔约国。① 在 2005 年"刚果境内的武装活动案"中，国际法院再次主张 1907 年《海牙章程》所载规定的习惯性质，认为刚果民主共和国和乌干达在均非该公约缔约国的情况下也应受其约束。②

非缔约国对于条约规则习惯性质的主张则基于国家是否有接受相应规则约束的意愿，以阻断该习惯规则的形成或使自身成为该习惯规则下的"一贯反对者"。在美国国防部发布的《战争法手册》③ 中，美国主要对其未批准的条约所载规则的习惯属性进行了主张，这些主张绝大部分采用了否定性的措辞。例如，美国认为，《第一附加议定书》第五十一条第三款、第五十七条第三款、第五十四条虽然反映了某种具有习惯性质的原则，但其文本并未反映习惯国际法；④《第一附加议定书》第一条第四款关于民族解放运动性质的规定，第三十五条第三款及第五十五条关于保护环境的规定，第三十九条第二款对于使用敌方的旗帜、军用标志、徽章或制服的禁止不具有习惯性质；⑤《渥太华公约》⑥《集束弹药公约》等并不意味着出现了禁止使用、储存、生产和转让杀伤人员地雷及禁止在武装冲突中使用集束弹药的习惯国际法。⑦ 此外，虽然美国批准了 1980 年《特定常规武器公约》，但《战争法手册》指出，该公约并不是对现有习惯国际法的反映，⑧ 特别是关于激光致盲武器的"第四号议定书"，美国认为，其限制应当被定性为军备控制义务，而不是习惯国际法对于使用激光作为杀伤武器的禁止。⑨

红十字国际委员会的编纂工作也在很大程度上致力于将条约规则论证为习惯规则。因此，红十字国际委员会在以条约规则为出发点的同时，重点考察了非缔约国的实践。非缔约国与条约规定相一致的实践被视为重要的肯定性证据，而与条约规

① *Legal consequences of the construction of a wall in the Occupied Palestinian Territory* (Advisory Opinion) [2004] *ICJ Reports*, p. 172, para. 89.

② *Armed Activities on the Territory of the Congo* (Judgment) [2005] *ICJ Reports*, p. 243, para. 217.

③ *Department of Defense Law of War Manual*，最后一次更新于 2023 年 7 月。

④ *Department of Defense Law of War Manual*, p. 31, 268, 325-326.《第一附加议定书》第五十一条第三款规定，平民除直接参加敌对行动并在直接参加敌对行动时外，应享受本编所给予的保护；第五十七条第三款规定，为了取得同样的军事利益有可能在几个军事目标之间进行选择时，选定的目标应是预计对平民生命和民用物体造成危险最小的目标；第五十四条规定了对平民居民生存所不可缺少的物体的保护。

⑤ *Department of Defense Law of War Manual*, pp. 78-79, 332-333.

⑥ 全称为《关于禁止使用、储存、生产和转让杀伤人员地雷及销毁此种武器的公约》，1997 年 9 月 17 日通过，1999 年 3 月 1 日生效。

⑦ *Department of Defense Law of War Manual*, pp. 411-412, 414.

⑧ *Department of Defense Law of War Manual*, pp. 1197-1198.

⑨ *Department of Defense Law of War Manual*, p. 1200.

定相反的实践则被视为重要的否定性证据。① 例如，在确定《习惯国际人道法》规则 73 “禁止使用生物武器” 为适用于国际性武装冲突的习惯国际法规范时，红十字国际委员会首先援引了 1925 年《禁止在战争中使用窒息性、毒性或其他气体和细菌作战方法的议定书》及 1972 年《禁止生物武器公约》，并重点考察了安哥拉和以色列的实践，因为它们是仅有的两个在成为前一条约缔约国时做出 “不首先使用” 的保留，同时也非后一条约缔约国的国家。②

（二）从人道主义原则到习惯

随着多元主体参与到主张习惯人道规则的过程中，在 1907 年海牙第四公约等传统人道法条约中占据主导价值的军事必要性受到人道主义要求的持续压力。非缔约国虽然在军事手册等言辞行为中否定了部分条约规则的习惯性质，但倾向于承认规则所反映的原则的习惯地位。

以当前已被普遍承认为习惯国际人道法的比例原则为例，国际法中的比例原则最早是 “正义战争” 理论中用以解决 “诉诸战争权” 问题的原则性规范，③ 其习惯性质实际上是在国际人道法转向习惯的论辩中逐渐得以确立的。在 1974 年至 1977 年的缔约会议上，《第一附加议定书》第五十一条第五款第二项及第五十七条第一次试图对战时法中的比例原则进行定义，并将其确定为适用于各类攻击的基本标准，这引发了各国的激烈争议。④ 例如，法国在对第五十一条第五款投反对票时提出，其复杂的表述将严重妨碍对侵略者进行防御性的军事行动，并损害合法防卫的固有权利；⑤ 美国军方在当时也认为，《第一附加议定书》所载的比例性的概念因过于模糊而无效，并不构成习惯法规则。⑥

虽然各国就《第一附加议定书》对于比例原则的表述存在分歧，但比例原则本身最终逐渐被承认为习惯国际人道法的一部分。阿根廷国家上诉法院在 1985 年 “军

---

① ［比］亨克茨、［英］多斯瓦尔德-贝克：《习惯国际人道法规则》，红十字国际委员组织译，北京：法律出版社，2007 年，第 34 页。

② ［比］亨克茨、［英］多斯瓦尔德-贝克：《习惯国际人道法规则》，红十字国际委员组织译，北京：法律出版社，2007 年，第 246 页。

③ Emily Crawford, “Proportionality”, available at https://opil.ouplaw.com/display/10.1093/law:epil/9780199231690/law-9780199231690-e1459 (last visited on 13 July 2024).

④ Terry D. Gill and Dieter Fleck (eds.), *The Handbook of the International Law of Military Operations*, 2nd Edition, Oxford University Press, 2015, pp. 201-205.

⑤ Jean-Marie Henckaerts and Louise Doswald-Beck, *Customary International Humanitarian Law*, *Volume I. Rules*, International Committee of the Red Cross and Cambridge University Press, 2005, p. 46.

⑥ W. Hays Parks, “Air War and the Law of War”, 32 *Air Force Law Journal* 1 (1990), p. 174.

事团体案”中提出，比例原则是习惯国际法的一部分；① 红十字国际委员会在其1987年出版的评注中将比例原则界定为保护平民的一般原则之一，认为其同时适用于国际冲突与国内冲突。② 在缔约会议上反对这一规则的美国也逐渐承认了这一原则的习惯地位。1987年，马西森在1987年人道法会议上阐述美国立场时表示，《第一附加议定书》的部分内容值得作为习惯法对待，其中，美国支持不应进行显然会造成与预期的军事优势不成比例的附带平民伤亡的攻击。③ 在美国国防部发布的《战争法手册》中，美国虽然对于《第一附加议定书》第五十一条第五款第二项的具体表述仍然存在异议，但再次确认了比例原则作为习惯法中公认的基本原则的地位。④

虽然各国对于人道主义原则习惯地位的普遍承认为不同的主体对于习惯规则的主张与重塑创造了空间，成为更多规则被论证为习惯规则的基本依据，但与此同时，人道主义原则的“习惯法化”也稀释了习惯规则的精确度，对于条约规则是否具有习惯性质的争议被转化为对于原则性规范的适用问题。例如，美国《战争法手册》认为，《第一附加议定书》第五十六条、《第二附加议定书》第十五条关于含有危险力量的工程和装置的规定偏离了对于区分原则和比例原则的常规适用，因此没有反映习惯国际法。⑤

（三）从司法判例到习惯

虽然司法判例并非国际法渊源，国际法庭与法院既没有遵循先例的义务，其在个案中对于人道规则的习惯性质所作的主张对于其他国家也没有约束力，但国际法庭与法院对于习惯人道规则的认定成为国际人道法转向习惯的重要路径。早在1986年“尼加拉瓜诉美国案”中，国际法院就以直接主张的方式确认了1949年日内瓦四公约共同第一条（以下简称共同第一条）、共同第三条的习惯性质，并且认定，共同第三条构成适用于国际性武装冲突的人道法规则“最低限度的标准”。⑥ 此后，

---

① Jean-Marie Henckaerts and Louise Doswald-Beck, *Customary International Humanitarian Law, Volume I. Rules*, International Committee of the Red Cross and Cambridge University Press, 2005, pp. 48-49.

② *Commentary on the Additional Protocols to the Geneva Conventions of* 12 *August* 1949, Martinus Nijhoff Publishers, 1987, para. 4772.

③ Michael J. Matheson, “The United States Position on the Relation of Customary International Law to the 1977 Protocols Additional to the 1949 Geneva Conventions”, 2 *American University International Law Review* 419 (1987), p. 426.

④ *Department of Defense Law of War Manual*, p. 268.

⑤ *Department of Defense Law of War Manual*, p. 280.

⑥ *Military and Paramilitary Activities in and against Nicaragua* (Judgement) [1986] *ICJ Reports*, pp. 113-114, para. 218.

共同第一条和共同第三条乃至整个日内瓦四公约的习惯法性质几乎从未受到质疑。

“前南刑庭”等特别刑事法庭在确认个人违反国际人道法的刑事责任时则采取了更加严格的检验路径，这与其需要更加广泛地适用习惯国际人道法有关，正如“前南刑庭”上诉分庭在2006年“加里奇案”中所阐明的：

> ……法官们一直努力使自己确信，他们面前的起诉书中所指控的罪行在其犯下时即为习惯国际法所规定的罪行，并在该法律体系下有充分的界定。这是因为在大多数情况下，条约条款只规定对于某种行为的禁止，而并不将其规定为刑事犯罪；或者条约条款本身没有充分界定将它们定为刑事犯罪的禁止的要素，由此必须参照习惯国际法来界定这些要素。①

基于适用国际人道法追究个人刑事责任的机制特征与合法性原则的要求，特别刑事法庭在认定并适用具体习惯规则前，通常会对国家实践与法律确信的相关证据进行更为细致的考察。例如，在1998年“富伦基亚案”中，“前南刑庭”根据既有的条约规则和包括身体完整权在内的人权原则的规定，以及纽伦堡国际军事法庭、远东国际军事法庭的判例，认定在武装冲突中禁止强奸和严重的性侵犯已经发展为习惯国际法。② 在2004年“萨姆·辛加·诺曼案”中，塞拉利昂问题特别法庭在回溯国家实践与法律确信被逐渐确立的历史的基础上，认为截至1996年底，无论是在国际还是国内武装冲突中，都已经出现禁止国家及国家内部的武装团体征募15岁以下儿童兵的习惯人道规则。③

虽然国际法院与特别刑事法庭识别习惯人道规则的模式存在差异，但两者都倾向于将具有原则性质的人道法规范直接认定为习惯国际法。例如，在1995年“塔迪奇案”上诉分庭的决定中，“前南刑庭”将保护平民免受敌对行动的伤害、禁止不分皂白的攻击、保护民用设施特别是文化财产主张为习惯规则，④ 以论证这些规则在非国际性武装冲突中的可适用性。在1996年“核武器的合法性问题咨询意见案”中，国际法院认定保护平民与民用物品、禁止使用无法区分平民和军事目标的武器、禁止对战斗人员造成不必要的痛苦等规则构成“习惯国际法中不容违反的原则”，

---

① *Prosecutor v Stanislav Galić* (Judgement) [30 November 2006] ICTY Case No. IT-98-29-A, para. 83.

② *Prosecutor v. Anto Furundzija* (Judgement) [10 December 1998] ICTY Case No. IT-95-17/1-T, para. 168.

③ *Prosecutor v. Sam Hinga Norman* (Decision on Preliminary Motion Based on Lack of Jurisdiction) [31 May 2004] Case No.SCSL-2004-14-AR72(E), para. 51.

④ *Prosecutor v. Duško Tadić* (Decision on the Defence Motion for Interlocutory Appeal on Jurisdiction) [2 October 1995] ICTY Case No. IT-94-1-AR72, para. 127.

因而可以适用于所有形式的战争和所有种类的武器。①

（四）从软法到习惯

联合国及其机构、红十字国际委员会等非国家行为体也通过不具有法律约束力的软法积极地参与到对于人道法规则习惯性质的主张当中。

就联合国及其机构而言，由于联合国安理会在联合国框架下负有维护国际和平与安全的首要责任，其决议在国际人道法转向习惯的前期扮演了重要角色，特别是将人权与武装冲突中平民保护问题紧密联系起来的一系列决议。有学者提出，联合国安理会针对非国际性武装冲突问题所作的一系列决议已经成为习惯国际法的新的证据类型，从而在更广泛的意义上影响习惯规则的生成，包括要求非国家行为者承担人权义务、规定在非国际性武装冲突中缔结的和平协议的约束力等。②

此外，在 1949 年"损害赔偿案"咨询意见的基础上，联合国自身作为具有法律人格的国际法主体也受到习惯国际人道法的约束。③ 20 世纪 90 年代以来，随着维和行动的急剧增加，联合国陆续出台了相关文件以促进对于其工作人员的保护及基于习惯国际人道规则的规范性框架的构建。1994 年，联合国大会表决通过《联合国人员和有关人员安全公约》；④ 1999 年，联合国秘书长发布《联合国维持和平部队应遵守国际人道法》公告，这份公告涵盖了旨在保护平民的区分原则的具体适用、对于联合国部队作战方法与手段的限制、特定人员的待遇、对伤病者及医疗和救援人员的保护等规则，实际上是从联合国及其机构的角度对于这些规则的习惯性质进行了主张。值得注意的是，这些规则包括其习惯地位在国家当中存在争议的"禁止爆炸性子弹""禁止使用易于膨胀的子弹""禁止旨在或可能对自然环境造成广泛、长期而严重损害的作战方法"等。⑤

红十字国际委员会对于习惯国际人道法的研究成果也属于不具法律约束力的软法，但是，该成果自 2005 年发布以来已经越来越被视为一项具有高度权威性的文

---

① *Legality of the Threat or Use of Nuclear Weapons* (Advisory Opinion) [1996] *ICJ Reports*, paras. 78-86.

② Gregory H. Fox, Kristen E. Boon and Isaac Jenkins, "The Contributions Of United Nations Security Council Resolutions To The Law Of Non-International Armed Conflict: New Evidence Of Customary International Law", 67 *American University Law Review* 649 (2018).

③ Marten Zwanenburg, "Compromise or Commitment: Human Rights and International Humanitarian Law Obligations for UN Peace Forces", 11 *Leiden Journal of International Law* 229 (1998); Keiichiro Okimoto, "Violations of International Humanitarian Law by United Nations Forces and Their Legal Consequences", 6 *Yearbook of International Humanitarian Law* 199 (2003).

④ 《联合国人员和有关人员安全公约》，1994 年 12 月 9 日通过，1999 年 1 月 15 日生效。

⑤ Secretary-General's Bulletin (UN. Secretariat), *Observance by United Nations Forces of International Humanitarian Law*, ST/SGB/1999/13, 6 August 1999.

书。研究表明，截至2022年，该研究已经被包括“前南刑庭”、“卢旺达刑庭”、欧洲人权法院、美洲人权法院在内的多个国际法庭和法院及包括英国、美国、以色列在内的多个国内法院援引，且在引用时往往将其视为准立法文本而不作独立的分析。① 虽然该研究对于习惯规则的确定绝大部分建立在已有的条约规则的基础上，但是其结论实际上包含着对于条约规则的重塑。例如，规则42源于《第一附加议定书》第五十六条和《第二附加议定书》第十五条关于保护含有危险力量的工程和装置的规定。一方面，红十字国际委员会对条约文本进行了调整，删去了“即使这类物体是军事目标，也不应成为攻击的对象”的表述；另一方面，红十字国际委员会在重点参考非缔约国实践的基础上对条约文本进行了重新解释。虽然在条约起草的过程中，各国仅就该规则对于堤坝和核发电站的可适用性达成了共识，② 但红十字国际委员会在考察了以色列、美国等非缔约国对于比例原则的接纳后，认为攻击化工厂和炼油厂等设施亦有可能对平民和自然环境造成严重损害，因此，上述考量因素也适用于化工厂和炼油厂。③

圣雷莫人道法国际研究院于2006年出版的《非国际性武装冲突法圣雷莫手册》（以下简称《手册》）同样旨在通过主张习惯人道规则的存在对适用于非国际性武装冲突的人道法规则进行编纂。④ 虽然《手册》所依据的条约规则、司法判例等证据材料与红十字国际委员会的研究在很大程度上是重叠的，但两者在很多问题上得出了不同的结论。例如，红十字国际委员会的研究将“禁止使用在人体内易于膨胀或者扁平的子弹”确定为适用于国际性与非国际性武装冲突的习惯国际法规范，⑤ 但《手册》认为，虽然这项禁止性规定无疑是适用于国际性武装冲突的习惯国际法，但鉴于这种子弹在国家实践中被广泛用于需要迅速采取行动以尽量减少受害者

---

① Marko Milanovic and Sandesh Sivakumaran, “Assessing the authority of the ICRC Customary IHL Study”, 104 *International Review of the Red Cross* 1856 (2022), p. 1876, 1884, 1897.

② *Commentary on the Additional Protocols to the Geneva Conventions of* 12 *August* 1949, Martinus Nijhoff Publishers, 1987, p. 668, paras. 2146-2150. 在相关条款起草的过程中，如何定义受保护的工程和装置是主要争议之一。报告员指出，只有限制该条所给予的特别保护的范围才有可能起草一份可以被普遍接受的案文。有国家希望将石油钻井平台、石油储存设施和炼油厂纳入《第一附加议定书》第五十六条所规定的特别保护的范畴，但这些设施被认为不属于该条意义上的含有危险力量的物体，最终提案国撤回了相关提案。

③ Jean-Marie Henckaerts and Louise Doswald-Beck, *Customary International Humanitarian Law*, *Volume I. Rules*, International Committee of the Red Cross and Cambridge University Press, 2005, pp. 139-142.

④ Michael N. Schmitt, Charles H.B. Garraway and Yoram Dinstein, *The Manual on the Law of Non-International Armed Conflict*, International Institute of Humanitarian Law, 2006.

⑤ Jean-Marie Henckaerts and Louise Doswald-Beck, *Customary International Humanitarian Law*, *Volume I. Rules*, International Committee of the Red Cross and Cambridge University Press, 2005, p. 268.

风险的反恐怖主义行动，这一规定是否可以适用于非国际性武装冲突是存疑的。①

四、国际人道法转向习惯的影响

国际人道法的习惯转向不仅影响着这一法律部门自身的发展，也对习惯国际法的识别方法、国际法整体发展趋势的相关理论等产生了重要影响。第一，习惯国际人道法在非国际性武装冲突中的可适用性的确立冲击着传统人道法体系中区分国际性与非国际性武装冲突的“二分法”框架。第二，习惯作为一种国际造法的工具重塑了国际人道法，国际人道法也反过来重塑了习惯国际法的识别方法。第三，国际司法机构在人权理论的影响下打破国家主权的屏障、通过司法造法的方式保护个人权利的进步主义叙事为“后冷战”时代的人本化理论提供了关键性的注脚。

（一）对“二分法”框架的冲击

传统上，战争法主要处理的是国家与国家之间的关系，国家在其所享有的主权的基础上拥有“诉诸战争权”，与此同时承担“战时法”下的人道主义义务。在一国国内战争中，只有当冲突双方被承认为交战团体或国家承认内战中的叛乱者为交战团体时，“战时法”才得以适用。② 第二次世界大战后，1949 年日内瓦四公约共同第三条和 1977 年的《第二附加议定书》成为规制非国际性武装冲突的核心文书。至此，国际性与非国际性武装冲突的规范体系仍然是泾渭分明的。

20 世纪 90 年代，“前南刑庭”等特别刑事法庭对习惯国际人道法的适用与发展改变了这一情况。正如梅隆所指出的，1995 年“前南刑庭”上诉分庭就“塔迪奇案”管辖权问题所作的裁决使得国际性和非国际性武装冲突之间的界限变得模糊，这开辟了国际刑事法庭确认国内战争中严重违反国际法的行为是习惯国际法下的罪行的先例。③“塔迪奇案”所创造的先例及其所采用的从主权到人权的叙事，最终为打破主权屏障及传统“二分法”框架的习惯造法进程提供了道德化的修辞力量，从而成为一个“极大扩展的司法哲学景观”④ 的重要组成部分。

相关习惯规则的大量出现促使包括专家学者、国际组织在内的更加多元化的行为体参与到习惯规则的主张当中。在国际法研究院 1999 年发布的报告中，“习惯原

---

① Michael N. Schmitt, Charles H.B. Garraway and Yoram Dinstein, *The Manual on the Law of Non-International Armed Conflict*, International Institute of Humanitarian Law, 2006, pp. 35-36.

② ［英］劳特派特：《奥本海国际法（下卷·争端法、战争法、中立法）：第一分册》，王铁崖、陈体强译，北京：商务印书馆，1989 年，第 151-152 页。

③ “How International Humanitarian Law Develops: Towards an Ever-Greater Humanization? An Interview with Theodor Meron”, 104 *International Review of the Red Cross* 1523 (2022), pp. 1525-1526.

④ Ruti G. Teitel, *Humanity's Law*, Oxford University Press, 2011, p. 14.

则和规则”被列为仅次于1949年日内瓦四公约共同第三条和1977年《第二附加议定书》的在非国家实体作为当事方的武装冲突中具有可适用性的人道法规范。① 红十字国际委员会、圣雷莫人道法国际研究院通过体系化的学术编纂进一步对国际人道法的“二分法”框架提出了挑战。

虽然红十字国际委员会的习惯国际人道法研究在结构上总体沿用了传统的“二分法”框架，即分别论证特定习惯规则在国际性武装冲突和非国际性武装冲突中是否存在，但在实际论证中，由于原本适用于非国际性武装冲突的条约规则非常有限，红十字国际委员会在很大程度上依赖《特定常规武器公约》《保护文化财产公约》等适用于非国际性武装冲突的特定领域条约规则及《国际刑事法院罗马规约》、“前南刑庭”的判决等。因此，在红十字国际委员会确立的148条被认为可以适用于非国际性武装冲突的习惯规则中，既包含对于《特定常规武器公约》《保护文化财产公约》中所载规则的一般化，也包含对于《国际刑事法院罗马规约》所载内容的“习惯法化”，在很大程度上突破了传统的“二分法”框架。

（二）对习惯国际法识别方法的塑造

在越来越多的条约规则被主张为习惯规则的过程中，一种依赖国家言辞行为的习惯国际法识别方法在人道法领域得到了巩固，这一方法最早在国际法院1986年对“尼加拉瓜诉美国案”所作的判决中被提出。在该案中，国际法院认为，为了推断习惯规则的存在，法院只要求各国的行为“一般地”符合该规则；与该规则不一致的国家实践将被视为对规则的违反，而不是对一项新规则的承认。此外，法院还提出，如果一个国家的行为表面上与公认的规则不相容，但通过诉诸规则本身所包含的例外或理由来为其行为辩护，那么这种态度的意义将是确认而不是削弱规则。②

虽然这一路径同时引发了学界的大量争议，③ 但这一方法的变革意义很快被梅隆等学者捕捉。④ 国际人道法转向习惯的大量实践表明，当涉及使用武力等破坏稳定的、道德上令人反感的行为时，依赖国家言辞行为的习惯规则识别仍然发挥着重

---

① Institut de Droit International, “The Application of International Humanitarian Law and Fundamental Human Rights”, in *Armed Conflicts in which Non-State Entities are Parties*, Session of Berlin, 1999.

② *Military and Paramilitary Activities in and against Nicaragua* (Judgement) [1986] *ICJ Reports*, pp. 87-88, para. 183-186.

③ J. Patrick Kelly, “The Twilight of Customary International Law”, 40 *Virginia Journal International Law* 449 (2000).

④ Theodor Meron, “The Geneva Conventions as Customary Law”, 81 *American Journal of International Law* 348 (1987); Hilary Charleswort, “Customary International Law and the Nicaragua Case”, 11 *Australian Year Book of International Law* 1 (1984-1987).

要的作用。[①]“前南刑庭”即在很多案件中沿用了这一方法。在 1995 年“塔迪奇案”中，“前南刑庭”主张依靠国家的正式声明、军事手册和司法决定等体现国家言辞行为的材料识别习惯国际人道规则。[②] 在 2000 年“库普雷基德案”中，“前南刑庭”再次强调了习惯国际人道法在识别方法上的特殊性。法庭认为，在国际人道法领域，法律确信比国家实践发挥着更大的作用，即使在国家实践不足或不一致的情况下，相关原则与规则也可能会在人道考量及公众良心要求的压力下通过习惯程序产生。[③]

这一方法至少具有如下三个特征：第一，在“两要素”框架下，更加强调法律确信而非国家实践，依赖国家陈述而非行为；第二，更多地采用演绎法而非归纳法，通常始于对规则的一般陈述；[④] 第三，在涉及国内冲突问题时，往往以对个人权利的保护为视角，从而突破主权的屏障。[⑤] 这一方法在习惯人道规则识别中的持续应用进一步塑造着有关习惯国际法的一般性方法论。负责国际法委员会“习惯国际法的识别”专题的特别报告员迈克尔·伍德指出，红十字国际委员会之前开展的习惯国际人道法的识别工作在很大程度上影响了 2018 年关于习惯国际法的识别的结论草案所采用的结构，也为审议习惯国际法识别过程中的其他一般性问题“提供了肥沃的土壤”。[⑥]

（三）人本化理论的兴起及其反思

基于 20 世纪 90 年代以来国际人道法转向习惯、以主权为导向的“二分法”框架受到冲击的实践，在 2000 年发表的文章中，梅隆率先提出，国际人道法出现了“人本化”的趋势。他认为，这一趋势开始于“纽伦堡审判”，并通过国际法院、特

---

① Frederic L. Kirgis, “Custom on a Sliding Scale”, 81 *American Journal of International Law* 146 (1987).

② *Prosecutor v. Duško Tadić* (Decision on the Defence Motion for Interlocutory Appeal on Jurisdiction) [2 October 1995] ICTY Case No. IT-94-1, para. 94.

③ *Prosecutor v. Kupreskic et al.* (Trial Judgement) [14 January 2000] ICTY Case No. IT-95-16-T, para. 527.

④ Anthea Roberts, “Traditional and Modern Approaches to Customary International Law: A Reconciliation”, 95 *American Journal of International Law* 757 (2001), p. 758. 斯特凡·塔尔蒙指出，虽然人们普遍认为，习惯国际法通常是由归纳法来确定的，但对于缺乏国家实践的新问题、国家实践与法律确信相互矛盾的问题等，演绎法将是必要的。Stefan Talmon, “Determining Customary International Law: The ICJ's Methodology between Induction, Deduction and Assertion”, 26 *European Journal of International Law* 417 (2015), pp. 421-423.

⑤ 相关讨论参见 Anthony J. Bellia, Bradford R. Clark, “Modern Customary International Law”, in *The Law of Nations and the United States Constitution*, Oxford University Press, 2017。

⑥ Michael Wood, “The Evolution and Identification of the Customary International Law of Armed Conflict”, 51 *Vanderbilt Law Review* 727 (2021), pp. 729-730.

别刑事法庭的决定及红十字国际委员会对于习惯国际人道法的研究而延续。① 在随后发表的著作《国际法的人本化》中，梅隆将其对于人本化这一趋势的判断拓展至国际法整体，② 并引发了学界的大量讨论。③ 人本化理论逐渐成为冷战结束以来对于国际法发展趋势最为重要的判断之一。在此基础上，有学者进一步提出“人类法”等概念。④

一方面，人本化理论揭示了人权理论在国际人道法的习惯转向中扮演的重要角色，以及司法裁判在国际法的适用与发展方面产生的深远影响；另一方面，这种“司法中心主义”的叙事在一定程度上遮蔽了国际人道法转向习惯的政治语境与规范后果。正如一些学者所指出的，当前的人本化理论实际上呼应了冷战后流行的新自由主义叙事，即“威斯特伐利亚式”的国际法结构正在让位于一种新的全球秩序，在这一新秩序下，受到保护并承担责任的是个人而非国家。⑤ 在这一叙事模式下，国际人道法的习惯转向被放置于“国家-个人”的二元结构当中，并被描述为一个以人权理论为动力的、从国家间安全视角到个体权利保护视角的进步主义图景。

但从国际人道法转向习惯的进程来看，人道法规则的“习惯法化”并不必然带来对于人权的普遍保护。第一，从这一趋势产生的背景来看，西方部分国家对于这一路径的倡导实际上是将其作为条约体系的替代路径，从而对部分原则与规则进行重新阐释与塑造。第二，国际人道法的习惯转向实际上伴随着条约体系的松散化及不具约束力的软法的增多。正如一些批评意见所指出的，条约规则的习惯化可能会导致规则适用方面的混乱，甚至可能导致一些国家加强相关实践以表明对于这一结

---

① Theodor Meron, “The Humanization of Humanitarian Law”, *American Journal of International Law* 94, no. 2 (April 2000): 239-278.

② Theodor Meron, *The Humanization of International Law*, Martinus Nijhoff Publishers, 2006.

③ Antonio Augusto Cancado Trindade, “Humanization of Consular Law: The Impact of Advisor Opinion No. 16 (1999) of the Inter-American Court of Human Rights on International Case-law and Practice”, 6 *Chinese Journal of International Law* 1 (2007); Maarten den Heijer and Harmen van der Wilt, “Jus Cogens and the Humanization and Fragmentation of International Law”, in Maarten den Heijer and Harmen van der Wilt (eds.), *Netherlands Yearbook of International Law: Jus Cogens: Quo Vadis?* Asser Press, 2015, pp. 3-21; Eliav Lieblich, “The Humanization of Jus ad Bellum: Prospects and Perils”, 32 *European Journal of International Law* 579 (2021); Mitt Regan, “International Law and the Humanization of Warfare”, 37 *Ethics & International Affairs* 375 (2023).

④ Ruti G. Teitel, *Humanity's Law*, Oxford University Press, 2011.

⑤ Aleksi Peltonen, “Theodor Meron and the Humanization of International Law”, in Immi Tallgren, and Thomas Skouteris (eds), *The New Histories of International Criminal Law: Retrials*, *The History and Theory of International Law*, Oxford, 2019, p. 223; Ukri Soirila, *The Law of Humanity Project: A Story of International Law Reform and State-making*, Bloomsbury Publishing, 2021.

论的反对，最终使武装冲突中的受害者为此付出代价。① 第三，当前，在国际人道法的遵守及人权保护等问题上，主权国家仍然起着核心作用。当前人本化理论所内含的“去国家化”叙事可能会掩盖阐明国家责任、增强国家能力的发展议程。

五、结论

国际人道法的习惯转向并不是一个线性发展的过程，而是在依靠条约规范无法解决人道法适用与发展问题的情况下，由主权国家、专家学者、国际法庭与法院及红十字国际委员会等多元化的主体各自从自身的规范目标出发所共同推动的。

首先，更多的习惯人道规则，特别是适用于非国际性武装冲突的规则，在这一进程中逐渐形成，但除了原则性的规范，不同主体对于习惯规则的具体解释与适用仍然缺乏共识，互相之间有待进一步的交流与澄清。其次，习惯国际人道法的形成所呈现出的“去中心化”的规范性网络让更多的主体参与到人道规则的主张与塑造之中。随着国际组织、媒体、公众舆论等更为广泛和更具深度地参与到国际人道法的监督与执行之中，军事大国的影响力受到一定程度的限制。最后，就习惯国际法的主张与塑造而言，发达国家与第三世界国家之间的“知识鸿沟”仍然存在，因此需要对国际造法中的实质性的不平等具备充分认知，并通过关注习惯规则形成过程中多元主体的不同主张，积极参与规范性话语的生产与论辩，尽可能弥合这一鸿沟。

On the Customary Turn in International Humanitarian Law

Abstract: Around the 1990s, the application and development of IHL showed more frequent recourse to customary sources, a phenomenon this ariticle defines as the customary turn in IHL. Under this trend, a plurality of subjects, including sovereign states, international tribunals and courts, and international organisations, have more frequently relied on customary sources to claim the existence and applicability of particular rules of the humanitarian law, and more and more treaty rules and humanitarian principles have been claimed as customary international law, while some customary rules have gradually been formed through judicial precedents, informal codification by international organisations, and other paths. This article argues that the emergence of this development trend has been

① Claude C. Emanuelli, "Comments on the ICRC Study on Customary International Humanitarian Law", 44 *Canadian Yearbook of International Law* 437 (2006), p. 448. Yoram Dinstein, "The ICRC Customary International Humanitarian Law Study", 82 *International Law Studies*, US Naval War College 99 (2006).

driven by the foreign policies of influential states and related academic debates, and has subsequently been concentrated in the fields of international justice and academic codification. The formation of customary IHL has become a "decentred" normative network, as the practices of multiple actors are involved in asserting and shaping customary rules of humanity. This shift has had an impact on both normative and theoretical aspects: on the normative level, the traditional "dichotomy" framework that distinguishes between international and non-international armed conflicts has been undermined, and the identification of customary international law, with its emphasis on the rhetorical behaviour of states, has also been consolidated and developed in the process of shifting IHL towards the customary; and on the theoretical level, this shift has provided a footnote to the rise of humanistic theories.

Keywords: customary IHL; multiple actors; international law-making; "dichotomy"; humanization

论当代海上封锁的人道主义原则

曹 群①

摘要：海上封锁，仍主要由习惯国际法调整。相对其历史实践来说，海上封锁在当代的实践案例已很少见，但其作为一种海上武装冲突中的作战方式并未被废弃，而且在21世纪的武装冲突中仍有应用，比如广受关注的以色列封锁加沙地带。就具体操作而言，《圣雷莫手册》所列封锁规则已成为联合国相关调查报告和各国专家诠释封锁合法性的重要依据，而国际社会尤为关注人道主义原则在封锁实施和维持中的落实方面。大多数国际法学者认为，封锁不可使平民陷于饥饿；封锁方虽有权安排搜查等，但须保证食品和生存必需品的补给通行。随着科学技术与军事应用的发展，海上封锁规则极有可能继续演变，但人道主义原则应当不会遭废弃而应发挥更重要的作用。

关键词：海上封锁；国际人道法；日内瓦四公约；第一议定书；巴以冲突

不同语境下，"封锁"的含义自然不同。② 在国际法学者的相关论述中，"封锁"一般指海上封锁（maritime/naval blockade）③。第二次世界大战结束以来，海上

① 曹群，中国国际问题研究院海洋安全与合作研究中心副研究员。

② 在军事术语中，按维度分，有陆上封锁、海上封锁、空中封锁、太空封锁、信息和网络封锁等；按规模分，有战略封锁、战役封锁、战术性封锁等；按程度和范围分，有严密或松散封锁及全面或局部封锁等；按手段分，有兵力、火力、布雷、综合封锁等。参见朱艾华：《近岸岛屿封锁作战》，北京：军事科学出版社，2002年，第4-5页；张玉良：《战役学》，北京：国防大学出版社，2006年，第292-390页。

③ 关于"封锁"，尚不存在公约，仍主要由习惯国际法调整，而且其范围、适用及合法标准等问题皆未获得彻底解决，还存在诸多令人困惑之处。现今国际法学界的主流观点是，合法的封锁仍应遵循传统封锁法中的"公开性""实效性""公正性"等原则。参见曹群：《论非国际性武装冲突中的海上封锁"规则"》，载于《亚太安全与海洋研究》，2023年第3期，第54-71页。

封锁的实践案例虽已大为减少，但并未被全然废弃，而且在21世纪的国际性武装冲突及非国际性武装冲突中仍有应用（比如以色列封锁黎巴嫩、以色列封锁加沙地带）。在以色列封锁加沙地带期间发生的以色列袭击国际救援船队事件（2010年5月）尤其值得关注，充分反映了国际社会对封锁实施和维持中落实人道主义原则的重视。将来，随着科学技术与军事应用的发展，海上封锁规则极有可能继续演变，但1949年日内瓦四公约所确立的国际人道法原则应当不会遭到废弃而会发挥更重要的作用。

一、区分原则是否适用于海上封锁?

在经历了因军事行动而平民伤亡数以千万计的第二次世界大战之后，国际社会终于形成了在有关武装冲突法中保护武装冲突受难者的共识，这充分体现于1949年日内瓦四公约及1977年通过的两个附加议定书中。保护平民已成为武装冲突法的核心，逐渐形成人道法的四大基本原则：区分原则、人道原则、军事需要与比例原则、禁止报复原则。① 其中，区分原则被视为当代国际人道法的基本规则。就海上封锁而言，区分原则是否适用，法学家对此颇有争议。

（一）区分原则的关键要素

区分原则是为保护平民而要求武装冲突相关各方在军事行动中应区分平民居民和战斗员，区分民用物体和军事目标，该基本规则即《第一附加议定书》第四十八条的规定："为了保证对平民居民和民用物体的尊重和保护，冲突各方无论何时均应在平民居民和战斗员之间和在民用物体和军事目标之间加以区别，因此，冲突一方的军事行动仅应以军事目标为对象。"②

在《第一附加议定书》的第四部分"平民居民"中，为实现保护平民居民，反映区分原则的相关条款很多，其主要是规定"平民居民和平民个人应享受免受军事行动所产生的危险的一般保护"，要求军事行动不能"无区别地打击军事目标和平民或民用物体"，禁止"不分皂白的攻击"③ 及"作为报复对平民居民的攻击"。此

---

① Phillip Drew, *The Law of Maritime Blockade: Past, Present, and Future*, Oxford University Press, 2017, p. 92.

② Yves Sandoz, Christophe Swinarski and Bruno Zimmermann (eds), *Commentary on the Additional Protocols of 8 June 1977 to the Geneva Conventions of 12 August 1949*, International Committee of the Red Cross & Martinus Nijhoff Publishers, 1987, Article 48.

③ 《第一附加议定书》第五十一条第四款规定"不分皂白的攻击"是不以特定军事目标为对象的攻击；使用不能以特定军事目标为对象的作战方法或手段；使用其效果不能按照本议定书的要求加以限制的作战方法或手段。该条第五款规定"应视为不分皂白的攻击"的攻击包括使用任何将平民或民用物体集中的城镇、乡村或其它地区内许多分散而独立的军事目标视为单一的军事目标的方法或手段进行轰击的攻击；可能附带使平民生命受损失、平民受伤害、平民物体受损害或三种情形均有而且与预期的具体和直接军事利益相比损害过分的攻击。

外，《第一附加议定书》还确立了“对民用物体的一般保护”“对平民居民生存所不可缺少的物体的保护”“对自然环境的保护”“对含有危险力量的工程和装置的保护”①。

（二）海上封锁是不是“攻击”？

虽然区分原则适用于导致损害的军事行动是被广为接受的基本规则，但是对于不产生直接损害的军事行动（即便使用武力或有暴力行为），区分原则适用与否则是存在分歧的。海上封锁一般来说不包含对陆地的攻击，因此，区分原则适用于海上封锁与否存疑，尤其是关于如何解读《第一附加议定书》第四十九条“攻击的定义和适用范围”（特别是第三款中的第二句），其条文如下②：

> 一、“攻击”是指不论在进攻或防御中对敌人的暴力行为。
>
> 二、本议定书关于攻击的规定，适用于不论在什么领土内的一切攻击，包括在属于冲突一方但在敌方控制领土内的攻击。
>
> 三、本段的规定，适用于可能影响平民居民、平民个人或民用物体的任何陆战、空战或海战。这些规定还适用于从海上或空中对陆地目标的任何攻击，但不影响适用于海上或空中武装冲突的国际法规则。
>
> 四、本段的规定是对第四公约、特别是该公约第二部以及对缔约各方有拘束力的其它国际协议关于人道主义保护的规则的补充，也是对有关保护平民和保护陆地上、海上及空中民用物体免受敌对行动影响的其它国际法规则的补充。

事实上，草拟《第一附加议定书》条款的工作组对这一问题便存有分歧（共识是由海上或空中对陆地目标的攻击适用于《第一附加议定书》第四部分），其分歧之处在于《第一附加议定书》第四部分是否适用于海上封锁（尤其是封锁方并未对陆上目标实施任何轰炸攻击的情况下）。③ 就当代海上封锁而言，封锁部队为躲避敌方陆上防御系统，大多会远离海岸，且一般不会对海岸线实施任何轰炸。有不少专家基于“攻击”为“物理暴力的使用”的传统认知及《第一附加认定书》第四十九条而认为，海上封锁虽系军事行动，但不会对陆上平民居民和民用物体产生直接损害，故不属于《第一附加议定书》第四十九条所界定的适用本段规定的“攻击”。

---

① 参见《日内瓦四公约关于保护国际性武装冲突受难者的附加议定书》第五十二至五十六条。

② 参见《日内瓦四公约关于保护国际性武装冲突受难者的附加议定书》第四十九条。

③ Diplomatic Conference on the Reaffirmation and Development of International Humanitarian Law Applicable in Armed Conflicts, Geneva (1974-1977), Official Records, Volume III, 1978, p. 255.

进入21世纪后，很多专家认为国际人道法下的“攻击”界定应当与时俱进，比如网络攻击会对平民产生不小损害（美国及其北约盟国为抢占网络战规则制定权而拟订的《塔林手册》提出，“攻击”这一术语的涵盖范围应由行动所致后果来决定）。①

二、海上封锁与平民生存必需品的保障问题

在武装冲突中通过使敌方战斗人员挨饿迫其投降，历来都是完全合法的作战方式，但在日内瓦四公约的两个附加议定书通过之后，对平民采取这种手段便显然违反人道法。《第一附加议定书》第五十四条第一款和《第二附加议定书》第十四条均规定：“作为作战方法使平民（居民）陷于饥饿，是禁止的。”② 针对海上封锁，《圣雷莫手册》第一百零二至一百零四条所列保障平民生存必需品的人道主义原则规定更为细化，但与《第一附加议定书》第五十四条第一款面临被第四十九条第三款“排除适用”相类似，也存在解读上的很大争议，而且相关国家实践亦存在不确定性。

（一）海上封锁不应使平民陷于饥饿

尽管关于《第一附加议定书》第五十四条第一款与第四十九条第三款的解读存在不小争议（比如在某种作战方法的副作用是使平民陷于饥饿的情况下，第五十四条第一款规定是否适用；基于第四十九条第三款，作为海上武装冲突法的调整事项，封锁是否被“排除适用”第五十四条第一款），而且相关条款多被认为本就是使封锁不受此限，③ 但现今许多学者倾向于认为封锁不可使平民陷于饥饿。④

《圣雷莫手册》将保护平民的人道主义原则包含在其有关海上封锁的具体条款之中，其反对“以使平民陷于饥饿为唯一目的”之封锁，并基于此，规定封锁方须保证食品和生存必需品补给通行，相关条款如下：⑤

> 第一百零二条　如果发生下述情况，则禁止宣布或建立封锁：
>
> 一、封锁的唯一目的是使平民居民忍受饥饿，或是断绝生存所不可缺

---

① Phillip Drew, *The Law of Maritime Blockade: Past, Present, and Future*, Oxford University Press, 2017, pp. 97-98.

② 参见《日内瓦四公约关于保护国际性武装冲突受难者的附加议定书》，第五十四条；《日内瓦四公约关于保护非国际性武装冲突受难者的附加议定书》，第十四条。

③ Yves Sandoz, Christophe Swinarski and Bruno Zimmermann (eds), *Commentary on the Additional Protocols of 8 June 1977 to the Geneva Conventions of 12 August 1949*, International Committee of the Red Cross & Martinus Nijhoff Publishers, 1987, para. 2092.

④ Phillip Drew, "The Law of Maritime Blockade in the Twenty-first Century", in Dale Stephens and Matthew Stubbs (eds.), *The Law of Naval Warfare*, Lexis Nexis Butterworths, 2019, p. 93.

⑤ International Institute of Humanitarian Law, *San Remo Manual on International Law Applicable to Armed Conflicts at Sea*, Cambridge University Press, 1995, pp. 179-180.

少的有关物品的运入。

二、对平民居民造成的损害将会或预计会大大超过封锁预期带来的具体和直接军事利益。

第一百零三条　如果被封锁领土内的平民居民得不到足够的食品和生存所不可缺少的其他物品，则封锁必须遵照下述规定保证这类食品和其他不可缺少的补给品的自由通行：

一、有权在做出包括搜查在内的技术安排之后放行；

二、这类补给品的分发须由保护国或红十字国际委员会之类的、能提供公平保证的人道组织在当地监督实施。

第一百零四条　封锁方应允许专供平民居民或武装部队伤、病员使用的医疗物品通行，但有权在做出包括进行搜查在内的技术安排之后放行。

（二）人道救济物资的搜查与通行

海上封锁在当代的实践案例已很少见，但其作为一种海上武装冲突中的作战方式并未被废弃，而且在21世纪的武装冲突中仍有应用，比如广受关注的以色列封锁加沙地带。就具体操作而言，《圣雷莫手册》所列封锁规则已成为联合国相关调查报告和各国专家诠释封锁合法性的重要依据，而国际社会尤为关注人道主义原则在封锁实施和维持中的落实。由以色列封锁加沙地带的案例可见，当前大多数国际法学者认为，封锁不可使平民陷于饥饿，封锁方虽有权安排搜查等，但须保证食品和生存必需品补给通行。

以色列封锁加沙地带（2009年至今）是第二次世界大战结束以来唯一获得较为广泛合法认可①的海上封锁实践案例。以色列于2009年1月宣告对加沙地带实施封锁，其封锁区外沿距海岸约20海里（1海里≈1.15千米）。2010年5月，“自由加沙运动”组织安排了一支由六艘船组成的国际人道救援船队驶往加沙地带封锁区，但在距海岸约72海里处（距封锁区约64海里）的国际水域遭以色列海军突袭，其中一艘土耳其籍救援船“蓝色马尔马拉”号上发生抵抗事件，致使8人遭枪杀，50

① 当然，至今仍有不少学者质疑其合法性，但联合国相关调查报告的合法认可影响颇大。质疑合法性的学者论文，参见 Russell Buchan, “The International Law of Naval Blockade and Israel's Interception of the Mavi Marmara”, *Netherlands International Law Review*, Vol. 58, 2011; Noura Erakat, “It's Not Wrong, It's Illegal: Situating the Gaza Blockade between International Law and the UN Response”, *UCLA Journal of Islamic and Near Eastern Law*, Vol. 11, 2011-2012; Elizabeth Spelman, “The Legality of the Israeli Naval Blockade of the Gaza Strip”, *European Journal of Current Legal Issues*, No. 1, 2013.

人受伤，世界各国多对此次事件表示谴责。[①] 事后，以色列和土耳其分别在 2011 年 1 月和 2 月发布各自的调查报告，联合国成立的四人国际调查小组也在 2011 年 9 月发布调查报告。联合国调查报告将该事件所涉“封锁”与“袭击”区分开来，其认为为阻止武器由海路进入加沙而实施的海上封锁是合理的安全措施，其执行亦符合国际法要求，但也指出以色列在距封锁区很远时即决定登临有关船只并使用如此强度武力，而且登船前并未发出最后警告，是过分和不合情理的。[②]

关于以色列袭击国际救援船队事件，以色列和土耳其两方意见分歧很大：土方认为以方封锁不合法，且其在公海上拦截救援船只的行动违反航行自由[③]，而以方认为其封锁的实施及执行符合所有相关国际法规则。[④] 联合国调查报告认为，虽然加沙的法律地位特殊（关于加沙与以色列的武装冲突是非国际性武装冲突还是国际性武装冲突，存在争议），但是这并不意味着以色列不能根据《联合国宪章》第五十一条行使自卫权，因其封锁作为一种“使用武力”措施系为保卫本国领土与人民（但联合国调查报告也指出，相对以方面临的威胁，以方实施的封锁似为不成比例的应对措施）。[⑤] 联合国调查报告认定以色列实施的海上封锁合法，其依据主要包括以色列经适当方式宣告封锁并通知各方；封锁具有实效，公正不偏地适用于各国船舶，且未阻塞中立国海岸进路；并无证据显示以色列实施的封锁意在使加沙平民陷于饥饿或对其施以惩罚；加沙平民应获得食物及生存必需品，但这并不意味可要求封锁方直接放行救援船只，救援船只应取得封锁方批准才可进入（封锁方有权搜查救援船只）。[⑥]

（三）相关国家实践的不确定性

到目前为止，海上封锁法完全基于习惯国际法，而相关国家实践存在较大的不确定性，关于海上封锁中“平民饥饿”问题的习惯国际法规则尚不明确。虽然《第一附加议定书》和《圣雷莫手册》对此问题皆有规定，但法学家们对相关条文的解

---

① Report of Turkish National Commission of Inquiry (Turkish Commission Report), February 2011, p. 17；央视网：《全球谴责以色列袭国际救援船队　以军高度戒备》，2010 年 6 月 1 日，http://news.cntv.cn/world/20100601/100493_2.shtml，2024 年 12 月 5 日最后访问。

② Report of the Secretary-General's Panel of Inquiry on the 31 May 2010 Flotilla Incident, September 2011, p. 4.

③ Turkish Commission Report, pp. 60-83.

④ Public Commission to Examine the Maritime Incident of 31 May 2010—The Turkel Commission (Israeli Commission Report), January 2011, pp. 25-111.

⑤ Report of the Secretary-General's Panel of Inquiry on the 31 May 2010 Flotilla Incident, September 2011, pp. 39-41.

⑥ Report of the Secretary-General's Panel of Inquiry on the 31 May 2010 Flotilla Incident, September 2011, pp. 42-44.

释颇有争议，而各国立场显存分歧，并尤为体现于各国军方发布的相关手册之中。比如，加拿大、以色列等一些国家的军方手册遵循的是《圣雷莫手册》第一百零二条；美国的军方手册有意回避《第一附加议定书》第四十九条第三款与第五十四条第一款的解读问题，而采用第七十条①有关表述；英国和法国等认为《第一附加议定书》第七十条并不影响海上封锁规则（基于第四十九条第三款的本义解读）。瑞士的国际人道法手册对于海上封锁中的“平民饥饿”问题并未表明其本国立场，但对各国实践分歧及相关国际法问题作出了非常好的简明总结②：

> 一些国家主张禁止饥饿应当无例外适用，这便意味着其适用于海战中的封锁。另一些国家主张，这种作战方法属于海战法范围，而根据（《第一附加议定书》）第四十九条第三款，其不应被《第一附加议定书》的新规则所影响。因此，关于禁止饥饿的适用是否应包含海上封锁，目前并无共识。

三、海上封锁遵循比例原则的阻碍

尽管当代法学家倾向于将比例原则引入海上封锁法，比如《圣雷莫手册》第一百零二条和第一百零三条便是有益尝试，但由于比例原则在具体操作上面临很大的技术难题——在封锁实施前难以精确预测其后果，而根据措辞模糊的有关规定来适用比例原则，对于封锁方指挥人员而言，是不切实际的。

（一）武装冲突法中的比例原则

现今，武装冲突法虽亦并不禁止军事行动中对平民的附带损害，但已明确禁止“可能附带使平民生命受损失、平民受伤害、平民物体受损害、或三种情形均有而且与预期的具体和直接军事利益相比损害过分的攻击”③。这便是国际人道法中与区分原则紧密关联的比例原则。

比例原则要求，在军事攻击前当采取预防措施，应评估对平民的损害，并判定此种损害与预期的具体和直接军事利益相比是否适合。如果判定此种损害“过分”，

---

① “如果除被占领领土外为冲突一方所控制的任何领土的平民居民未充分获得第六十九条所载的用品的供应，属于人道主义和公正性质并在不加任何不利区别的条件下进行的救济行动应予进行，但须受有关各方关于这种行动的协议的拘束。这种救济的提供，不应视为对武装冲突的干涉，或视为不友好行为。在分配救济物资时，对依据第四公约或本议定书应受特权待遇或特殊保护的人，如儿童、孕妇、产妇或婴儿的母亲，应给以优先地位。”参见《第一附加议定书》第七十条。

② Sweden, *International Humanitarian Law in Armed Conflict, with reference to the Swedish Total Defence System*, Swedish Ministry of Defence, 1991, Section 3.2.1.5, pp. 59-60.

③ 参见《第一附加议定书》第五十一条。

那么依照《第一附加议定书》必须取消或停止攻击。① 任何违反比例原则的攻击，都被视为“不分皂白的攻击”②，属于严重违反武装冲突法的行为。

（二）比例原则适用于海上封锁的实践难题

《圣雷莫手册》将比例原则引入海上封锁法（第一百零二条第二款：“对平民居民造成的损害将会或预计会大大超过封锁预期带来的具体和直接军事利益。”），意在利用软法改变此前相关习惯国际法规则（尤其是有关海上封锁中“平民饥饿”问题的规则）。就国际法层面而言，比例原则适用于海上封锁，在实践中面临不少难题。

首先，比例原则本质上要求军方实务上对预期平民损害进行评估，但若实际操作上难以合理预测损害，则无法适用比例原则。通常，依据一种武器的有效杀伤半径来判定其产生的损害是相对容易的。但就可能持续多年的海上封锁而言，完全没有办法预估其将导致的真实损害，特别是其对平民的损害还会随时间变化。

其次，在《第一附加议定书》中比例原则相关条文的磋商中，所讨论的比例原则适用地理范围是有关军事目标周边的限定区域，而非海上封锁可能涉及的一整个国家。从《第一附加议定书》第五十七条和第五十八条有关攻击的预防措施的规定来看，其所称“攻击的目标”都暗指范围较小的限定区域。③ 还有专家指出，若在战略分析框架下适用比例原则，则会削弱区分原则，导致与第二次世界大战期间大规模战略轰炸类似的问题。④

最后，比例原则内在固有模糊性，其条文所称“与预期的具体和直接军事利益相比损害过分”是一种各方妥协的表述。自来“过分”便缺乏明确的标准，有学者甚至批评其为“模糊而空洞”之词，⑤ 也有学者指摘其所谓“军事利益”难以量化且全由军方指挥人员判定。⑥ 就海上封锁而言，在其实施前即评估何种程度为“过

---

① “如果发现目标不是军事目标或是受特殊保护的，或者发现攻击可能附带造成与预期的具体和直接军事利益相比为过分的平民生命受损失、平民受伤害、民用物体受损害，或三种情形均有，该攻击应予取消或停止”。参见《第一附加议定书》第五十七条。

② “知悉攻击将造成第五十七条第二款第一项第 3 目所规定的过分的平民生命损失、平民伤害或民用物体损害，却发动使平民居民或民用物体受影响的不分皂白的攻击”。参见《第一附加议定书》第八十五条。

③ Phillip Drew, *The Law of Maritime Blockade: Past, Present, and Future*, Oxford University Press, 2017, p. 109.

④ Ken Watkin, “Assessing Proportionality: Moral Complexity and Legal Rules”, *Yearbook of International Humanitarian Law*, Vol. 8, 2005, p. 43.

⑤ Hays Park, “Air War and the Law of War”, *Air Force Law Review*, No. 1, 1990, p. 173.

⑥ Jeffrey Walker, “Strategic Targeting and International Law: The Ambiguity of Law Meets the Reality of a Single-Superpower World”, *International Law Studies*, Vol. 80, 2006, pp. 121, 126.

分”，尤为困难。即便假设封锁对平民的损害是可以在实施前进行准确评估的，也必须虑及其“军事利益”可能附带使成千上万的平民陷于饥饿——其就算并不违反国际法，在当今也将面临国际舆论的“道义审判”。

On the Humanitarian Principles of Contemporary Naval Blockade

Abstract: Naval blockades are still largely governed by customary international law. Contemporary examples of naval blockades are rare in relation to their historical practice, but they have not been discarded as a mode of warfare in armed conflict at sea and continue to be used in armed conflicts in the twenty-first century, such as the much-publicised Israeli blockade of the Gaza Strip. In practical terms, the “rules” of the blockade set out in the *San Remo Manual* have become an important basis for United Nations investigative reports and for national experts to interpret the legality of the blockade, and the international community has paid particular attention to the implementation of the humanitarian principles in the implementation and maintenance of the embargo. Most scholars of international law are of the view that a blockade must not starve the civilian population and that, while the blockading party has the right to arrange for searches, etc., it must ensure the passage of supplies of foodstuffs and the necessities for survival. While it is highly likely that the rules governing naval blockades will continue to evolve as science, technology and military applications develop, the humanitarian principles should play a more important role rather than fall into disuse.

Keywords: naval blockade; International Humanitarian Law; Geneva conventions; *Protocol I*; Israeli-Palestinian conflict

卫星网络攻击的国际法规制路径

赵　心　赵心雅[①]

摘要：随着卫星技术的迅猛发展，卫星网络已成为全球通信、导航和遥感等领域的重要基础设施。然而，卫星系统的全球性和复杂性使其成为网络攻击的主要目标，面临严峻的安全威胁。这些攻击不仅可能危及国家安全和经济稳定，还可能对军事系统和公共服务造成灾难性影响。目前，关于卫星网络安全的国际法律规制尚不完善，缺乏明确的法律框架，并存在诸多空白和不确定性。本文从卫星网络攻击的法律风险和挑战入手，分析现有国际法律体系的不足，并提出规制卫星网络攻击的规范主义路径。首先，明确网络攻击的界定标准是关键，以便准确识别和应对攻击行为；其次，评估自卫权行使主体至关重要，以确保其符合国际法规定；再次，建议将关键信息基础设施作为加重因素纳入规制范围，并考虑非物理性损害的影响；最后，本文对自卫权进行了限缩解释，以平衡安全需求与国际法约束。

关键词：卫星网络；网络攻击；国际法

一、问题的缘起

随着卫星技术与互联网技术的迅速发展与深度融合，太空卫星系统在全球通信、导航、遥感和气象等领域发挥着日益重要的作用。卫星网络的广泛应用不仅为国家之间的通信与合作提供了便捷渠道，也为全球经济和社会的稳定发展提供了重要支持。因此，确保卫星网络的安全，特别是防范卫星网络攻击，已经成为全球网络安全战略中的关键内容。

---

① 赵心，中国政法大学国际法学院讲师；赵心雅，中国政法大学国际法学院 2024 级硕士研究生。本文为国家社科基金青年项目 2022 年《中国空间站国际合作的法律机制研究》（22CFX046）的阶段性成果。

然而，随着卫星系统的应用和全球互联性不断增加，卫星网络安全面临的挑战也日益严峻。卫星系统的脆弱性使其成为网络攻击的潜在目标。这些攻击不仅涉及卫星本身，还可能影响到全球通信、军事、导航等多个层面的安全。例如，在2022年2月俄乌冲突爆发前夕，美国卫讯全球有限公司（Viasat）遭到网络攻击，导致乌克兰及多个欧洲国家的卫星网络出现故障，影响了数万用户的网络连接。① 此外，早在2015年，黑客组织图拉（Turla）就曾通过漏洞攻击卫星通信系统，利用受损的网络服务器对多个国家的计算机进行恶意入侵，造成了广泛的影响。②

卫星网络的全球覆盖使得它们相比陆基网络设施更加脆弱，容易受到网络安全威胁。首先，卫星系统的运营关系到全球通信的畅通与稳定，一旦这些系统遭到攻击，影响范围将远远超出单个国家或地区，可能引发全球性的连锁反应。其次，卫星系统的技术复杂性和高度集成性也使得其网络安全问题更加复杂。卫星、地面站和通信网络的紧密联系使得任何一个环节的漏洞都可能导致系统的整体崩溃。此外，近年来，卫星网络攻击不仅限于技术手段的攻击，还涉及跨国政治、军事甚至国家间的战略博弈。网络攻击不仅具有技术性，还具有明显的政治性和战略性，攻击者可能通过网络攻击来达到削弱对方国家或组织的目标。由此可见，卫星网络攻击的危害不仅限于技术故障，还可能直接影响到国家安全、经济稳定和国际关系。

当前，卫星网络攻击所面临的法律规制挑战尤为突出。国际法在应对这一新兴威胁时存在诸多不足之处，尤其是在明确卫星网络攻击的不法性及跨国法律责任等方面，国际法律体系尚未形成有效的应对机制。虽然《外层空间条约》及其他国际文件为外层空间的探索和利用设定了基本原则，但由于外层空间法律属性的模糊性及网络空间的虚拟性，这些法律框架面临新的解释和应用挑战。③ 同时，国际社会对于卫星网络攻击的法律应对尚处于初步阶段。在当前国际法框架下，如何明确卫星网络攻击的行为标准、如何采取国际法框架下的应对措施及如何在国际层面进行合作和协调，依然缺乏明确的法律框架。尤其是现有的习惯国际法和网络空间的法律体系，尚未能充分应对卫星网络攻击的具体问题。

因此，卫星网络攻击的国际法规制问题亟待被纳入国际法和网络安全治理的议

---

① Marc Bennetts, *Russia Blamed for GPS Jamming That Has Halted Estonian Flights*, https://www.thetimes.com/world/russia-ukraine-war/article/russia-blamed-for-gps-jamming-that-has-halted-estonian-flights-vr6cjg35d? utm_source=chatgpt.com&region=global (last visited on 27 December 2024).

② Harris S& Lubold G, "Russia Has Turned Kaspersky Software into Tool for Spying", *The Wall Street Journal*, 11 October, 2017.

③ U. N. General Assembly, *Treaty on Principles Governing the Activities of States in the Exploration and Use of Outer Space*, *including the Moon and Other Celestial Bodies*, A/RES/2222(XXI), 19 December 1966.

程。在这一背景下，卫星网络攻击的国际法规制路径需要弥补现有法律框架的不足，完善国际合作机制，并建立新的、灵活的国际法律规范，确保卫星网络的安全与稳定。

二、卫星系统面临的网络攻击威胁与法律风险

（一）物理层面的脆弱性

1. 全球覆盖导致的跨境影响

卫星网络因其全球覆盖能力，成为潜在网络攻击的主要目标。与传统的陆基通信设施不同，卫星系统不受国界限制，将不同国家和地区紧密连接。卫星被广泛应用于通信、导航、遥感和气象等关键领域，这种全球互联的特性使得卫星网络的影响力极其深远。任何一次针对卫星系统的攻击，都可能迅速演变成全球性的连锁危机。卫星的全球覆盖使其通信信号几乎能够触及地球上的每个角落，尽管这种覆盖具有广泛性，但也使得卫星网络更易受到跨国网络攻击的威胁。由于各国在网络安全标准、技术监管和应急响应机制等方面存在差异，卫星网络的防御工作面临更多不确定性和挑战。

2. 高度集成的技术结构

现代卫星系统是一个高度集成的技术结构，包含卫星本体、地面站、精密控制系统及复杂的传输链路等多个子系统和技术平台。任何一个环节的疏漏或弱点，都可能导致整个系统的崩溃。卫星网络技术的复杂性使得攻击者可以通过多样化的策略，如部署恶意软件、实施网络钓鱼等，渗透并掌控卫星系统。由于卫星网络涉及多个技术和行业领域，单一国家或企业难以独立应对这些安全威胁，因此寻求全球范围的合作成为应对这一挑战的必要手段。

3. 复杂的攻击手段与隐蔽性

卫星网络的高度复杂性和专业性使其成为网络攻击的隐蔽战场。攻击者通过卫星网络的安全漏洞，悄无声息地植入恶意代码、窃取敏感信息或干扰系统运行。卫星网络攻击的手段不断进化，除了传统的物理破坏和通信干扰，攻击者还可远程控制卫星、篡改数据或发送错误指令等，严重影响卫星的正常运作。由于卫星位于高空并通过无线电波与地面站连接，这使得传统的物理干预手段难以奏效，增加了防护的复杂性，也使得卫星网络的安全维护和追责变得更加困难。

（二）法律风险的多样性

卫星系统面临的网络攻击威胁不仅局限于物理层面的损害，更涉及广泛的法律风险。这些风险因其复杂性、多变性和跨国性而显得尤为棘手。以下是卫星系统在网络攻击中面临的几种主要法律风险。

1. 主权侵犯风险

卫星系统的双重用途特性，即在和平时期主要服务于通信、导航、遥感等民用领域，而在紧急或冲突情况下可迅速转换为军事用途，为全球经济和社会发展及国家安全带来了复杂而深远的挑战。这种转换的灵活性虽然显著提升了国家在应对各类安全威胁时的反应速度和效率，但同时也给法律规制带来了前所未有的难题。特别值得关注的是，一些国家，如美国，正积极计划将先进的卫星系统纳入天基导弹防御系统。该系统不仅具备巨大的军事价值，同时也展现出广泛的民用潜力，从而进一步模糊了民用与军用之间的明确界限。① 这种模糊性不仅可能导致国家间的误解和冲突，还可能为某些国家利用卫星系统进行非法活动提供可乘之机，从而加剧主权被侵犯的风险。因此，如何在保障卫星系统灵活性的同时对其加强法律规制，确保各国主权不受侵犯，成为国际社会亟待解决的重要课题。

2. 责任归属风险

在卫星系统遭受网络攻击时，确定责任归属是一个复杂的挑战。由于网络攻击具有匿名性和跨国性，攻击者的身份和来源难以追踪。责任主体可能包括个人黑客、非国家实体（如黑客组织、恐怖组织）及国家行为者。不同主体的动机、能力和资源各异，使得责任认定更加复杂。个人黑客可能出于私人目的发动攻击，非国家实体则可能出于政治或经济目标，而国家行为者则可能基于政治或军事目的进行干扰。更复杂的是，这些行为者可能合作，形成攻击链条，进一步加剧确定责任归属的困难。国际法律框架尚未充分解决跨国网络攻击的责任追究问题，且国家间的政治关系和外交因素可能影响责任的追究。

3. 国际法律冲突风险

网络攻击可能引发国际法律冲突。不同国家在网络安全和网络攻击方面的法律规定存在差异，这可能导致在卫星系统遭受攻击时，各国在事件的定性、责任追究和赔偿等方面存在分歧。这种分歧可能进一步加剧国际紧张局势，甚至导致战争风险。具体而言，各国对于网络攻击的法律定义、责任归属及赔偿机制等方面的规定各不相同。一些国家可能将网络攻击视为严重的犯罪行为甚至触发武力自卫权的行使，而另一些国家则可能将其视为普通的民事纠纷或仅给予轻微的行政处罚。这种法律上的差异导致在卫星系统遭受攻击时，各国可能采取不同的应对措施，包括外交抗议、经济制裁甚至军事反击等，从而加剧了国际关系的复杂性。此外，卫星系

① 林晓昕、肖莹：《美国持续强化太空网络能力建设形势概述》，载于《中国信息安全》，2023年第9期，第97-100页。

统的双重用途特性也加剧了国际法律冲突的风险。如前文所述，卫星系统既可用于民用领域，如通信、导航和遥感等，也可在紧急或冲突情况下转为军事用途。这种转换的灵活性使得在卫星系统遭受攻击时，各国可能难以准确判断攻击的真实意图和目标，进而在责任追究和赔偿处理上产生分歧。

三、外层空间与网络空间交叉背景下规制卫星网络攻击的主要挑战

（一）交叉领域导致的法律漏洞与法律空白

随着卫星技术、网络技术的快速发展，外层空间与网络空间之间的交叉领域也逐渐显现出一系列法律漏洞与空白。这些领域的交叉使得卫星网络系统面临前所未有的挑战，而现有的法律框架和国际条约在应对这些新兴问题时显得力不从心。以下几个方面的法律漏洞和空白尤为突出。

1. 外层空间与网络空间法律框架的融合不完善

外层空间与网络空间的交织带来了两个独立领域的法律框架的交叉问题。一方面，外层空间的法律体系长期以来主要围绕《外层空间条约》及其相关协议进行构建，这些条款大多在宏观层面阐述了国家利用外层空间资源的基本原则，而对细节，特别是网络安全和跨领域合作的规定则显得不足。尽管近年来对太空活动的法律规定逐步完善，但这些条款通常侧重于和平用途的原则，如《外层空间条约》中“不得占有太空资源”的规定，缺乏对网络攻击、恶意行为的具体应对措施。① 另一方面，网络空间的法律框架构建虽然已经在一些领域取得进展，如《联合国打击网络犯罪公约》及与网络安全相关的国际条约，但由于网络空间的匿名性、无边界性和技术演进速度，这些法律条款常常无法有效应对卫星系统遭遇的特定网络攻击问题。② 例如，现有的网络安全法律框架更多聚焦于网络犯罪、数据保护和隐私泄露等领域，缺乏针对卫星系统特有的安全威胁和法律适用的条文。

2. 跨界责任的界定问题

由于卫星网络系统具有全球覆盖性，其受到网络攻击的可能性是全球性问题，跨国界的法律管辖权成为一个重要而棘手的问题。卫星服务的提供和接收方通常涉及多个国家和地区，攻击者可以在全球范围进行跨境攻击，造成严重的连锁反应。然而，现有的国际法对跨国界管辖的界定仍不明确，尤其在卫星网络攻击的责任认

① U. N. General Assembly, *Treaty on Principles Governing the Activities of States in the Exploration and Use of Outer Space, including the Moon and Other Celestial Bodies*, A/RES/2222(XXI), 19 December 1966, Article 2.

② U. N. General Assembly, *Draft United Nations Convention Against Cybercrime Strengthening International Cooperation for Combating Certain Crimes Committed by Means Of Information and Communications Technology Systems and for the Sharing of Evidence in Electronic Form of Serious Crimes*, A/AC.291/L.15, 7 August 2024.

定和追责机制方面，国家间对于“谁应为攻击负责”存在分歧。此外，针对非国家行为体（如黑客、恐怖分子等）的国际法律管辖权问题也没有明确的规定。现有的国际条约未能有效应对非国家行为体通过网络空间攻击卫星系统所造成的影响，导致对于这些行为往往难以追责和制裁。在此背景下，国际法律框架显得不够协调，且在跨国合作和国际诉讼中效率低下。

3. 现有国际条约对网络攻击的应对措施不足

现有的外层空间国际条约，尤其是《外层空间条约》，未能有效涵盖网络安全问题。在《外层空间条约》中，虽然明确规定外层空间活动应当用于和平目的，且禁止对卫星等太空物体实施攻击，但条约对网络攻击的定义、应对措施和具体法律后果并未作出详细说明。① 特别是在卫星系统遭遇网络攻击时，现有条约缺乏明确的规定来确定攻击者的责任、应对措施及国际法律救济的途径。此外，网络攻击的技术性和隐蔽性使得许多传统的法律规则和国际条约在面对这种新的威胁时显得过时。例如，基于“和平目的”的定义无法适应快速发展的网络攻击形式，传统的“武力使用”条款在应对网络空间攻击时也显得苍白无力。国际法的现有框架缺乏针对网络攻击的具体条款，无法及时有效地反映卫星系统在全球通信、导航、监测等方面所承担的关键作用，因此造成了严重的法律空白。

（二）现有国际法律框架的解释和适用分歧

1. 关于网络攻击标准的分歧

尽管国际社会对于国际法适用于网络空间有普遍的共识，但在现行国际法框架下，关于哪些规则可以适用于网络空间及如何解释和适用这些规则的问题，依然存在显著的争议。②

（1）“六要素说”与“八要素说”的发展

为了解决网络攻击的界定问题，北约网络合作防御卓越中心于 2017 年推出了《网络行动国际法塔林手册 2.0 版》（以下简称《塔林手册 2.0》），并试图填补全球网络安全领域的法律空白。《塔林手册 2.0》通过对网络冲突相关法律问题的更新，重新定义了网络攻击的法律范畴，给出了更具操作性的判断标准。然而，该手册仍然只是专家学者的理论分析，不能直接作为对国家行为的法律约束，且各国在具体应用中仍未达成共识。为了更加准确地区分“使用武力”与其他网络不法行

---

① U. N. General Assembly, *Treaty on Principles Governing the Activities of States in the Exploration and Use of Outer Space, including the Moon and Other Celestial Bodies*, A/RES/2222(XXI), 19 December 1966, Article 3, 4.

② ［美］迈克尔·施密特：《网络行动国际法塔林手册 2.0 版》，黄志雄等译，北京：社会科学文献出版社，2017 年，第 57-58 页。

为，迈克尔·施密特提出的“六要素说”成为学术界和实践界的重要参考。这一理论最初包含严重性、即时性、直接性、入侵性、可衡量性和推定正当性六个要素，为判断网络攻击是否构成“使用武力”提供了基本框架。随着技术的发展和国际法环境的变化，“六要素说”经过修正，逐渐演变为“八要素说”。新的理论增加了“军事性质”和“国家参与”两个要素，进一步提高了网络攻击判断标准的严格性和全面性，减少了误判和过度反应的风险。① 尽管这一理论框架得到了学术界的广泛认可，但在国际法的适用中，各国仍未就网络攻击的具体标准达成统一意见。施密特提出的要素提供了网络攻击合法性判断的基本方向，但它无法解决不同国家对“使用武力”的不同理解和实践。特别是在“效果测试”方面，不同国家对网络攻击的定义差异进一步加剧了分歧。

（2）各国立场的差异与国际争议

2014年6月，在中国与俄罗斯在日内瓦共同向裁军谈判会议全体会议提交的《防止在外空放置武器、对外空物体使用或威胁使用武力条约》的更新草案中，两国强调严格遵守现有外层空间多边协定的重要性，并提议将“使用武力”定义为意图对其他国家管辖和/或控制下的外层空间物体造成损害的任何行动。② 与此相对地，2014年美国提出了不同主张，认为针对卫星的网络攻击，如果其影响仅为暂时和可逆的，则不应被视为“使用武力”。这一差异反映了各国在外层空间安全和网络攻击问题上的立场和利益诉求的不同。③

例如，美国认为，一国的军事人员仅仅渗透某个卫星通信系统并不构成“使用武力”，即使该行为可能导致卫星的短暂失效。反之，中国和俄罗斯则认为，任何旨在破坏或损害他国卫星功能的行为，无论其影响是暂时还是永久的，都可以构成“使用武力”。这一立场上的分歧，进一步加剧了国际社会对于网络攻击在国际法中如何界定和适用的争论。根据美国战略与国际问题研究中心（CSIS）的定义，太空系统网络攻击的目标不仅仅是数据本身，还包括其传输、使用和控制流程。④ 攻击可以包括监视数据通信模式、拦截数据，甚至插入虚假或损坏数据。这些攻击可能影响地面站、用户设备或卫星本身。尽管这些攻击不直接导致物理损害，但它们的

---

① ［美］迈克尔·施密特：《网络行动国际法塔林手册2.0版》，黄志雄等译，北京：社会科学文献出版社，2017年，第338-340页。

② China & Russia, *Draft Treaty on the Prevention of the Placement of Weapons in Outer Space, the Threat or Use of Force against Outer Space Objects*, U.N. Doc. CD/1985, 12 June 2014, Art. 1(d).

③ 何奇松：《美国太空系统网络安全能力构建》，载于《国际展望》，2022年第14卷第3期，第134-155、161-162页。

④ Center for Strategic and International Studies, *Space Threat Assessment* 2021, USA, 31 March 2021, p. 5.

潜在影响同样严重，因此需要引起足够的关注。随着卫星技术的不断发展，网络攻击可能变得更加隐蔽和长期，攻击的效果可能需要较长时间才能完全显现，这使得“效果测试”的应用在实际操作中充满争议。

2. “和平目的”的巨大分歧

在国际空间监管制度中，“和平目的”的定义一直是一个核心争议点。这个概念本质上具有模糊性，并且常常因为不同国家和利益集团的不同理解而产生分歧。从空间安全的角度来看，尤其是聚焦于卫星系统这一重要领域时，“和平目的”的定义尤为特殊且具有深远意义。

（1）外层空间法框架的确立与“和平目的”的争议

外层空间一直受到严格的国际法约束。从国家首次涉足外层空间领域开始，相关的国际法体系便适用了，这一点在 1963 年的《各国探索和利用外层空间活动的法律原则宣言》及 1967 年的《外层空间条约》中得到了明确体现。① 尤其是《外层空间条约》的第三条，强调空间活动必须遵守国际法和《联合国宪章》，以维护国际和平与安全，促进国际合作与理解。自 1958 年人类发射第一颗人造卫星斯普特尼克 1 号（Sputnik-1）以来，外层空间的法律地位和治理问题引起了国际社会的广泛关注。联合国大会通过了第 1348（XIII）号决议，标志着国际社会开始关注对太空的和平利用。该决议强调，必须避免将国家间的竞争扩展至外层空间，推动全人类在空间探索与利用中的共同利益。② 在这一背景下，联合国成立了和平利用外层空间委员会，致力于制定和完善外层空间的法律框架，以确保外层空间的和平、安全与可持续利用。

（2）各国对“和平目的”的不同解读

尽管《外层空间条约》和相关文件都强调了全人类出于和平目的探索和利用外层空间的共同利益，但不同国家对此的解读存在明显差异。一些航天大国，如美国，认为“和平目的”不仅限于民用，还包括军事非侵略性活动。美国主张，只要太空活动符合国际法和《联合国宪章》的规定，就应允许包括由军方进行或支持战略军

---

① U. N. General Assembly, *Declaration of Legal Principles Governing the Activities of States in the Exploration and Use of Outer Space*, A/RES/1962(XVIII), 13 December 1963; U. N. General Assembly, *Treaty on Principles Governing the Activities of States in the Exploration and Use of Outer Space, including the Moon and Other Celestial Bodies*, A/RES/2222(XXI), 19 December 1966.

② U. N. General Assembly, *Question of the Peaceful Use of Outer Space*, A/RES/1348(XIII), 13 December 1958.

事活动在内的空间行动。① 根据这一立场，太空不仅可以用于科学研究，还可以为军事目的服务，只要这些活动不违反国际法的基本原则。这一立场引发了广泛的争论。许多国家和国际组织认为，“和平目的”应专指民用领域，军事活动应受到限制。它们担心，如果军事活动也被纳入“和平目的”范畴，可能会导致外层空间的进一步军事化，从而增加潜在的冲突风险。

随着太空技术的日新月异，关于外层空间是否应仅限于和平利用的讨论变得愈发切实且紧迫。将外层空间的和平利用仅仅视为“非军事化”的狭隘观念，恐怕已经难以契合当今复杂多变的现实需求。

四、规制卫星网络攻击的规范主义路径

（一）明确网络攻击的界定标准

1. 诉诸战争权下网络攻击与和平利用的界限

《外层空间条约》第四条对外层空间中的某些军事活动作出了具体限制。它规定地球、月球和其他天体只能用于和平目的，并禁止建立军事基地、设施和防御工事，禁止测试任何类型的武器，以及禁止在天体上进行军事演习。② 第四条完全适用于其范围内的网络相关活动，例如在月球上安装网络基础设施，以便对地球、外层空间或其他天体上的物体进行进攻性军事网络行动。根据第四条，不得禁止在月球和其他天体上使用军事人员进行科学研究或其他出于和平目的的活动，也不得禁止使用和平探索所需的任何设备或设施。因此，与在月球或其他天体上建立通信、研究或观测设施（或测试此类能力）等活动相关的出于和平目的的网络行动是合法的，即使它们是由军队进行的。

外层空间中的网络活动不得涉及非法使用武力。《外层空间条约》第三条规定，探索和利用外层空间的活动应遵守国际法和《联合国宪章》，有利于维护国际和平与安全。③ 因此，任何起源于外层空间、在外层空间中过境或终止并达到非法威胁或使用武力程度的网络行动都是被禁止的。

尽管《外层空间条约》并未完全禁止军事利用外层空间，但考虑到全球外层空间作为全球公域的特性，空间活动的类型受到严格限制。这些限制不仅关乎各国的

---

① U. N. General Assembly, *Treaty on Principles Governing the Activities of States in the Exploration and Use of Outer Space, including the Moon and Other Celestial Bodies*, A/RES/2222(XXI), 19 December 1966, Article 3.

② U. N. General Assembly, *Treaty on Principles Governing the Activities of States in the Exploration and Use of Outer Space, including the Moon and Other Celestial Bodies*, A/RES/2222(XXI), 19 December 1966, Article 4.

③ U. N. General Assembly, *Treaty on Principles Governing the Activities of States in the Exploration and Use of Outer Space, including the Moon and Other Celestial Bodies*, A/RES/2222(XXI), 19 December 1966, Article 3.

军事活动，也涵盖各国探索和使用空间的权利。外层空间活动的合法性将依据是否适当考虑了所有缔约国的利益，是否致力于维护国际和平与安全、促进国际合作与理解的标准进行评估。1958年12月，联合国大会通过了一项关于和平利用外层空间的决议［前述第1348（XIII）号决议］，承认外层空间只能用于基于和平目的的共同目标。① 联合国于1959年成立了和平利用外层空间委员会，以防止国家竞争对手进入并利用这一新领域作为战场。根据该决议，外层空间和天体可供所有国家依照国际法自由探索和使用，不受国家拨款的限制。网络攻击，例如对通信网络、目标控制系统或任务包的干扰、欺骗/黑客攻击，或对地面基础设施的攻击，绝对不属于和平利用的范围。它们本质上是灾难性的，其目的是造成一个国家的系统、网络中断，或在没有发现其身份或活动的情况下从另一个国家获取数据或文件。互联网只能在允许各种空间系统和平利用和开展外层空间活动的范围内使用，而绝对不能滥用技术。

2. 战时法下的合法性与正当性标准

在战时法中，合法性与正当性标准主要通过区分原则和比例原则来进行评估。这些原则确保战争行为不仅符合军事必要性，还能最大限度地减少对平民和民用物体的伤害，维护国际法中人道主义的基本精神。

（1）区分原则

区分原则是国际人道法中的一项核心原则，要求在战争中准确区分战斗人员与未参与敌对行动的平民及其相关的物体和设施。② 该原则不仅适用于地面战斗，也同样适用于空间作战，特别是针对卫星的攻击。在空间作战中，攻击方必须准确辨识目标是否为合法的军事目标，特别是那些具有军事用途的卫星，以避免对民用设施造成不必要的损害。根据区分原则，攻击者必须采取足够的预防措施来确认其目标为敌方的军事目标。③ 这需要通过各种手段来识别卫星的功能和用途，例如通过卫星的登记信息、传感器数据、人类情报等。只有当目标被确认具有合法军事用途时，才能在符合军事必要性的前提下进行攻击。如果攻击者未能充分区分军事目标与民用目标，或未采取必要的措施来确保对平民及民用设施的保护，则其行为将被

---

① U. N. General Assembly, *Question of the Peaceful Use of Outer Space*, A/RES/1348(XIII), 13 December 1958.

② ［比］亨克茨、［英］多斯瓦尔德-贝克：《习惯国际人道法规则》，红十字国际委员组织译，北京：法律出版社，2007年，第7-10页。

③ ［比］亨克茨、［英］多斯瓦尔德-贝克：《习惯国际人道法规则》，红十字国际委员组织译，北京：法律出版社，2007年，第48-50页。

视为违反国际法。①

(2) 军事必要性

军事必要性是战争法中的一项基本原则，要求军事行动必须具有明确的军事目的，且该目的必须与取得胜利、摧毁敌军的任务直接相关。② 这意味着，任何军事行动都必须在摧毁敌军或获得战略胜利的需要与所造成的损害之间建立合理联系。换句话说，只有在攻击目标具有显著的军事价值时，才能合理使用武力。许多卫星系统，尤其是那些用于天气监测、通信中继、部队定位、时间同步和导弹预警等重要军事任务的卫星，通常会被认为是符合军事必要性标准的目标。然而，尽管这些卫星对于军事行动至关重要，决定是否对其发动攻击时，仍然必须严格遵守区分原则，确保对敌对目标的攻击是合理、必要的，且符合国际人道法的要求。

(3) 比例原则

比例原则要求军事行动的强度和使用的武力程度必须与所要实现的军事目的之间保持适当的比例，避免造成不成比例的伤害或损害。即使一个军事目标在合法的情况下被确定为攻击目标，其攻击行为的程度也必须适度，并避免给平民和民用设施带来过度的附带损害。③ 当目标是两用卫星（同时承载民用和军用功能的卫星）时，比例原则的适用尤为重要。对两用卫星的攻击必须特别谨慎，应考虑到攻击卫星的军事部分可能会对民用功能造成的影响。例如，一颗卫星同时提供军事通信和民用通信服务，若攻击该卫星的军事部分可能导致民用通信的大规模中断，那么必须评估这种攻击是否具有适当的军事必要性，并确保攻击的规模与预期的军事优势相符。

(4) 目标识别与军事审慎

对空间目标的攻击不仅仅是技术层面的判断，它还涉及极大的军事审慎和法律责任。在攻击之前，必须对目标进行详尽的调查，确认该目标是否为军事目标，并且是否符合攻击的必要条件。④ 对于卫星的攻击，涉及的数据和信息需要通过各种情报手段确认，包括卫星的登记数据、传感器反馈、监测记录等，以确保所选目标

---

① [比] 亨克茨、[英] 多斯瓦尔德-贝克：《习惯国际人道法规则》，红十字国际委员组织译，北京：法律出版社，2007年，第24、48页。

② [比] 亨克茨、[英] 多斯瓦尔德-贝克：《习惯国际人道法规则》，红十字国际委员组织译，北京：法律出版社，2007年，第11-13页。

③ [比] 亨克茨、[英] 多斯瓦尔德-贝克：《习惯国际人道法规则》，红十字国际委员组织译，北京：法律出版社，2007年，第43-48页。

④ [比] 亨克茨、[英] 多斯瓦尔德-贝克：《习惯国际人道法规则》，红十字国际委员组织译，北京：法律出版社，2007年，第63-68页。

的合法性和准确性。

(二) 单独评估自卫权行使主体

根据《联合国宪章》及习惯国际法，禁止使用或威胁使用武力是一项集体义务。因此，任何违反这一禁令的行为都会影响整个国家集团的法律利益，特别是那些受到同一义务约束的国家。然而，这并不意味着每个国家都自动拥有资格成为受害国，可以追究不法行为者的法律责任，或在“卫星瞄准”相当于“使用武力”的情况下行使自卫权。

国际法委员会提出，如果某国因违反集体义务而受到“特别影响”，该国应被视为受到损害。① 这一设想参考了 1969 年《维也纳条约法公约》第六十条第二款第一项，作为中止或终止条约的依据。② 然而，该公约未明确规定一国被视为受到“特别影响”的具体条件，而是要求根据个案进行评估，考虑到违反义务的目的及每个案件的具体情况。国际法委员会强调，如果一个国家被视为受害国，其所受不法行为影响的方式必须使其区别于其他国家。例如，国际仲裁庭在“圭亚那诉苏里南”案中裁定，苏里南海军对加拿大 CGX 公司石油钻机的恐吓构成对圭亚那的武力威胁，因为这些船只是在圭亚那授权的大陆架争议区进行石油勘探。③ 与此相对地，“油平台案”中，国际法院拒绝将对“德士古加勒比”号轮船的袭击认定为对美国的攻击，其主要依据是该船没有悬挂美国国旗。④ 因此，国家可能认为将某一卫星作为武力目标会使其受到伤害，尽管该卫星并不具备主权地位，且该国对卫星或其中的有效载荷没有任何所有权。尽管如此，国家空间活动及由此产生的对发射卫星物体损害的赔偿责任与受害国的地位密切相关。如果卫星的损害不足以达到构成武装攻击的严重程度，该国可能不具备行使自卫权的法律依据。

综上所述，虽然多个国家可能因卫星受损而宣称遭受损害，但这并不意味着它们在法律上具备相同的资格行使自卫权。每个国家需独立评估其所遭受的损害的规模和程度，以确定是否达到构成武装攻击所要求的严重程度。换言之，若损害未达到这一严重程度的阈值，受害国即使受到影响，也可能无法依据国际法行使自卫权。

---

① International Law Commission, *Draft Articles on Responsibility of States for Internationally Wrongful Acts, with Commentaries*, Supp. No.10, U.N. Doc. A/56/10, November 2001, p. 119.

② International Law Commission, *Draft Articles on Responsibility of States for Internationally Wrongful Acts, with Commentaries*, Supp. No.10, U.N. Doc. A/56/10, November 2001, p. 119.

③ Permanent Court of Arbitration, *Guyana v Suriname*, Award, P. C. A. Case No. 2004-04, September 17, 2007, paras. 425-447.

④ International Court of Justice, *Oil Platforms* (*Islamic Republic of Iran v. United States of America*), Judgment, I. C. J. Reports 2003, p. 161, 6 November 2003.

（三）将关键信息基础设施作为加重因素

在评估网络行动是否构成“使用武力”时，目标是否属于关键信息基础设施是一个至关重要的因素。关键信息基础设施通常被视为国家安全、经济运作和社会稳定的核心组成部分，因此，任何针对这些基础设施的网络攻击，其潜在影响可能远远超过普通的网络攻击。这一因素在一定程度上会改变网络行动是否构成“使用武力”的判断标准，成为加重考虑的依据。

关键信息基础设施指的是支撑国家经济、公共安全、国防、能源供应等重要领域的物理和信息系统。这些基础设施包括但不限于电力网络、通信网络、金融系统、交通设施和卫星系统等。这些基础设施对国家和社会的正常运行至关重要，其遭受攻击导致中断的后果通常是广泛的、深远的，可能导致大规模的社会经济动荡或国家安全风险。因此，针对关键信息基础设施的网络行动被视为比普通网络攻击更具威胁性，可能带来更严重的后果。当网络行动的目标是关键信息基础设施时，虽然该行动本身可能不直接产生物理损害，但其潜在后果和影响可能足以被认为构成“使用武力”。例如，攻击通信系统、能源网络或卫星系统等基础设施，可能会严重干扰国家的军事、经济活动及日常生活，这种影响可能被认定为与传统的“使用武力”相当。

过去，太空系统并未被明确纳入关键信息基础设施的范畴。然而，随着太空系统在全球安全和经济中的重要性日益增加，越来越多的国家开始意识到太空基础设施的脆弱性及其对国家安全的影响。为了应对这一情况，2021 年 6 月，美国众议院中的民主党议员泰德·刘与共和党议员肯·卡尔沃特提出了《太空基础设施法案》（*Space Infrastructure Act*）。该法案的核心目标是将太空系统正式纳入美国国土安全部所认定的第 17 个关键信息基础设施部门。一旦该法案通过，美国国土安全部将对太空系统实施网络安全标准，强化太空系统的安全防护措施。① 这一举措不仅将太空系统纳入关键信息基础设施范畴，还将原本自愿性的网络安全要求转变为强制性义务，确保太空领域的网络安全措施得到严格执行。除《太空基础设施法案》外，马克·华纳等三名参议员还提交了《国土安全部工业控制系统能力增强法案》（*DHS Industrial Control Systems Capabilities Enhancement Act*）。该法案已经获得通过，赋予美国国土安全部更大权限，以全面推广网络安全标准，尤其是在关键信息基础设施领

① 何奇松：《美国太空系统网络安全能力构建》，载于《国际展望》，2022 年第 14 卷第 3 期，第 134-155、161-162 页。

域和工业控制系统领域。①

关键信息基础设施在评估网络行动是否构成“使用武力”时起着决定性作用。卫星系统作为现代社会的重要组成部分，正逐渐被纳入关键信息基础设施范畴，其网络安全的重要性日益凸显。

（四）纳入非物理性损害的考量

除物理损害外，还应考虑网络攻击对天基卫星系统造成的非物理性损害，如数据泄露、服务中断等。在现行法律体系下，《空间物体所造成损害国际责任公约》（以下简称《责任公约》）作为国际空间法的重要组成部分，为外层空间活动的责任划分提供了基本框架。② 然而，面对网络空间的新挑战，《责任公约》中的“损害”概念显然需要与时俱进，进行必要的扩展和解释。传统上，“损害”往往被理解为物理性的破坏或损失，如卫星损坏、设施故障等。但在当前的网络环境下，对关键数据的非法获取、篡改、删除等行为同样可能造成严重后果，这些行为虽然不直接表现为物理损害，但其对系统正常运行、信息安全乃至国家安全的影响是深远的。③ 体系论作为法学方法论的重要一环，其核心观点在于强调法律规则背后的价值秩序。回顾《责任公约》制定的立法历程——外层空间活动的兴起与快速发展，以及该公约所追求的价值目标——确保外层空间活动的安全性和责任性，这一价值目标是该公约的基石，可以发现在体系论视角下，有必要将《责任公约》中的“损害”概念从传统的物理性破坏或损失扩展到更为广泛的范畴。具体来说，数字权利损害应被视为一种新型的损害形式，纳入“损害”概念的范畴。这种扩展并非随意而为，而是基于对卫星网络活动特性的深入理解和对法律体系完整性与一致性的维护。根据卫星的运行周期与特点，④ 扩展后的“损害”概念应当涵盖以下几种情形：一是对卫星系统数据的非法获取、篡改或删除，导致系统性能下降、服务中断或数据泄露；二是对卫星与地面站点、卫星之间通信链路的干扰或破坏，影响信息的正常传输；三是对地面站点的网络攻击，造成地面控制系统的瘫痪或误操作；四是对卫星本身的恶意控制或破坏行为，危及卫星的安全运行和寿命。美国2017年《国家

① 何奇松：《美国太空系统网络安全能力构建》，载于《国际展望》，2022年第14卷第3期，第134-155、161-162页。

② U. N. General Assembly, *Convention on International Liability for Damage Caused by Space Objects*, A/RES/2777(XXVI), 29 November 1971.

③ Matthew T. King & Laurie R. Blank, "International Law and Security in Outer Space: Now and Tomorrow", *American Society of International Law*, Vol. 113, 2019, p. 125-129.

④ Livingstone D, Lewis P, *Space, the Final Frontier for Cybersecurity?*, London: Chatham House (The Royal Institute of International Affairs), 2016.

安全战略》确认了对卫星的此类威胁，该战略指出，“对我们空间结构关键组件的任何有害干扰或攻击，如果直接影响到美国的这一重要利益（不受限制地进入空间并自由地在空间中运行），将在我们选择的时间、地点、方式和领域得到慎重的回应”。①

（五）对自卫权进行限缩解释

自卫权是国际法中的基本原则之一，《联合国宪章》第五十一条明确规定，国家在遭受武装攻击时有权行使自卫权。② 然而，随着科技的进步和新型攻击手段的出现，尤其是在网络战和太空战争领域，如何界定自卫权的适用范围和界限成为一项复杂的法律问题。特别是在卫星网络攻击这一背景下，自卫权的限缩解释显得尤为重要。

自卫权传统上被理解为一种回应实际的武装攻击的权利，这种攻击必须达到一定的程度，通常指的是造成人员伤亡或重大财产损失的军事行动。然而，随着信息技术的飞速发展，特别是卫星网络和太空技术的广泛应用，网络攻击、数据破坏及对卫星系统的干扰等非传统形式的攻击可能不具备传统的物理暴力特征，却仍然可能对国家的安全和社会运作造成严重影响。在卫星网络攻击的背景下，基于传统的自卫权解释可能无法适应新型的安全威胁。因此，必须对自卫权进行限缩解释，以适应新时代的技术挑战。限缩解释要求，只有当网络攻击或卫星攻击对国家安全构成重大威胁，且这些攻击的后果与传统武力攻击所造成的影响相当时，才可以行使自卫权。

限缩解释的核心在于强调自卫权的行使应当符合以下几个条件：第一，自卫行动的规模和性质必须与所遭受的攻击相称。如果卫星网络攻击的影响局限于非军事领域且不会对国家整体安全构成重大威胁，则不应当允许行使自卫权。第二，自卫权的行使应当是迫切必要的，仅在其他途径无法有效应对威胁时，才可以采取军事手段反击。例如，如果网络攻击已经对国家的导弹防御系统或通信基础设施造成不可逆转的破坏，且该攻击构成迫切威胁，那么自卫权的行使可能被认为是合理的。第三，自卫行为应当仅针对发动攻击的行为者，且仅限于有效制止或回应攻击的必要手段。对卫星网络攻击的反应应该避免过度报复，确保对目标的攻击只限于恢复被破坏的功能或系统，而不扩大到不必要的破坏。

---

① Federation of American scientists, *Joint Publication* 3-14, *Space Operations*, USA, 26 October 2020.

② U. N. General Assembly, *Charter of the United Nations*, 24 October 1945, Article 51.

五、结论

构建全面且专门的卫星网络安全条约制度，作为应对日益严峻的卫星网络攻击威胁的理想方案，无疑具有长远的战略意义。然而，这一愿景的实现面临着诸多挑战与不确定性，其中不同国家间基于国家利益、法律传统及外交政策差异所形成的分歧尤为突出。在当前的国际环境下，各国更多地依赖各自的实践来逐步诠释和塑造现行法律框架，这一过程中的未知与变数无疑增加了国际法规制的不确定性。本文提出的在现有国际法律框架下规制卫星网络攻击的规范主义路径，旨在为解决当前问题提供一套可行且务实的方案。该路径包括对受影响国家进行单独评估，以精准识别攻击的影响范围与程度；将关键信息基础设施作为考量因素，确保对卫星网络攻击的规制能够充分保护国家的核心利益；将对天基卫星的非物理性损害纳入考量，以全面评估攻击后果；对自卫权进行限缩解释，避免其过度扩张可能引发的国际冲突与法律争议。尽管这一路径的实施仍需面对诸多挑战，但其在现有法律框架内寻求共识与平衡的努力，为各国提供了在卫星网络安全问题上开展国际合作与对话的基础。未来，随着太空技术的进一步发展与国际合作的不断深化，国际社会有望在卫星网络安全领域形成更加统一且有效的法律规制体系。在此过程中，中国作为太空大国，应继续秉持多边主义立场，积极参与国际太空规则的制定与完善，为推动构建人类命运共同体贡献中国智慧与力量。

Regulatory Path in International Law for Satellite Cyberattacks

Abstract: With the rapid development of satellite technology, satellite networks have become critical infrastructure for global communication, navigation, and remote sensing. However, the global nature and complexity of satellite systems make them major targets for cyberattacks, exposing them to severe security threats. These attacks not only pose risks to national security and economic stability but could also have catastrophic effects on military systems and public services. At present, international legal regulations regarding satellite network security are underdeveloped, with a lack of clear legal frameworks and numerous gaps and uncertainties. This article begins by examining the legal risks and challenges associated with satellite network attacks, analyzes the deficiencies in the existing international legal system, and proposes a normative approach to regulating satellite network attacks. Firstly, it is essential to establish clear criteria for defining cyberattacks in order to accurately identify and respond to such actions. Secondly, assessing the entities authorized to exercise the right of self-defense is critical to ensure compliance with international law. Thirdly, it is recommended that critical information infrastructure be incorporated as an aggravating factor within the regulatory scope, taking into account the impact of non-physical damage. Finally, the article provides a restrictive interpretation of the right of self-defense to balance security needs with the constraints of international law.

Keywords: satellite networks; cyberattacks; international law

非国际性武装冲突中人道主义援助国家同意问题研究

徐浩然①

摘要：近年来，武装冲突的类型逐步由国际性武装冲突转向非国际性武装冲突，使得交战各方一再拒绝人道主义援助的问题更加复杂化。应当认为，国家不负有同意援助的一般性义务，但不得任意拒绝。根据《第二附加议定书》第十八条，人道主义援助不需要征得非国家武装团体的同意，但对于非缔约国来说似乎不是如此绝对。同时，交战各方平等原则可以为人道主义援助需要征得非国家武装团体同意带来可能性。

关键词：非国家武装团体；人道主义援助；交战各方平等原则

引言

根据联合国人道主义事务协调办公室的统计，截至 2024 年 6 月，全球有超过 3 亿人需要人道主义援助和保护，2024 年仅从 1 月至 6 月，人道主义需求的金额就从 464 亿美元增至 487 亿美元。② 除自然灾害外，人道主义需求的主要驱动因素是武装冲突。武装冲突本身无疑会给各方带来巨大的苦难，同时还往往导致诸如医院等服务机构的停摆与生存必需物资的短缺，从而使平民面临更多风险。在此情况下，当事国自行采取救济措施是有必要的，但外界能够快速、持续地提供人道主义援助同样能够减轻武装冲突所带来的负面影响。

然而在实践中，人道主义援助的情况并非十分理想，往往受到冲突各方的阻挠。这种问题不是近年才产生的，其在武装冲突中始终存在。2008 年就有 260 名人道主

① 徐浩然，中国政法大学国际法学院博士研究生。

② Office for the Coordination of Humanitarian Affairs, *Global Humanitarian Overview* 2024 (31 May 2024), p. 2.

义援助人员遭遇暴力袭击，因此受伤甚至丧生。① 联合国秘书长在2014年的报告中称，叙利亚政府曾扣留装运足以援助20多万人的包括手术设备和输血设备等在内的医疗物资的车队，禁止其继续前行。② 同时，自2015年以来，胡塞武装一直封锁着进出也门中部第一大枢纽城市——塔伊兹市的道路，直接导致该市的平民无法获得人道主义援助。随着国际局势的变化与武装冲突的频发，人道主义援助受阻的问题没有得到改善，甚至愈演愈烈。2019年的联合国秘书长报告仍然对于停止针对人道主义人员的暴力、骚扰与拘留行为进行了呼吁，并着重强调了发生在南苏丹与也门的共计927起类似事件。而2023年则是迄今为止人道主义援助工作者因公殉职人数最多的一年，共计280名援助人员在33个国家遇难，与2022年118名遇难人员相比，人数增长了137%，其中超过一半遇难于加沙冲突初期，原因是空袭。③ 无论武装冲突的性质为何，国际人道法为上述事件中涉及的人道工作者、医务人员、医院与医务运输工具等均提供保护，对这些人员和物体的攻击行为被明确禁止。

除去上述“积极攻击”的情况，实践中开展人道主义援助的阻碍还来自一个事实：相当多的当事国拒绝接受此项活动。此外，在过去较长一段时期内国家间战争频发，在《联合国宪章》确立了禁止使用武力原则后，“战争”一词在国际法中的使用也被1949年通过的日内瓦四公约引入的“武装冲突”概念逐渐取代。依据日内瓦国际人道法和人权学院的分析，现今武装冲突的性质呈现从国际性武装冲突转向非国际性武装冲突的趋势。所谓非国际性武装冲突就是指在一国领土内，发生在国家武装力量与有组织的非国家武装团体间或是此类团体间的武装冲突。④ 武装冲突性质的转变同时使非国家武装团体的数量激增，成为国际法中不能忽视的问题。

由于人道主义危机的特殊性及相关规则的不清晰，相关问题引起了较大争议。本文将聚焦非国家武装团体在人道主义援助中的同意问题，在简要厘清非国际性武装冲突中人道主义援助的概念及法律框架后，主要围绕日内瓦四公约共同第三条和《第二附加议定书》第十八条第二款展开，侧重分析两个问题：国家是否负有同意人道主义援助的一般性义务？人道主义援助是否需要征得非国家武装团体的同意？

---

① Rebecca Barber, “Facilitating humanitarian assistance in international humanitarian and human rights law”, *International Review of the Red Cross*, Vol. 91, No. 874, 2009, p.371.

② United Nations, *Report of the Secretary-General on the implementation of Security Council resolution* 2139 (23 April 2014), p. 9.

③ 联合国新闻网站:《联合国呼吁“为人道而行动”结束针对援助人员的暴行》,2024年5月19日,https://news.un.org/zh/story/2024/08/1130746, 2024年9月15日最后访问。

④ 红十字国际委员会官网:《在非国际性武装冲突中促进遵守国际人道法》, 2008年2月, https://www.icrc.org/sites/default/files/topic/file_plus_list/icrc_006_0923.pdf, 2024年9月15日最后访问。

最后，在非国际性武装冲突中引入交战各方平等原则，试图为非国家武装团体拥有同意权寻找可能性。

一、非国际性武装冲突中人道主义援助的概念与法律框架

（一）人道主义援助的概念厘清

人道主义援助这一概念的发展经历了从认知到共识、从实践到理论的过程。在相关概念与法律框架尚未形成时，人们就有着帮助伤病员、处于饥饿或危险情势中的人这一理念。早在中世纪的欧洲，就存在照顾伤员和病人的专门组织，如基督教骑士团等。① 1949年日内瓦四公约首次对这些救援行为进行了法律层面的规制，而后武装冲突与自然灾害频发，也不断使这一领域处于发展的浪潮之中。目前，人道主义援助（humanitarian assistance）一词在国际法中尚未形成有拘束力的定义，其中“援助”一词也多与“救助”或“救济”等交替使用，红十字国际委员会就使用过人道主义救济（humanitarian relief）这一表达方式。② 对于人道主义援助的定义，国际法院早在“尼加拉瓜诉美国案”中就指出，美国关于人道主义援助的立法中对该词语的定义是提供食物、衣物、药品与其他人道主义援助，而武器、武器系统、弹药或其他可用于造成重伤或死亡的设备、车辆或材料等不包含在内。③ 红十字国际委员会认为，就国际人道法而言，“人道主义”意味着本组织为受武装冲突所影响者的生存、福祉和尊严而采取相应行动，“救济”则是指主要在卫生、水、住处和经济安全领域开展的活动、提供的物资与服务，并且目的是确保受影响人员能够有尊严地生存与生活。④ 此外，国际法研究院的定义也为许多学者所认可，即人道主义援助是指提供专属于人道主义性质的、对受害者的生存与基本需求来说不可或缺的物品与服务，此处的“受害者”囊括了因自然灾害和武装冲突而受损害的人口。⑤ 可以看出，不论是专属于武装冲突背景下的定义，抑或包含了自然灾害的情况，学

---

① Vijitha Veerakatty, *Arbitrary Withholding of Consent to Humanitarian Relief in Non-international Armed Conflict: Legal Regulations and Consequences*, Brill, 2024, p. 33.

② ICRC Q&A and lexicon on humanitarian access, International Committee of the Red Cross (June 2014), available at https://www.icrc.org/sites/default/files/external/doc/en/assets/files/2014/icrc-q-and-a-lexison-on-humanitarian-access-06-2014.pdf (last visited on 15 September 2024).

③ ICJ, Case Concerning Military and Paramilitary Activities in and against Nicaragua (Nicaragua v United States of America), Merits, 27 June 1986, para. 97.

④ ICRC, ICRC Q&A and lexicon on humanitarian access (June 2014), available at https://www.icrc.org/sites/default/files/external/doc/en/assets/files/2014/icrc-q-and-a-lexison-on-humanitarian-access-06-2014.pdf (last visited on 15 September 2024).

⑤ Institut de Droit International, Humanitarian Assistance: Resolution, Sixteenth Commission (2 September 2003), p. 3.

界用以定义人道主义援助的关键词差异不大，所表达的内涵也几乎相同。

值得注意的是，一部分学者将非国际性武装冲突背景下的人道主义援助称为跨境援助（cross-border assistance）或跨境行动（cross-border operations）。所谓跨境援助，是诞生于非国际性武装冲突背景下的词语，可以将其理解为此时受援地区因被非国家武装团体实际控制，已经脱离本国政府的掌控，此时人道主义援助可经由第三国直接进入受援地区，从而免于通过当事国政府控制区。① 然而，红十字国际委员会认为，“跨境援助”一词本身并不是国际人道法上的表述，只是人道主义援助的一种形式。究其本质，跨境援助与人道主义援助同样受到国际人道法相关规则的制约，并无特殊之处。最重要的是，现行任何条约中没有使用过“跨境援助”一词。因此，继续使用“人道主义援助”一词展开讨论是适宜的。

（二）人道主义援助的国际法律框架

虽然国际人道法关于人道主义援助的规则在一定程度上因武装冲突性质的不同而有所差异，但其中有相通之处。国际法中的部分一般性规定为开展人道主义援助提供了框架，如国家主权平等原则和不干涉原则。

专门针对非国际性武装冲突中人道主义援助的条款主要载于日内瓦四公约共同第三条与《第二附加议定书》中。共同第三条指向所有非国际性武装冲突，规定公正的人道团体，如红十字国际委员会，得向冲突之各方提供服务，核心目的是为此背景下的受难者提供保护，并没有提及冲突各方是否负有必须接受人道主义援助的义务。相比之下，《第二附加议定书》的适用范围更为狭窄，仅适用于发生在缔约国领土内，其武装部队与武装团体②之间的武装冲突，但其保护程度远高于共同第三条规定的最低标准。《第二附加议定书》第十八条第二款就作出了更为实质性的规定：“如果平民居民由于缺少生存必需品，如粮食和医疗用品，而遭受非常的困难，对该平民居民，应在有关缔约一方同意下，进行专门属于人道主义和公正性质而不加任何不利区别的救济行动。”

上述两项条款存在较多争议，具体内容将在下文展开讨论。除上述条约法中的规定，现今诸多习惯国际人道法也被认为可以适用于非国际性武装冲突中，诸如“冲突各方必须允许并协助为需要帮助的平民快速、畅通无阻地运送人道救援物资，

---

① 梁卓：《武装冲突中人道主义援助的国家同意问题：解释争议、发展动向及其启示》，载于《国际法研究》，2021 年第 1 期，第 74 页。

② 此处的“武装团体”是指，在负责统率下对该方一部分领土行使控制权，从而使其能进行持久而协调的军事行动并执行《第二附加议定书》的持不同政见的武装部队或其他有组织的武装集团。

同时，救援应是公正的、无差别的”等。①此外，虽然通常认为国际人权法适用于和平时期，但依据国际法院与一些人权机构的判例，已经基本可以认定国际人权法同样适用于武装冲突时期。②国际人道法所保护的权利也为国际人权法所保护，如生命权，健康权，获得食物、药品和基本医疗等权利。另外，国际刑法可以针对严重违反国际人道法的行为追究个人责任。在武装冲突期间，若故意阻挠人道主义援助，将饥饿作为战争手段使用，就有被追究个人刑事责任的可能性。

二、非国际性武装冲突中人道主义援助的法律问题

目前学界普遍认为，在占领情形下，占领国必须对人道主义援助给予同意。此外，根据《日内瓦第四公约》第二十三条的规定，用于15岁以下儿童或孕妇等最脆弱者的必需物品应被允许自由通过。上述两种情形均属于国际性武装冲突下的情形，虽有争议，但基本达成了共识。非国际性武装冲突涉及非国家武装团体，因相关法律规则的不清晰引发了较多问题，使人道主义援助的实践结果也受到了一系列的法律障碍制约。实践中，联合国安理会曾在2014年通过了针对叙利亚局势的第2165号决议，首次略过叙利亚政府的同意开展人道主义援助。③该决议并没有直接涉及国际人道法相关规定，也没有回答是否需要当局政府的同意才能开展人道主义援助活动的问题。此次安理会决议虽引起了学界的高度关注，但其尚未得到反复实践，且后续希望延长该人道主义救援授权的草案版本未能通过，因此不能说现今人道主义援助可以突破国家同意。如国际法委员会前委员阿姆里特·罗汉·佩雷拉所指出的：“人道主义援助应是一种协助行动，绝不是单方面行动”。④那么在没有安理会决议介入的情况下，非国际性武装冲突中人道主义援助有两个分别聚焦于国家与非国家武装团体的问题需要解决：国家是否负有同意人道主义援助的一般性义务？人道主义援助是否需要征得非国家武装团体的同意？

（一）国家是否负有同意人道主义援助的一般性义务

目前可以确定的是，根据《日内瓦第四公约》第五十九条的规定，在占领地平民所需物资不足时，“占领国应同意救济该项居民之计划”。据此可以认定，占领国有义务接受救济，允许外部人道主义活动者进入，以便为平民提供人道主义援助，

---

① ICRC, *Customary International Humanitarian Law Volume I: Rules*, Rule 55.

② 罗国强、徐金兰：《武装冲突中的国际人道法与国际人权法关系辨析》，载于《华东师范大学学报（哲学社会科学版）》，2023年第5期，第67页。

③ UN Security Council, Resolution 2165, S/RES/2165 (14 July 2014).

④ Rebecca Barber, “Facilitating humanitarian assistance in international humanitarian and human rights law”, *International Review of the Red Cross*, Vol. 91, No. 874, 2009, p. 398.

这种义务是无条件且不容拒绝的。① 而在占领情形以外的情况，无论武装冲突的性质为何，国际人道法没有为当事国设定这样明确的义务。

在起草日内瓦四公约时就有学者建议，在共同第三条的表述中采取更强硬的措辞，但该建议最终被否决。有反对者指出，这相当于对当事国施以必须接受人道主义援助的义务。② 同时，红十字国际委员会起草的《1949 年 8 月 12 日日内瓦公约附加议定书草案》针对国际性和非国际性武装冲突中救济行动的准入规定使用了“应当同意”一词，指出在平民物资不充足的情况下，冲突有关各方“应当同意”相关救济活动并为此提供便利。草案中的表述十分清晰明确，但该内容在缔约谈判中同样遭到许多国家的反对而没能被采纳。③ 现实情况是，《第一附加议定书》第七十条第一款要求救济行动“应予进行”（shall），但这种活动须受有关各方协议的约束。类似地，《第二附加议定书》第十八条第二款中的用语也是“……应在有关缔约一方同意下……”。对比红十字国际委员会对占领情形下使用的“应当同意救济”的表述来看，与其认为这向国家施加了同意人道主义援助的义务，倒不如说更像是表明人道主义援助需要征得当事国家同意，是当事国的一项权利。更重要的是，在与占领情形下的用词对比后，答案更为清晰。如果公约想要明确国家承担同意援助的一般性义务，那么完全可以使用类似“应予同意”等的更为有力的措辞。虽然有学者仍然认为国家有义务同意援助，但他们大多是在文章中直接将国家负有同意人道主义援助的义务作为前提进行讨论的，没有进行展开探讨。④ 另有学者针对这一问题进行辩解，但是其观点并不严谨。该学者认为《第一附加议定书》第七十条第二款中的“应准许和便利其迅速和无阻碍地通过”意味着国家负有同意的义务。⑤ 但正如红十字国际委员会所强调的，获得冲突某方对人道主义援助的同意与为援助活动提供便利是完全不同的内容，后者是在援助被接受后才会涉及的问题。

由此可见，至少条款在设立时不倾向于表明国家负有绝对同意援助的义务。但国家有义务在本国平民有需要时采取救济措施，因此国家拒绝援助的权利应当受到

---

① 梁卓：《武装冲突中人道主义援助的国家同意问题：解释争议、发展动向及其启示》，载于《国际法研究》，2021 年第 1 期，第 77 页。

② *Final Record of the Diplomatic Conference of Geneva of 1949*, Vol. II, Section B, p. 95.

③ Yoram Dinstein, “The Right to Humanitarian Assistance”, *Naval War College Review*, Vol. 53, No. 4, 2000, p. 84.

④ Zimmermann Andreas, “Humanitarian assistance and the Security Council”, *Israel Law Review*, Vol. 50, No. 1, p. 3.

⑤ Bothe Michael et al., *New Rules for Victims of Armed Conflicts: Commentary on the Two 1977 Protocols Additional to the Geneva Conventions of 1949*, Martinus Nijhoff Publishers, 2013, p. 485.

一定限制，换言之，国家不得任意拒绝援助。这一规则没有在条约中被明确规定，但其由来已久并基本为各国所接受，也基本可以被认定为国际人道法中的一项习惯法规则。① 早在1974—1977年缔约谈判期间，联邦德国就对《第一附加议定书》第七十条第一款的草案表示异议，强调条款中的措辞不能被理解为缔约方有着绝对和不受限制的自由去拒绝援助行动，对援助行为表示拒绝时需要给出正当、令人信服的理由，不能是任意理由。② 联邦德国的观点得到了包括美苏在内的多个大国的支持。③ 随后在对《第二附加议定书》第十八条第二款进行讨论时，联邦德国也提出了类似观点，同样没有国家对此提出反对意见。自此，国家不得任意拒绝援助逐步为国际社会所广泛接受。联合国安理会也多次表示，任意拒绝人道主义准入可构成对国际人道法的违反。④ 联合国大会、联合国人权理事会也在重复这一观点。联合国秘书长曾在报告中强调，开展救援行动需要得到受影响国家的同意，但不得任意拒绝已经是众所公认的规则。⑤

虽然国际社会对于国家不得任意拒绝援助这一规则已经基本达成共识，但何为任意拒绝？国际人道法中没有对于这一概念的正式定义或相关评注，也没有判例回答过任意拒绝的标准为何、怎样的情形构成了任意拒绝等问题。目前得到普遍认可的是，如果援助行为符合人道、公正和中立三大原则，国家就不能任意拒绝。⑥ 那么此时，根据程序性权利来看，如果没有对人道主义需求进行充分评估就拒绝援助，就有可能构成任意拒绝。⑦ 学界对构成任意拒绝的情形作出了诸多列举，但始终没能形成一个得到普遍认可的定义。例如，2016年出版的《武装冲突中人道主义救济行动的牛津法律指南》列举了拒绝人道主义援助可被视为违反国际法的情形，有些构成违反国际义务，有些则不构成，如以不合理、不公正、不可预测或其他不适当

---

① Veerakatty, Vijitha, *Arbitrary Withholding of Consent to Humanitarian Relief in Non-international Armed Conflict: Legal Regulations and Consequences*, Brill, 2024, p. 128.

② Diplomatic Conference on the Reaffirmation and Development of International Humanitarian Law Applicable in Armed Conflicts, Geneva, 1974—1977, Official Records, Vol. XII, p. 157, 336.

③ Diplomatic Conference on the Reaffirmation and Development of International Humanitarian Law Applicable in Armed Conflicts, Geneva, 1974—1977, Official Records, Vol. XII, p. 157, 336.

④ 如联合国安理会第2139、2165号决议。

⑤ 联合国安理会：《秘书长关于武装冲突中保护平民的报告》，S/2013/689，2013年11月26日。

⑥ 联合国大会于1991年通过了第46/182号《加强联合国人道主义紧急援助的协调》决议。决议指出，人道主义援助应符合人道、公正和中立三大原则。

⑦ Matyas David, "Humanitarian Access through Agency Law in Non-International Armed Conflicts", *International & Comparative Law Quarterly*, Vol. 69, No. 2, p. 470。

的方式不同意援助也被视为任意拒绝。[1] 此外，以国家主权、一国国内法律规定、民族利益、政治见解或当权者的利益等作为理由拒绝援助的，被国际法研究院认定属于任意拒绝。除在国际人道法下对构成任意拒绝的情形进行探讨外，在国际人权法中也可以汲取到灵感。

整体来看，国际法对于拒绝援助的相关内容十分不成体系，不同的机构提出的标准差异也较大，还未能呈现趋同化。在这种情况下，明确何者属于任意拒绝的情形能够为受援国提供一个清晰可预见的标准。总而言之，在非国际性武装冲突中，国家不负有绝对同意援助的义务，但这也不意味着拒绝的权利不受任何制约。

（二）人道主义援助是否需要征得非国家武装团体的同意

问题来到第二个层面——就非国际性武装冲突而言，人道主义援助是否需要征得非国家武装团体的同意？出于实践的需求，本问题引起较多讨论。现实中，除了获得当事国政府的同意以外，为确保人道组织能够安全地将救济物资运送至受难者手中，获得实际控制部分领土的非国家武装团体的同意也是至关重要的。联合国安理会作出的有关在武装冲突中保护平民的决议也不断增加，这些决议中频繁要求冲突各方遵守其根据国际法——包括国际人道法——所应承担的义务，尊重和便利救援。

日内瓦四条约共同第三条一直被许多学者视为同意问题的重要法律依据，该条指出："在一缔约国之领土内发生非国际性之武装冲突之场合，冲突之各方最低限度应遵守下列规定……公正的人道团体……得向冲突之各方提供服务……" 从文本来看，可以发现其既使用了"缔约国（the party）"，又使用了"冲突之各方（the parties to the conflict）"的表述。国际人道法专家布歇-索尔尼耶对此认为，国际人道法通过分别提及"缔约国"与"冲突之各方"来承认冲突的某些当事方可能具有非国家性质。[2] 类似地还有红十字国际委员会国际人道法数据库中的习惯国际人道法规则 55 与 56，这两条规则的文本中同样使用了"the parties to the conflict"的表述。规则 55 指出"冲突各方须准许和便利……提供人道救济迅速并无阻碍地通过，该救济……应服从冲突各方的控制"。规则 56 称"人道主义救援人员的行动自由，强调为确保人道救济人员能够履行职责，冲突方应确保其自由行动的权利"，指出只有在有迫切军事必要的情况下，工作人员的移动才能被暂时限制。

---

① UNOCHA, *Oxford Guidance on the Law Relating to Humanitarian Relief Operations in Situations of Armed Conflict*, p. 57.

② Matyas David, "Humanitarian Access through Agency Law in Non-International Armed Conflicts", *International & Comparative Law Quarterly*, Vol. 69, No. 2, p. 456.

在红十字国际委员会明确规则 55 与 56 已经成为适用于国际性与非国际性武装冲突的习惯国际法规范的前提下，[①] 如果按照布歇-索尔尼耶的观点，似乎人道主义援助应征得作为冲突当方的非国家武装团体的同意。但规则 55 及其评注没有明确使用国家、缔约方抑或非国家武装团体的表述，而采用了较为模糊的“相关各方”；同时提到，《第一附加议定书》与《第二附加议定书》都要求开展援助行为应征得相关各方的同意，如果没得到相关各方的同意，不言而喻的就是援助活动也将无法开展。上述“相关各方”的英文都使用了“the parties”，同时给出的需要同意的解释也是从实践需求出发，绕开了本规则是否要求人道主义援助需要以非国家武装团体同意为前提的问题。这样来看，两条规则并没能强有力地证明援助需要征得非国家武装团体的同意。此外还有相当一部分学者，如红十字国际委员会法律顾问伊夫·桑多，认为共同第三条实际上授予了红十字国际委员会或其他公正的人道团体未经当事国政府的同意即可进入其领土开展人道活动的权利。[②] 仅通过共同第三条的文本推断不需要当事国政府的同意，缺乏理论支撑，很难在学界达成共识。条款只是表明，公正的人道团体可以向冲突方提供援助，本身实际上没有提及人道主义援助需要征得政府或非国家武装团体哪一方的同意，也没有表明非国家武装团体的法律地位，或其是否拥有独立的表达同意权。

随后，从《第二附加议定书》第十八条第二款来看，该条款明确使用了“有关缔约一方”（the high contracting party concerned）一词，而不是诸如“相关各方”等笼统的表述，这给非国家武装团体有权表达对援助的同意的观点带来了挑战，意味着只有国家才能表达同意，援助无须征得非国家武装团体的同意。在该问题上诞生了比较激进的反对观点。有学者以有效控制概念来解释本问题，认为在理解第十八条第二款时，应对“有关缔约一方”加以限定。所谓“有关”，只有在援助行为进入或穿越其控制的领土时，国家才是有关的；反之国家则不属于“有关缔约一方”，此时援助行动就没必要征得其同意。[③] 那么会产生一个悖论：在前文提到的跨境援助情形中，援助物资直接经由第三国进入不受当事国政府控制的地区时，似乎人道主义援助与任何缔约方都无关，从而使得该条款所使用的“缔约一方”一词变得多

---

① ICRC, International Humanitarian Law Databases, Rule 55, available at https://ihl-databases.icrc.org/en/customary-ihl/v1/rule55.

② Yves Sandoz, *Le Droit d'initiative du Comité international de la Croix-Rouge*, Comité international de la Croix-Rouge, 1979, p. 365.

③ Bothe Michael et al., *New Rules for Victims of Armed Conflicts: Commentary on the Two* 1977 *Protocols Additional to the Geneva Conventions of* 1949, Martinus Nijhoff Publishers, 2013, p. 801.

余。国际法上的有效控制，是国际法院在审理有关领土主权争端时，类比民法占有制度的产物，提出了有效控制可以作为领土主权的权源。① 根据该规则将第十八条第二款解释为无须受援国同意即可进行援助活动，有挑战国家主权原则之嫌，各国普遍难以接受。而且，这样的解释也不符合国际法对国家主权的理解。领土是国家构成的要素，国家在其领土内享有完全的和排他的管辖权是毋庸置疑的。② 因此，不能认为非国家武装团体实际控制某部分领土就意味着该国政府对这部分领土失去管辖权。

虽然可以从共同第三条与习惯国际人道法规则中解读出一丝非国家武装团体能够表达同意的倾向，但《第二附加议定书》第十八条第二款通过更明确的措辞推翻了前述的可能性。从这一层面来看，人道主义援助不需要征得非国家武装团体的同意。值得注意的是，实践中存在某些国家尚未批准《第二附加议定书》的情况，如叙利亚，此时应对其适用共同第三条与习惯国际人道法规则。那么在这种情况下，援助行为需要征得非国家武装团体同意的可能性似乎仍然存在。

三、需要征得非国家武装团体同意的可能性探析：交战各方平等原则

一直以来，国家都是国际法中最重要的主体，在人道主义援助问题中，也认为其需要征得国家同意。但现今非国家武装团体的参与度逐步提高，甚至处于主导地位。当事国政府可能出于政治或其他因素考量一再拒绝援助，导致生活必需物资匮乏，平民长期处于饥饿状态。此外，也有实际控制部分领土的非国家武装团体要求人道主义者应先征得其同意才可进入该区域，如苏丹武装部队。③ 在条约法与习惯国际人道法无法回答是否需要征得非国家武装团体同意这一关键问题的情况下，可以将目光投向其他理论，尝试寻求解决之道。

交战各方平等原则由来已久，日内瓦四公约的共同第一条和第二条强调了公约的规则平等适用于所有交战方，不因违反诉诸战争权而有所动摇。有一些国家也将上述两项条文视为交战各方平等原则的渊源，如比利时在"反恐战争"中表达过类似观点，美国国防部也曾在新闻简报会上称"日内瓦四公约明确指出，哪一具体国家发动战争不重要，无论情况为何，公约都将适用"，并指出这是为了表明无论冲

---

① 曾皓：《论国际法院在裁判领土争端中的私法类比——以国际法中有效控制规则为研究对象》，载于《时代法学》，2023 年第 2 期，第 104 页。

② 《国际公法学》编写组：《国际公法学（第二版）》，北京：高等教育出版社，2018 年，第 230 页。

③ Tilman Rodenhäuser and Jonathan Somer, The Security Council and Humanitarian Relief in Opposition-Held Territories, available at https://www.ejiltalk.org/the-security-council-and-humanitarian-relief-in-opposition-held-territories/ (last visited on 15 September 2024).

突由谁挑起，各方都有义务遵守战争法。[①] 虽然学界也曾对交战各方平等原则提出疑问，但很快遭到了反驳，没能达成广泛共识。这一原则无疑是传统武装冲突法的核心，其在非国际性武装冲突中的地位近年来被重新审视，也引发了许多质疑。很长一段时间以来，国家都是国际法绝对的中心，国际法过去的调整对象也仅为国家。正如瓦泰尔所言："侏儒和巨人都是人，小小的共和国和最强大的王国同样是主权国家。"[②] 而非国家武装团体一直被认为属于国内法管辖的范畴，当将其与国家进行横向对比时很难得到认可。

那么，交战各方平等原则是否已经顺利过渡至非国际性武装冲突中？比起上文所述的共同第一、二条，适用于非国际性武装冲突场合的共同第三条更为契合本问题。该条最突出的一点就是使用了"冲突各方"的措辞，这也是一些学者认为它创立了国家和武装团体应履行平等义务的先河的重要原因。[③] 但《第二附加议定书》的缔约过程似乎表露出当时各国对非国家武装团体享有同等权利与义务的不接受。1973 年，红十字国际委员会在草案中以四项原则为基础，其中一项原则提出应在完全平等的基础上向冲突双方提供保障，第五条草案则明确表示冲突各方在本议定书下的权利和义务对各方均同等有效。[④]然而，巴基斯坦删除了认为冲突双方享有平等权利的内容，第五条草案也在缔约会议中被彻底删除，最终版本没有呈现上述内容。许多国家对此表示赞同，认为在非国际性冲突中处理这些问题的最优解是对个人提起国际刑事诉讼。[⑤] 一些学者还提出，国际人道法规则的制定是在国家间达成合意，非国家武装团体没有参与其中，其完全接受这些条约法和习惯法规则的可能性不大。此外，这是否就意味着非国家武装团体在法律地位上是从属于国家的？萨索利对此表达了反对意见，他认为非国家行为者在习惯国际人道法和国际人权法的发展与形成中有所参与，尤其是在习惯国际人道法中，非国家武装团体可以通过积极作为，诸如声明、指责敌方或不作为的方式，来形成新的实践。他进一步认为国际人道法

---

① Vaios Koutroulis, "And Yet It Exists: In Defence of the Equality of Belligerents Principle", *Leiden Journal of International Law*, Vol. 26, No. 2, p. 453.

② 赵建文：《关于国家主权的性质和地位的理论演进》，载于《郑州大学学报（社会科学版）》，2000 年第 6 期，第 113 页。

③ 埃塞基耶尔·埃费斯、马科斯·科特力克：《将特别协定作为在非国际性武装冲突中加强遵守国际人道法的手段：法律体制适用探究》，何志鹏译，载于《红十字国际评论——促进对法律的尊重专题资料汇编》，2017 年，第 132 页。

④ Jonathan Somer, Jungle justice, "Passing Sentence on the Equality of Belligerents in Non-International Armed Conflict", *International Review of the Red Cross*, Vol. 89, No. 897, p. 660.

⑤ Liesbeth Zegveld, *The Accountability of Armed Opposition Groups in International Law*, Cambridge University Press, 2002, p. 10.

实际上赋予了非国家武装团体有限的国际法律人格。① 但此观点也存在不妥之处。根据现行国际法，只有国家实践才能创设新的习惯国际法。正如红十字国际委员会所指出的，在确立习惯国际人道法时，反叛团体的实践不在考虑范围内，因为其法律意义不明确。②

从人道主义的角度出发，虽然《第二附加议定书》的缔约过程展露了对非国家武装团体拥有国际法权利的抗拒，但后来其评注表明，从文本中删除提及“冲突各方”的内容从法律角度来看不会造成结构性改变，仅影响文书的起草。所有规则都对现有政府和叛乱方施加相同的权利与义务，且这些权利与义务具有纯粹人道主义性质。③ 可以认为对缔约过程的过度关注并非必要，因为对国际人道法的理解与适用已经历多次浪潮，但这也能使各个国家停止对该问题的怀疑。实践中，在谈及通过人道主义援助时，国际社会并不明确冲突的哪一方具体负有这项义务去接受援助，更多地将目光聚焦于保护平民的迫切性上。红十字国际委员会在提供人道主义援助时也不区分援助对象，并曾阐述：“出于实际考虑，在开展人道主义活动前将征得相关非国际性武装冲突各方（包括非国家武装团体）的同意。”④ 此前联合国安理会为应对叙利亚政府不允许人道主义援助安全通行的情况，通过第 2165 号决议，既没有征得叙利亚政府的同意，也没有征得“叛乱团体”的同意，与叙利亚邻国伊拉克、土耳其、约旦合作，通过这些国家将援助物资等运入由“叛乱团体”实际控制的领土。⑤ 虽然未明确表示征得非国家武装团体的同意，但这一举动能够表明两个信号：第一，非国际性武装冲突中人道主义援助有突破国家同意的可能性；第二，实际上非国家武装团体至少拥有对援助情况的控制权。

反对交战各方平等原则赋予非国家武装团体以同意权的主要驱动因素，是担忧这会改变非国家武装团体的法律地位，尤其在这一法律地位本身就没能达成共识的情况下。但是否可以考虑对该原则作出狭义解释？即在本问题中，并不要求影响法

---

① Marco Sassòli, “Taking Armed Groups Seriously: Ways to Improve their Compliance with International Humanitarian Law”, *Journal of International Humanitarian Legal Studies*, No. 1, 2010, p. 13.

② Jean-Marie Henckaerts and Louise Doswald-Beck, *Customary International Humanitarian Law*, Cambridge University Press, 2012, p. xxxvi.

③ Yves Sandoz et al., *Commentary on the Additional Protocols of 8 June 1977 to the Geneva Conventinos of 12 August 1949*, Martinus Nijhoff Publishers, 1987, p. 1345.

④ Report of the 32nd International Conference of the Red Cross and Red Crescent, “International Humanitarian Law and the Challenges of Contemporary Armed Conflict”, available at https://www.icrc.org/sites/default/files/document/file_list/32ic-report-on-ihl-and-challenges-of-armed-conflicts.pdf (last visited on 15 September 2024).

⑤ UN Security Council, Resolution 2165, S/RES/2165 (14 July 2014).

律能力上的平等（缔结条约或通过实践行为影响习惯国际法等），而是指拥有权利和履行义务的平等。《第二附加议定书》的适用范围确认了国际人道法与非国家武装团体之间存在直接关系，对国际人道法的适用不因武装冲突的性质而有所差异。结合共同第三条，似乎可以推断出在非国际性武装冲突中，无论是国家还是武装团体，被赋予的权利与义务是同等的。事实上，在非国际性武装冲突背景下兴起的一些研究，或是探讨依据该原则让非国家武装团体通过签署特别协定来促进其对国际人道法的遵守，或是通过此原则来寻求其承担违反国际人道法规定的责任。究其根本，都没能回答其法律地位的问题，而是意在说明交战各方平等原则下，国家和非国家武装团体享有同等的权利，承担同等的义务。

综上所述，《第二附加议定书》第十八条第二款推翻了非国家武装团体表达同意的权利，但依据对交战各方平等原则在非国际性武装冲突中的适用性的分析，非国家武装团体能够仅在法律权利的享有与义务的履行上与国家保持平等。目前学界对于非国家武装团体的法律地位存在巨大争议，这也是本问题无法达成共识的原因之一。

结论

本文在非国际性武装冲突的背景下试图解决三个具体的法律问题，即国家是否负有同意人道主义援助的一般性义务；人道主义援助是否需要征得非国家武装团体的同意；交战各方平等原则是否能够为援助需要非国家武装团体同意提供可能性。第一个问题的答案是否定的，但国家不可以任意拒绝援助。对于第二个问题，应当认为根据《第二附加议定书》第十八条第二款，援助不需要征得非国家武装团体同意，但对于未批准《第二附加议定书》的国家来说，通过对日内瓦四公约共同第三条与习惯国际人道法规则的解读，似乎答案没有那么绝对。而对于第三个问题，通过分析交战各方平等原则在非国际性武装冲突中的适用，可以认为非国家武装团体与国家在拥有权利和履行义务上是平等的。

The Issue of State Consent for Humanitarian Assistance in Non-International Armed Conflicts

Abstract: In recent years, the type of armed conflict has gradually shifted from international armed conflict to non-international armed conflict, and this has been compounded by the repeated refusal of belligerents to accept humanitarian assistance. States should not be considered to have a general obligation to consent to assistance, but they may not arbitrarily withhold their consent. According to Article 18 of *Additional Protocol II*, humanitarian assistance does not require the consent of non-state armed groups, but it seems less clear-cut for non-contracting states. At the same time, the equality of belligerents may open up the possibility of requiring the consent of non-state armed groups for humanitarian assistance.

Keywords: non-state armed groups; humanitarian assistance; equality of belligerents

实务与案例

中国红十字基金会的医疗救助与服务

谢 琼 高 睿①

摘要：经过30年的探索发展，中国红十字基金会逐渐形成了具有红十字特色的多元医疗救助与服务体系：项目设计以社会需求为导向，围绕疾病风险构建了主动筛查—及时资助—回访追踪的全过程链条；形成了包括经济救助、健康知识普及、患儿及家庭心理支持、医护赋能等多个项目的立体项目体系；项目筹资坚持专项彩票公益金和社会筹款双轨并行；动员多方相关主体深入参与服务提供；运用互联网思维和数字工具提高管理水平和项目效能；通过机构影响力建设进行广泛社会动员。中国红十字基金会的医疗救助实践对于其他慈善组织参与医疗救助具有较强的借鉴性：一是明确的组织使命有助于提供专业有效的医疗救助和服务；二是注重与法定医疗保障制度的衔接有助于更好地实现慈善医疗的目的；三是在发挥传统优势的同时充分利用现代慈善方式和技术，有助于提升组织服务能力；四是联动多方主体整合慈善资源有助于提升慈善医疗效能。

关键词：中国红十字基金会；医疗救助与服务；资源动员；资源整合

疾病是影响人们健康进而影响社会经济状况的主要风险。政府主导的医疗保障制度在一定程度上可化解疾病风险，减少人们生病的后顾之忧，但力有不逮亦为常态。包括慈善组织在内的各种社会组织积极动员社会资源，为有需求者提供专业、灵活、多样的医疗援助，已然成为法定医疗保障的重要补充力量。成立于1994年的中国红十字基金会（以下简称“中国红基会”）长期在应急救援、应急救护和人道

---

① 谢琼，北京师范大学社会学院教授；高睿，北京师范大学社会学院博士研究生。

救助领域开展工作，关注和保护易受损人群的生命与健康，目前已形成包括经济救助、健康知识普及、患儿及家庭心理支持、医护赋能等内容在内的医疗救助与服务体系，为慈善组织参与医疗救助发挥了率先垂范的作用。①

一、中国红基会及其医疗救助与服务项目的发展

中国红基会是中国红十字会总会发起并主管、经民政部登记注册的具有独立法人资格的全国性公募基金会，以“致力于保护人的生命与健康，改善人的生存与发展境况，促进世界和平与社会进步”为机构使命。2005 年 8 月，中国红基会推出了旨在帮助贫困农民和儿童增强抵御疾病风险能力的“红十字天使计划”，建立了我国第一个救助白血病儿童的专项基金——“小天使基金”和救助先天性心脏病儿童的“天使阳光基金”，并协助政府改善贫困乡村的医疗卫生条件，捐建农村博爱卫生院（站），培训农村医务人员，促进我国农村医疗卫生事业发展。2009 年开始，积累了一定社会影响力的“小天使基金”“天使阳光基金”项目先后获财政部“中央专项彩票公益金”支持。此外，中国红基会积极动员国内外社会资源，对家庭贫困的其他病种患者进行专项救助，包括但不限于唇腭裂、重症肌无力、下肢残疾、罕见病患者，重症母婴群体，烧伤疮疡患者和地中海贫血患儿等。为助力“一带一路”建设，中国红基会还于 2017 年设立丝路博爱基金，先后前往阿富汗、蒙古国等国家开展先天性心脏病（先心病）患儿救助行动。2019 年，中国红基会与中国红十字会总会、苏州大学联合创办了红十字国际学院，专门进行人道公益人才培养、红十字运动理论研究、红十字文化传播和学术交流等。从 2021 年始，中国红基会系统性地开展面向全体社会成员的生命与健康普及活动，包括在公共场所配置急救设备［如自动体外除颤器（AED）］、组织群众性急救知识技能培训、借助互联网和品牌活动加强生命健康教育等。

经过 30 年的探索发展，中国红基会在医疗救助、应急救护、基础医疗及健康促进领域积累了丰富的经验，救助群体不断增加，项目机制不断完善，服务效果不断提升，具有红十字特色的多元医疗救助与服务体系逐渐形成。从提供的服务内容来看，中国红基会的医疗救助和服务项目主要有四类：一是通过现金资助减轻困难家庭患儿经济负担的项目，如救助白血病患儿的“小天使基金”、救助先心病患儿的“天使阳光基金”、救助唇腭裂儿童的“嫣然天使基金”、资助重症母婴群体的“合生元母婴救助基金”、救助烧伤创疡患者的“徐荣祥再生生命公益基金”等专项基金。二是为患儿及其家庭提供心理抚慰和精神支持的项目，如关爱和勉励患儿及亲

---

① 本文中，无特别标注的数字和资料均来自中国红十字基金会和作者实际调研成果。

属的“英雄能量包”“英雄能量站”、帮助患儿家长掌握医疗和护理常识的《小天使医典》等项目。三是改善人道服务领域人力资源供给短板的项目，如提升西部儿科医师诊疗水平、增加儿科资源供给的“院士+博爱基金”，加强在职乡村医生培训的“乡村医生培训计划”，助力医务社工发展的“全国医务社工人才培养计划”，关心中青年肝癌介入医师技能提升、推动肝癌诊疗水平发展的“恒瑞介入关爱基金”等。四是增强社会成员生命保护意识和技能的项目，如普及应急救护知识技能的“红气球挑战赛”，广泛动员社会资源，开展应急救护设施建设、技能培训、知识普及和科研支持活动的“应急救护专项基金”等。从受助对象来看，经济救助和心理服务支持主要面向贫困重症人群（特别是儿童），健康知识普及面向全体社会成员，医护赋能则面向医务工作者，服务覆盖全国和“一带一路”国家。

截至 2023 年 12 月 31 日，中国红基会累计公益收入 123.2 亿元，累计公益支出 113.2 亿元。在医疗救助领域，累计救助白血病、先心病、地中海贫血、唇腭裂、肿瘤和罕见病等大病患儿超过 17.8 万人。其中，累计资助白血病患儿 67 342 人，拨付救助款 21.38 亿元，“小天使基金”是目前全国范围内救助体量最大的白血病患儿救助项目；累计资助先心病患儿 25 834 人次，资助金额超过 4.7 亿元；累计发放 3 966 个“英雄能量包”、15 600 册《小天使医典》，援建 15 所“英雄能量站”，并联合 500 多名社工和志愿者开展 650 场志愿服务活动，服务儿童及家长 4 万多人次；通过“罕见病关爱行动”累计救助超过 1.4 万名罕见病患者，培训罕见病医师超过 12.2 万名，患者教育及科普受益人次超过 11.9 万次；通过“红十字天使计划”援建 3 171 个红十字博爱卫生站、45 家“红十字博爱健康 e 站”、488 所“博爱校医室”，培训 10 600 余名校医和保健教师；通过“乡村医生培训计划”培训乡村医生 9 757 名，17 000 余名乡村医生参加线上培训课程，提高了近 50 万名基层医生对常见肿瘤及各类大病的规范诊疗能力；全国布设应急救护一体机及 AED 设备 3 800 余套，日均直接覆盖保障 150 余万人，开展应急救护培训覆盖超过 2 万人次。疫情防控期间，中国红基会累计募集款物总价值 19.78 亿元；已连续 4 次在全国性社会组织评估中获评“5A 级基金会”，连续 3 次获民政部授予的“全国先进社会组织”称号，“红十字天使计划”“嫣然天使基金”“小天使基金”“‘心拯救’一包药”等多个项目先后荣获中华慈善奖，多个项目受到业界认可与表彰，行业影响力日趋增强。

二、中国红基会医疗救助与服务的特点

中国红基会凸显红十字特色的医疗救助与服务体系具有以下特点。

（一）项目设计：基于社会需求建立全过程链条

中国红基会的医疗救助项目基于发现人道主义需求和推动社会问题的解决，尤

其是在21世纪初期我国医疗保障制度还很不完善，很多贫困家庭因白血病等大病陷于贫困的情境下，“红十字天使计划”“小天使基金”“天使阳光基金”等大病救助基金的设立大大减少了极端事件发生。随着政府医疗保障体系的逐步完善，中国红基会的医疗救助也逐渐转型升级，目前在项目设计上形成了根据相关疾病特征的“主动筛查—及时资助—回访追踪”的全过程链条。

首先对疾病高发人群进行主动筛查，以及时发现需求群体。例如，针对先心病患儿起病早、救助时效性要求高的特点，中国红基会发起“天使之旅——请你发现生命的希望”志愿服务活动，联合地方红十字会及医疗机构，组织志愿医疗队深入我国先心病高发地区开展先心病患儿筛查，主动发现救助需求，并对符合手术指征的患儿的手术治疗费在医保报销后的剩余费用，予以全额资助。这一活动使许多患儿及时确诊并尽早得到治疗，避免了患儿因错过最佳手术时机而失去生命。在筛查和救治过程中，中国红基会还通过多种渠道传播常见病、慢性病、先心病和罕见病等的疾病预防、科学就医、合理用药的健康知识，面向公众宣传科学、文明、健康的生活方式，以减少诱发疾病的可能性。

为降低患者的疾病风险并减轻治疗的经济负担，中国红基会在救助环节持续改革，探索更有效率的资助评审与资金拨付机制。一般情况下，中国红基会“中央专项彩票公益金大病儿童救助项目”每月会进行2次先心病救助评审并公开结果，对于亟待手术的患儿，项目人员会及时复电告知评审结论，当天即可手术。此外，中国红基会还设置了先心病专家评审试点，要求评审频次不少于1周1次，争取做到“随到随评”，以进一步提升评审效率。同时，中国红基会也设计了更有效的资金拨付机制，动员定点医院为白血病患儿建立“直通车”账户，即先接收救助资金，后提交医疗票据，实现“实时资助”，以解决新确诊、集中花费高的白血病患儿紧急用款的问题，鼓励医院为先心病患儿垫付手术费用。针对院外申请的白血病、先心病患儿，中国红基会采用资助款直拨个人账户的方式，从而缩短流程周期。

拨款后，项目人员会通过逐一电话回访、第三方抽样回访和线下回访等多种回访方式了解患者的康复情况、帮助患儿家长做好术后护理，同时了解其项目资助款的到账和使用情况、项目申请中遇到的困难和对项目执行工作的满意程度。

（二）项目体系：基于个性化需求的多元救助

为更好地满足贫困重症人群的多样化需求，中国红基会不断增加救助病种，丰富救助内容，设计多种项目，形成了一套多元救助的项目体系。

一方面，为减轻困难患者的就医经济负担和心理压力，中国红基会设立覆盖多病种的大病救助项目为困难群众提供经济救助，同时也设计了专门的服务项目回应患者及其家属在心理慰藉、康复照料等方面的需求。中国红基会于2005年创立“红十字天使计划”，经过不断发展，其所囊括的大病救助种类包括但不限于白血病、先天病、脑瘫、进行性肌营养不良、唇腭裂、目盲、听障、癌症、心脏病、城市亚健康等多个病种。如前所述，为救助白血病和先心病患儿，中国红基会最早设立了“小天使基金”和“天使阳光基金”，后来陆续设立了救助唇腭裂患儿的“嫣然天使基金”、救助困难家庭烧伤疮疡患者的“徐荣祥再生生命公益基金”、救助罕见病患者的“罕见病关爱行动”和“地中海贫血救助项目”等，通过提供医疗费用补助和药品援助等方式帮助困难家庭减轻就医经济负担。中国红基会后续又将救助从经济救助拓展到康复培训、心理疏导等内容，在多家医院建设“英雄能量站”，发放“英雄能量包”，通过社工和志愿者义工“双工联动”机制为全国各地治疗中的大病患儿提供更加温馨的就医环境及心理关怀。中国红基会还组织医疗专家编写了专门的《小天使医典》，从诊断、治疗、移植、护理、康复和公益救助6个维度为患儿家长提供专业的康复指导。

另一方面，为优化医疗服务的内容和质量，中国红基会开展了“乡村医生培训计划”、罕见病医师培训、校医培训等，旨在提高医务工作者的诊疗水平。同时，为推动我国医疗救助领域社会工作服务的发展，中国红基会开展“医路同行”等医院社工培训课程，启动“全国医务社工人才培养计划”，在全国多地开展医务社工能力培训，促进医务社工的职业发展及建设，并与《公益时报》联合举办“寻找最美医务社工”案例征集活动，挖掘榜样的力量以进一步推动医务社会工作发展。

（三）项目筹资：中央专项彩票公益金与社会筹款双轨并行

中国红基会在广泛动员社会筹资的基础上于2005年和2006年分别建立救助白血病患儿的“小天使基金”和救助先心病患儿的“天使阳光基金”。为缓解社会筹资不足以满足病患群体医疗需求的问题，中国红基会通过媒体传播和两会提案等政策倡导路径争取更多支持。白血病、先心病患儿救助于2009年和2011年先后获财政部中央专项彩票公益金支持。在后续执行阶段，中国红基会在严格遵守资助管理办法的基础上，主动丰富救助内容和方式，利用数字化工具打通救助申请“最后一公里”，提升救助效率，因成效显著，持续获得中央专项彩票公益金的支持。据统计，从“十一五”到“十四五”，中央专项彩票公益金对中国红基会的资助规模不断扩大。截至2023年底，中央专项彩票公益金及政府采购项目资金累计达到25.59亿元，累计8.9万名白血病、先心病患儿获得资助。稳定的项目资金使项目持续运行，中国红基会救助了更多大病患儿，也积累了良好的社会声誉。

凭借丰富的大病儿童救助经验，中国红基会发挥中央专项彩票公益金的“种子”资金作用，动员企业、公众等进行捐赠，撬动更多社会资源满足患者需求。以先心病救助为例，专项彩票公益金项目联合“天使明心基金”“孙立忠公益基金”“合生元母婴关爱基金”等专项基金，开展先心病患儿筛查、补助患儿家庭交通和手术医疗费用、培养西部区域基层医生先心病救治能力等活动，有效减轻了患者的就医负担。

2022 年，中国红基会受中国红十字会总会委托，牵头组织全国红十字系统举办“5·8 人道公益日”系列活动，助力地方红会增强互联网筹资能力。2023 年，中国红基会共发动全国 31 个省（自治区、直辖市）及新疆生产建设兵团超过 1 500 个县级以上红十字组织参与活动，累计动员 1 000 余万人次参与，获爱心捐赠 2.22 亿元。超 500 余万人次参与微信“一块走”捐步、蚂蚁庄园捐蛋、支付宝公益答题、收集易宝公益数字藏品等公益活动。活动全网曝光总量超过 20 亿次，微博阅读量超过 4.3 亿次，人道公益故事视频播放量超过 3 亿次，新闻媒体报道近 3 000 条。专项彩票公益金与社会筹款的双轨并行为中国红基会的医疗救助与服务奠定了基础。

（四）项目服务：多主体参与

为提高服务提供效率，中国红基会动员包括地方红会、定点医院、企业、志愿服务队伍等在内的多元社会主体参与项目执行。在中央专项彩票公益金“大病儿童救助项目”中，中国红基会动员各级红十字会负责审核患儿申请资料和医疗报销单据，协同中国红十字会总会和银行系统改进评审和拨款程序，联合定点医疗机构和企业开展人道救助，招募志愿者提供志愿服务。在罕见病救助过程中，认识到罕见病不只是医学问题，而需要全社会共同努力才能救治之后，中国红基会突破个案式人道救助，设计了涵括医师、患者、公众等在内的救助项目：通过培训提升医生的罕见病诊疗水平，通过公益筛查让患者尽早确诊，通过平台搭建让罕见病患者获得更多且更精准的救助信息，通过知识科普让患者和公众更加科学、客观地认识罕见病。

中国红基会的医疗救助与服务从患者需求出发，通过链条式项目设计、多元化项目体系、广泛的社会动员、专业的资源整合，助力满足大病患者及其家庭在诊疗过程中的实际需要，减轻就医负担，截至 2023 年 12 月 31 日，共资助大病患儿、患者超过 17.8 万名，白血病患儿救助年龄由 0～14 周岁扩大到 0～18 周岁。因服务效果显著，中央专项彩票公益金支持力度不断加大。

（五）项目管理：数字化转型

随着数字技术向社会生产和大众生活的各个层面渗透、覆盖，中国红基会将数字化转型升级成顶层设计并布局数字化战略，把打造“数字红基会”写入机构五年战略规划，配备专业力量并投入资金，试图将数字化理念和工具融入机构发展、资源动员和服务策略，寻找数字时代的发展机遇。一是布局可持续的数字化募捐战略。中国红基会创新设立数字资源部门，大力提升互联网募捐在整体募捐收入中的占比。同时，在巩固已有募捐规模之外，挖掘已有数字资产，大力发展“固捐”“月捐”等的长期捐赠人。二是将数字化转型融入项目设计与服务提供。以“应急救护一体机”项目为例，为充分合理调配AED设备与急救员，提高急救成功率，中国红基会除捐赠硬件层面的设备之外，还与腾讯公司共同打造应急救护公众服务系统“急救宝”，实现全国AED设备、急救志愿者基础信息的接入管理、可视化呈现，打通了应急救护设备与急救志愿者“两座孤岛”。三是应用数字技术提升项目透明度。中国红基会应用“在线捐赠平台”和“电子票据系统”使公众快速获得捐赠收据和证书；“捐赠查询平台”的公示信息确保捐赠人知晓捐赠收入和支出情况；“项目地图”使捐赠人可以追溯捐款使用流向和最终受益地区、受益人等；自媒体矩阵实时发布的信息可以让公众及时了解项目进展动态。

此外，受中国红十字会总会委托，中国红基会还基于互联网思维进行品牌传播，联合多个互联网募捐平台发起并设立“5·8人道公益日”，通过开展红十字人物故事传播、科普原创视频推广、互联网公益项目众筹等活动，传播“人道、博爱、奉献”的红十字精神。

（六）项目传播：组织影响力建设

为扩大影响力，实现更广泛的社会动员，中国红基会一直强调影响力建设，并通过品牌治理、品牌定位和品牌传播，巩固中国红基会从事人道救助的专业组织形象，扩大了公众对项目的认知度，促进了与公众的良好沟通和互动，为中国红基会项目的可持续发展奠定了更广泛的社会基础。

一是着手品牌治理。目前中国红基会形成了“以专人团队为基础、专业智库为支持、品牌战略为指引”的品牌治理格局。中国红基会成立后，先后组建“宣传部”“品牌传播部”，专门负责品牌建设和传播工作，并邀请媒体代表、行业专家组成品牌与传播咨询委员会，充分发挥其智库作用。此外，中国红基会还邀请第三方专业咨询机构进行品牌诊断和品牌定位，制定品牌战略和规划作为顶层设计，发挥指导作用。二是明确品牌定位。中国红基会基于循序渐进的原则明确了品牌的政治定位、数字技术定位和项目定位。具体来说，中国红基会始终把党的建设摆在首位，深入贯彻落实习近平总书记关于红十字事业的重要指示精神，坚守政治定位；坚持“顶层设计、科学规划、持续投入、全员参与”的“数字红基会”建设方针，明确机构的数字技术定位；坚持“需求导向”的项目定位，以“守护生命与健康”作为项目核心定位，建设品牌项目体系。三是重视品牌传播。中国红基会打造质量过硬的公益项目，不断创新项目设计和传播方式，与人道传播伙伴携手推动中国红基会项目的品牌传播。2022 年 10 月，受过红十字应急救护培训的三名大学生使用中国红基会“应急救护一体机”成功挽救同学的生命，他们教科书式的急救案例引起了社会广泛关注，并得到央视新闻、《人民日报》、新华社等众多媒体的报道，这不仅宣传了中国红基会“应急救护一体机”项目，还推动了社会进一步关注应急救护工作。

三、中国红基会参与医疗救助与服务的启示

中国红基会根据疾病特征、患者需求和时代要求所提供的医疗救助与服务效果较为显著，积累了许多经验，对其他慈善组织参与医疗救助具有参考和借鉴意义。

（一）明确并坚守组织使命与目标

服务专业化是慈善医疗的基本要求，也是医疗救助与服务效果的基本保证。作为中国红十字会总会的直属单位，中国红基会以“守护生命与健康”为宗旨开展各项活动。为确保精准锚定对象，中国红基会在选择服务对象时秉持国际红十字运动“仅根据需要，努力减轻人们的疾苦，优先救济困难最紧迫的人”的原则，将易受损群体的生命安全和身体健康放在首位。在服务中，中国红基会坚持“人民至上、生命至上”，从患者实际需求出发识别真问题，从项目可行性出发寻求问题解决方案，通过有效的组织管理确保项目落地，并不断提升服务专业性和服务对象精准性，持续优化项目服务内容，为其项目成效的优化和社会影响力奠定了基础。

为守护生命与健康，中国红基会根据不同情况设计并提供不同类型的医疗救助与服务。为减轻病患及照料者因疾病产生的经济和心理压力，中国红基会提供形式多样的经济援助与心理支持。在日常生活中，中国红基会设计知识科普等应急救护知识学习活动，提升社会公众的应急自救互救能力。

为提升人道服务能力，中国红基会根据时代变化，不断完善救助内容，提高救助服务水平。进入新时代，人民群众对美好生活的期待不局限于物质生活的改善，还包括医疗健康保障水平和精神生活丰富程度的提升。中国红基会在提供医疗费用补助、交通补助和药品援助的同时，也强调为患者及其家属提供心理支持以回应其在心理慰藉和康复照料等方面的需求，将救助内容拓展至康复培训、心理疏导等领域。中国红基会还重视数字化建设，通过“5·8 人道公益日”提升互联网资源动员能力，打造“天使计划”“博爱家园”等品牌项目，为动员人道资源打下坚实基础。

为将员工的个人发展与人道主义事业紧密结合，中国红基会制定了员工能力手册，以促进员工工作绩效与组织使命相连接。日常工作中，每名员工会不断对照机

构的“使命地图”调校自己的工作内容，确保在项目设计和执行中更加尊重生命，突出组织使命，明确工作的价值与目标。

（二）对法定医疗保障查漏补缺并促进政策完善

目前，虽然国家在逐步加大对重大疾病的关注度并提高保障水平，但是我国法定医疗保障体系的保障范围和水平仍然有限。慈善医疗作为医疗保障的有益补充，利用社会力量帮助困难患者解决医疗费用问题。中国红基会在项目设计中重视与法定医疗保障的衔接与互动。

一是关注国家医疗救助极易忽略的对象。在法定医疗保障体系尚未覆盖白血病患儿的阶段，白血病患儿家庭承受巨大的经济负担，曾出现极端事件。

为推动社会问题的解决，中国红基会基于现实人道需求，于2005年设立我国第一个救助贫困白血病患儿的专项基金——“小天使基金”，并通过多种方式进行政策倡导，积极推动相关政策完善，以减轻患儿家庭负担。中国红基会曾多次推动两会代表递交提案，推动中央专项彩票公益金支持贫困白血病患儿救助项目，并建立贫困重症患儿人道救助机制，引起相关政府部门对重大疾病患儿的关注。同时，中国红基会通过发布专业研究报告和举办论坛，让社会多方了解贫困大病患儿就医的现实困难，组织政府部门、社会组织和专家学者等就我国儿童大病医疗保障建设遇到的挑战及解决路径进行研究探讨，积极促进慈善医疗健康发展、建立医疗救助与慈善事业信息共享机制等。从2013年开始，中国红基会连续3年主办了儿童大病救助论坛，陆续发布《中国贫困白血病儿童生存状况调查报告》《中国儿童大病医疗保障与社会救助分析》《中国儿童大病救助与慈善组织参与现状报告》等。随着越来越多新增药品进入国家医保药品目录，白血病患儿看病报销比例不断上升，贫困白血病患儿负担明显减轻，中国红基会医疗服务的救助对象也不断调整，目前大多数为“贫困边缘人群”和部分“因病致贫”的患者，这部分群体因处在法定医疗救助边缘，对慈善组织的救助需求更加紧迫。2013年“红十字天使计划”的受益人分析数据显示，该计划所救助的人群中有52.9%的患儿家庭收入略高于贫困线，未纳入当地贫困救助范围。①

二是丰富救助内容，前置救助时间。一方面，医疗救助提供的救助标准存在病种限制和报销科目限制，而中国红基会会根据病人的实际病情调整疾病救助标准，并采取阶段补偿的模式进行资助。另一方面，中国红基会的医疗救助在物质性救助

① 张雪弢：《相关建议提案着眼推动制度化进程》，《公益时报》，2013年3月13日，http://www.gongyishibao.com/html/zhengcefagui/3235.html，2024年7月21日最后访问。

的基础上更重视多样化救助方式，比如，发放“英雄能量包”，为患儿提供心理抚慰和精神激励；建设“英雄能量站”，缓解家长和儿童的就医焦虑。此外，面对国家医疗救助程序的复杂性和拨款的滞后性与患儿医疗保障需求的急迫性相矛盾的现实，中国红基会通过与定点医院合作、鼓励医院垫付资金、建立“直通车”账户将资助款拨付到定点医院，由医院直接划拨，做到了在患儿进行医治时就能获得救助，及时减轻了患儿家庭提前垫付资金的经济负担。

三是重视医疗服务供给端的服务提供和质量提升。以儿童医疗服务为例，我国曾在儿科领域存在较大需求缺口和地域间不平衡情况。截至 2021 年，我国共有儿童医院 151 家（不包括妇幼保健院），占医院总数的 0. 41%；中国儿科医师数量为 20. 6 万人，占执业医师总数的 4. 8%。①

儿童医疗服务供给体系不健全、儿科医生大量流失等问题，直接影响了儿童获取医疗服务的可及性。中国红基会在项目设计中尤其关注“一老一小”等重点人道服务领域和医疗资源整体缺乏区域资源供给的短板。比如，培训西部儿科医师以增加儿科资源供给，对儿科专业优秀学生提供奖学金资助，鼓励青年医生从事儿科方面的学习和研究，等等。中国红基会还联合央视等新闻媒体开展“寻找最美乡村医生”活动，通过展现“索道医生”“竹篮医生”“马背医生”的生活境遇，引起政府、社会对乡村医生生活状况的关注。随着政策的不断完善，乡村医生的工作环境、经济收入、社会地位均有所提升。

四是积极与政府部门和行业组织进行信息和资源共享。中国红基会积极配合医保部门搭建信息平台，在行业枢纽型组织搭建的医疗救助信息平台上积极共享救助信息，及时为有需要的其他组织提供信息，也及时联系个案并为其提供帮助。事实证明，中国红基会与法定医疗保障相结合，查漏补缺，做政府“做不到、做不好和不能做”的，可以更好地形成合力，更好地利用社会资源救助更多患者。

（三）发挥人道救助优势

作为中国红十字系统的一员，中国红基会在工作中既继承红十字运动的传统，发扬红十字系统的组织优势，也不断地探索现代基金会的发展规律和趋势，利用互联网积极扩大品牌影响力。

一方面，中国红基会发挥各地红十字会与在地医疗机构间紧密合作的独特优势，

---

① 中华人民共和国国家卫生健康委员会官网：《关于政协十三届全国委员会第五次会议第 00217 号（医疗卫生类 020 号）提案答复的函》，2022 年 8 月 31 日，http://www. nhc. gov. cn/wjw/tia/202208/53868ee08a8f4d7ea 5922442f8a10be2.shtml，2024 年 7 月 21 日最后访问。

积极动员各地医疗机构提供人道服务。同时，凭借中国红十字组织广覆盖的优势，动员县级以上红十字会/基金会参与大病儿童救助项目的资料核查、申请等环节，动员乡镇、街道、城乡社区、学校、企事业单位等红十字基层组织广泛宣传急救、保健和疾病防治等健康知识学习活动。这种广覆盖的红十字组织特征使得中国红基会的救助和服务得以在全国各地深入开展。

另一方面，中国红基会积极发挥红十字运动的专业优势。红十字运动起源于战地救护，中国红基会在应急救护方面不仅具有天然的使命担当，还积累了丰富的专业经验。近年来，中国红基会打造了国内首个以应急救护为主题的团队式运动公益赛事——“红气球挑战赛”，致力于倡导“人人学急救，急救为人人”的公益理念，提升社会公众的应急自救互救能力。截至 2024 年 7 月，在全国范围内共开展 14 场“红气球挑战赛”，6 900 余名选手参赛，动员 2 100 余名志愿者提供服务，还在校园、商区、机场、地铁站等公共场所普及了“应急救护一体机”，开展了多样化应急救护知识普及与培训活动，并利用数字工具提高现场施救的应急响应效率和救护能力。

在发挥传统优势，不断完善医疗救助与服务内容、提升组织治理能力的同时，中国红基会通过数字化转型，充分利用互联网提升品牌韧性以扩大自身优势。一方面，通过机构与项目的全面数智化管理提升了社会需求回应速度和资源利用效率。在应急救护工作中，中国红基会设计的“应急救护一体机”可以通过信息传感器、红外感应器、全球定位系统等技术实现智慧物联，配合“红十字应急救护”微信小程序和“应急救护一体机”数字管理平台，可实现对联网 AED 设备的动态监控和智能管理，进一步增强社会应对突发事件和意外伤害事故的应急救援能力。在人道救助工作中，中国红基会开发大病患者救助数据系统，使原本需要逐级邮寄的患儿申请资料和医疗报销单据可以在线提交并审核，缩短了间隔时间，进一步优化了患儿资助流程。另一方面，中国红基会基于互联网思维的项目设计和品牌传播等吸引和“粘”住了更多资源：一是从服务对象的体验出发进行数字化升级，开放体验式公益项目场景，优化募捐人体验，增强参与者的互动性和情感链接。二是将存续 10 年以上的品牌项目陆续从信息化向数字化转型，为决策者做出判断提供客观的数据和趋势呈现。同时，利用互联网主动进行信息披露，实现项目全流程上链，将项目的筹款、执行、效果完整翔实地对外发布，便于捐赠者监督以增强信任。三是利用创新思维拓展资源动员方式。在“5·8 人道公益日”期间，中国红基会主动号召全国上千个红十字组织，将“三救三献”品牌项目在互联网平台上线，让“指尖公益”覆盖红十字品牌项目，优化资源动员结构。

（四）联动多方资源形成合力

慈善医疗是一个需要多方主体共同参与、发挥优势的事业，慈善组织在这一过程中负责搭建资源整合平台、联动多方。中国红基会在提供救助服务的过程中，重视资源链接和整合，通过横向和纵向链接多个社会主体，搭建了政府、社会和商业企业的资源交互平台，各主体功能互补、形成合力，形成了可持续的医疗服务提供体系。

一方面，中国红基会横向链接政府、医院、企业和公众等主体，在项目设计与执行中最大程度发挥各类主体优势。一是中国红基会积极争取中央专项彩票公益金的支持，使彩票公益金成为其医疗服务项目开展的稳定资金来源。中国红基会还连同其他政府部门，如医保、教育部门等，共同进行医疗救助和知识普及等活动。二是联合医院开展疾病筛查诊治和面向基层医生的知识培训，动员医院垫付手术资金，对病情紧急的贫困患儿“实时资助”。三是联动企业共同设计公益项目。例如，消化领域是武田（中国）投资有限公司的核心关注领域，为了促进中国炎症性肠病领域的发展和公众对疾病的认知，中国红基会联合武田（中国）投资有限公司开展炎症性肠病患者关爱项目，搭建了“常相伴：炎症性肠病（IBD）患者线上关爱中心”，开展疾病教育和疾病管理活动。四是链接社会公众资源。中国红基会通过项目设计和广泛宣传，积极动员公众参与，公众通过捐赠资金、志愿服务等途径参与医疗服务项目。例如，由陈竺等 13 位院士倡导并创设的“院士+博爱基金”，发挥院士的公益引领效应，吸引了更多人投身于医疗服务事业。

另一方面，中国红基会纵向链接地方红十字会，协同打造覆盖全国的工作机制。在实际工作中，地方红十字会是中国红基会开展医疗救助工作的合作伙伴。如中央专项彩票公益金项目中，中国红基会负责求助审核、组织资助评审、网上公示、核拨资助款、跟踪监督回访、项目评估及审计等工作；地方红十字会或红十字基金会承担患儿申请资料的审核、资助前患儿近况的核实、资助款拨付后患儿家庭回访等工作。这样的项目设计方便患儿就近咨询、求助、办理相关手续，减轻患者赴京求助在交通、食宿方面的经济负担，也便于地方红十字会对患儿家庭情况进行了解、核实和回访，保证项目的顺利实施。同时，为了更及时地发现人道需求，中国红基会组织志愿者前往基层开展大病患儿探访活动，以便在地进行疾病筛查和救助。

基于不同地区的现实情况，中国红基会注重采取差异化资源整合方式，形成了先心病救助的“青海模式”和“新疆模式”。在青海，由中国红基会协调青海省红十字会、省卫生健康委员会、教育厅和省域优质医疗资源，持续对全省 3 岁以上、18 岁以下先心病患儿进行“网格式”筛查和“兜底式”救助。而在新疆，则先通过各级红十字会全面摸底建档，再由中国红基会组织东部优质医疗专家跨省筛查、出省手术，并对医疗费兜底，逐步做到全区域覆盖。

四、总结与反思

综上所述，经过 30 年的实践与探索，中国红基会已经形成较为完善的具有红十字特色的医疗救助与服务体系，切实有效地帮助患者维护了生命健康，展现了慈善医疗作为医疗保障补充的作用与特点。但是目前，中国红基会在医疗救助与服务的提供中也面临一些困惑，主要包括以下三个方面。

第一，虽然中国红基会可利用的彩票公益金和社会捐赠资源呈现稳步上升态势，但有限供给仍然无法满足庞大的社会需求，其作为社会力量可解决的社会问题非常有限。一方面，慈善资源整体规模有限。目前，中国红基会每年资金支出的一半均用于医疗救助与服务，但相对于患者需求仍是杯水车薪。截至 2023 年 12 月 31 日，尚有 5 600 余名白血病、先心病患儿在排队等待救助。另一方面，专业人才短缺严重影响了慈善医疗项目的优化升级与可持续发展，“多资物、少服务”的救助方式仍不利于满足患者及家庭的多样需求。

第二，中国红基会具有的“红十字”和“基金会”的双重组织特点使其在实际工作中多受约束和质疑。中国红基会是中国红十字会总会发起并主管、经民政部登记注册的具有独立法人地位的全国性公募基金会，需要接受中国红十字会总会和民政部的双重管理，受《中华人民共和国红十字会法》和《中华人民共和国慈善法》的双重法律约束。作为中国红十字会总会的直属单位，中国红基会在享受红十字系统带来的优势和资源的同时，也会受到红十字系统的约束和影响，尤其是面对舆论质疑时，社会大众很少能分清楚红十字会与红十字基金会的区别。为避免舆论压力，中国红基会在筹款中，尤其是在互联网筹款中，往往采取谨慎和求稳的方法，这在一定程度上影响了资源动员效果。

第三，目前部分法律政策对慈善活动和行为的界定不清影响了包括中国红基会在内的慈善组织进一步履行补充医疗救助的功能。如对个人大病求助的认识和规范方面，目前就慈善组织是否可以为特定个人开展慈善募捐仍然存有争议。反对者指出，慈善组织为特定个人发起募捐活动违背了公益性原则；而支持者则认为，慈善组织的价值和意义正是在于对一个个陷入困境的个体展开救助。面对成千上万名患者的现实需求，坚守人道主义使命的中国红基会难以漠视，但在制度尚未定型的阶段，中国红基会在为特定个人的慈善募捐一事上也举棋不定。

从中国红基会的案例中可以看出，在慈善医疗与法定医疗保障的有序衔接过程中，资源动员和资源整合发挥着重要作用。慈善组织对慈善资源的动员属于“开源”，直接决定了慈善组织可利用多少资源来满足社会需求。在法定医疗保障力度有限，仍需要慈善医疗发挥作用的现阶段，一方面，国家应动员、鼓励慈善组织多参与生命健康领域的建设，如通过出台支持慈善医疗发展的专项政策，为慈善医疗创建相应的政策与社会环境，为解决慈善医疗发展中的问题提供依据；通过购买服务方式，支持社会组织、慈善机构开展大病患者慈善帮扶，扩大彩票公益金补助范围，对一些救助效果明显的项目给予资金支持等。另一方面，慈善组织在积极动员企业和社会公众之外，也应当积极参与政策倡导，推动救助相关问题进入政策议程，从而促进医疗保障制度进一步完善，在从根本上解决慈善医疗资源不足问题的同时，让患者的治疗得到制度保障。资源整合则意味着更加均衡高效地分配、使用与医疗相关的资源，需要慈善组织之间、政府部门横向和纵向之间及政、社、商跨主体之间建立救助信息共享机制等。① 但是，目前我国在以上两个方面的措施与机制还有待理顺与优化。红十字系统的基金会和红十字会可以发挥组织网络的优势，整合系统内外资源，进一步完善具有红十字特色的医疗救助与服务体系。一方面，发挥红十字系统的整体优势，建设系统内的资源库与信息库以共享救助资源和信息，突破区域和条线的信息壁垒，提升救助效率。另一方面，发挥各级红十字会和基金会的在地优势，横向联动在地政府部门、市场主体和社会力量，整合地方救助资源，探索适用于本地的慈善医疗救助模式。

Medical Assistance and Services of the Chinese Red Cross Foundation

Abstract: After three decades of exploration and development, the Chinese Red Cross Foundation (CRCF) has gradually formed a multifaceted medical assistance and service system with Red Cross characteristics. Firstly, in terms of project design, a whole-process chain of "proactive screening-timely funding-visit tracking" has been established based on the risk of illness. Secondly, a multifaceted relief project system is formed, including economic assistance, health knowledge popularization, psychological support for children and families, medical and nursing empowerment. Thirdly, in terms of project funding, the Lottery Public Welfare Fund and social fundraising have been implemented on parallel

① 王海漪：《慈善医疗的发展规律、现实困境与路径选择》，载于《学术研究》，2023 年第 10 期，第 101-107 页。

tracks. Fourthly, in terms of service provision, the CRCF has mobilized multiple parties to participate in-depth by giving full play to their existing strengths. Fifthly, it applies Internet thinking in project management and improves project effectiveness with the help of digital tools. Sixthly, it carries out extensive social mobilisation through brand influence building. The case of the CRCF has the following implications for other organizations' participation in charitable healthcare: firstly, to clarify the organization's mission and help provide professional and effective medical assistance and services; secondly, to focus on the interface with the statutory healthcare insurance system, and promote the improvement of the system through policy advocacy; thirdly, while giving full play to traditional advantages, to make full use of modern charitable methods and technologies to improve organizational ability and services; fourthly, to link multiple parties to form a synergy, integrate charitable resources, help enhance the effectiveness of charitable medical care.

Keywords: Chinese Red Cross Foundation; medical assistance and services; resource mobilization; resource integration

红十字生命教育的路径与机制研究

——基于浙江省红十字生命教育的实践探索①

刘秀丽　张孚传

摘要：本文聚焦浙江省红十字生命教育实施现状，分析了自 2017 年以来该省在这一领域的探索与实践，包括制定相关政策、探索基本模式、建设教育体验馆等，以及当前该省红十字生命教育存在的不足，如仍面临主体意识不够强劲、工作机制不够完善、触达群众不够到位等问题。针对这些问题，本文借鉴“知—信—行”理论，提出构建红十字生命教育的原则，设计涵盖深化理论研究、研发高质量课程、开发针对性读本、培养高水平师资、拓展教育阵地等多维度路径，同时提出构建多方联动机制。通过这些举措促进红十字生命教育更加深入人心，提升社会公众生命意识，守护人民生命健康，助力社会主义精神文明建设和健康中国建设。

关键词：红十字；生命教育；路径；机制

党的二十大报告指出，要“推进健康中国建设”，“把保障人民健康放在优先发展的战略位置”。健康中国建设的深入推进，需要全民参与，需要公众深刻认识并领悟生命价值，做到知行合一，主动维护自身健康。在此背景下，社会各界都非常重视生命教育，旨在通过开展生命教育，引导公众“尊重生命，健康生活，心灵和谐”，形成积极的生命价值观。红十字运动以弘扬人道、博爱、奉献精神，保护人

① 刘秀丽，宁波卫生职业技术学院党委书记、副研究员；张孚传，浙江省红十字会党组成员、秘书长，红十字国际学院客座研究员。本文系 2024 年度浙江省哲学社会科学规划部门合作专项研究课题《红十字生命教育教学资源开发研究》（24BMHZ070YB）的部分研究成果，课题组成员包括胡苏珍、王丽、应宇辰、黄小灵、范海萍、周昀、况炜、黄金银、曾斌等。

的生命和健康，维护人的尊严为宗旨，红十字会各项工作无不渗透着“生命至上”理念。由此可见，红十字会是生命教育不可或缺的组织者和实践者，红十字生命教育是生命教育必不可少的组成部分。

红十字生命教育不仅传授急救知识与技能，更弘扬尊重生命、奉献社会的价值观。它在提升公众应急响应能力的同时，倡导新型生命文化观，鼓励遗体和器官捐献，促进社会文明进步。此外，通过培养志愿服务精神，增强了人与人之间的互助意识，构建了更加和谐的社会关系，为社会稳定和发展提供了精神支撑。因此，红十字生命教育对于增强公众的生命保护能力和促进社会和谐具有重要意义。

一、红十字生命教育的内涵、发展与启示

（一）红十字生命教育的内涵

生命教育是引导社会公众关注生命、了解生命、认识生命的教育，是阐释生命现象、生命过程和生命本质的教育，是探索生命与自我、生命与他人、生命与社会、生命与世界之间的关系的教育，是为了生命更加美好、更加幸福和更加可持续发展的教育。

国内目前对“红十字生命教育”尚无统一的定义。笔者结合理论研究和实践感悟，对红十字生命教育作出了如下界定：红十字生命教育是指运用红十字运动历史、文化、精神理念、使命宗旨及红十字会“三救三献”核心业务所蕴含的丰富生命元素，引导社会公众正确认识生命的过程和意义，帮助人们更好地掌握生命保护的知识与技能，在尊重生命、珍爱生命、保护生命中构建生命总体观，具有鲜明红十字辨识度的教育活动。

（二）红十字生命教育的发展

1. 国内外生命教育

西方发达国家的生命教育起步较早，美国人华特士提出“生命成熟”的思想，并于 1968 年创造了生命教育实践的最初范本——“阿南达学校”，因此学界普遍将他视为生命教育的创始者。① 从 20 世纪 20 年代发起的死亡教育开始，西方许多发达国家已经形成完整的生命教育理论体系与实践模式。美国的生命教育主要包含直面生命的死亡教育、珍惜生命的品格教育、和谐身心的健康教育、增强承受力的挫折教育和尊重生命的个性化教育，主要以课堂教学为渠道，通过学科渗透辅以社会

① 苏嘉睿：《习近平健康观视域下的高校生命教育研究》，杭州：浙江大学，2021 年.

实践的方式来实施，同时非常注重学生的亲身体验。① 澳大利亚通过成立生命教育中心，协同教师和家长，围绕“身体健康、社会和情感健康及安全”等领域提供量身定制的、综合性且具有高度互动性的生命教育系列课程。② 英国构建了主辅结合的生命教育课程体系，即以促进学生灵性、道德、社会与文化发展为主轴，以增进个人身心健全、人际关系和民主社会之角色扮演的个人、社会和健康教育为辅的课程体系，同时通过建立生命教育资源中心网，为学生、家长、教师提供生命问题交流和资源共享的平台。③ 日本通过建立家长教师协会，协调学校、社区和家庭，构建“家、校、社”三位一体的教育联动模式。

不同地区的生命教育发展稍有差异且各具特色。台湾地区的生命教育可以追溯到 1996 年，台中市晓明女中提出生命教育的基本理念，并率先开始实施生命教育，经过几十年的发展，生命教育正式被纳入台湾地区小学至大学 16 年的学校教育体系④。香港地区的生命教育则起始于 20 世纪 90 年代末期，最早由宗教团体发起并开展，后通过政府层面借助行政力量逐步推动实施，具体包括香港地区教育统筹局从理念架构、内容安排及推行策略等层面对生命教育进行统筹规划，教育署课程发展处为生命教育的基础建设制定政策，召开学科科研会议，具体部署生命教育工作⑤。不论是香港还是台湾地区，宗教团体、社会福利团体和民间组织在推动和开展生命教育的过程中都发挥了积极、重要的作用。国内的生命教育则充分借鉴各国和港台地区的经验，多层次、多维度地逐步推进。哲学、教育和医学界是早期推动生命教育实践的主要力量，主要通过开设相关课程、编写相关书籍等方式展开工作。随着生命教育工作的不断推动，各级政府陆续出台相关政策，生命教育正式上升为国家教育发展战略。

2. 国内外红十字生命教育

国外红十字会（红新月会）虽未明确提出“红十字生命教育”这一概念，但其在履行红十字职责过程中，始终坚持“保护人的生命和健康，维护人的尊严”的宗

---

① 张鸿燕：《美国开展生命教育的做法及启示》，载于《北京教育（德育）》，2011 年第 6 期，第 78-80 页。

② 方晓湘、段雨薇、盛曈：《澳大利亚青少年生命安全与健康教育的经验与启示》，载于《中国德育》，2022 年第 6 期，第 37-42、50 页。

③ 李曦、黄鸿鑫：《英国、美国、日本的生命教育实践及其启示》，载于《教育探索》，2014 年第 7 期，第 146-148 页。

④ 鞠法胜、石耀月：《台湾地区生命教育探析对大陆生命教育启示》，载于《湖北函授大学学报》，2018 年第 4 期，第 111-113、116 页。

⑤ 李焱林：《香港生命教育的推行》，载于《江西教育》，2013 年第 4 期，第 81-82 页。

旨，践行红十字生命教育理念。借助广大红十字志愿者的力量善待生命，减轻痛苦；引导做善事，使善心有所寄托；开展丰富的线上线下培训和卓有成效的工作实践，使善行更加规范、丰富；开设红十字商店，使善物高效流转，物尽其用。

中国红十字会恪守“保护人的生命和健康，维护人的尊严，发扬人道主义精神，促进和平进步事业”的宗旨，弘扬“人道、博爱、奉献”的红十字精神，蕴含着对生命的高度尊重和保护，以及对易受损群体的深切关心和由衷爱护。因此，红十字文化本身就蕴含了对生命的尊重和敬畏，这也促使各级红十字会在履行职责的过程中，必然会融入生命教育元素，践行生命教育理念。为进一步发挥红十字会在健康中国建设中的作用，更好地展现红十字组织的使命职责与社会担当，中国红十字会提出应在红十字工作中进一步突出生命教育，彰显“三救三献”工作的生命教育功能。为此，中国红十字会总会在2023年出台《红十字生命教育工作方案》，部署开展红十字生命教育活动；2024年出台《关于加强红十字生命教育工作的意见》，提出“救在身边+生命教育”“防灾减灾+生命教育”“爱心相髓+生命教育”“生命接力+生命教育”“养老服务+生命教育”“人道救助+生命教育”六大行动。各级红十字会围绕中国红十字会总会的上述方案和意见，陆续出台地方性红十字生命教育工作实施方案，积极推进红十字生命教育。各级红十字会围绕六大行动积极探索，涌现出一些深受群众欢迎的好方法，主要包括组织专题培训、发布公益广告、编写读本手册、举办缅怀纪念活动、开展特色志愿服务等；依托红十字生命教育场馆、博爱家园等红十字阵地开展各类活动，推动红十字生命教育进校园、进社区、进家庭；借助“5·8世界红十字日”“世界急救日”“世界骨髓捐献者日”等重要时间节点，依托线上线下平台，开展形式多样的红十字生命教育主题宣传活动。

（三）红十字生命教育的启示

1. 构建“政-校-社-家”生命教育协同机制

政府牵头开展生命教育顶层设计并借助行政力量推动生命教育实践，这是生命教育得以在全社会有效实施的重要支撑。发挥各类社会组织的积极作用，通过开展学术研究、交流研讨，组织学生夏令营，开展公益宣传活动等形式，促进和推动生命教育工作。有效链接学校、家庭和社区三方，构建“学校、家庭、社区”三位一体的教育联动模式，有利于高效开展中小学生命教育。

2. 搭建多元生命教育资源共享平台

统筹相关部门、学校、社会团体等共同建设生命教育资源共享平台，为学生、家长提供相应的生命教育学习课程，为教师提供丰富的教学素材，为不同群体间搭建交流平台。依托平台，放大生命教育资源的触达面和影响力，为生命教育进一步深入发展有效赋能。

3. 注重互动体验有效达成

生命教育工作应当注重深化、内化、转化，而此“三化”的实现必须依靠受众在接受生命教育过程中形成的认知度、认可度和向往度。能否高明地创设情境，能否以体验交互的方式让受众身临其境，是决定公众“三化”水平的关键。

二、浙江省开展红十字生命教育的现状分析

（一）浙江省开展红十字生命教育的初步成效

2017 年以来，浙江省红十字会率先在全国探索开展红十字生命教育工作，取得初步成效。

1. 制定出台红十字生命教育工作相关政策法规

2022 年，浙江省委、省政府出台《关于促进新时代红十字事业高质量发展的意见》，把组织开展红十字生命教育工作作为重要内容，做出制度性安排。随后，《浙江省红十字生命教育工作方案》《关于进一步加强红十字生命教育工作的意见》先后出台，系统推进红十字生命教育工作。2024 年 3 月，《浙江省红十字会条例》正式施行，明确将开展红十字生命教育作为全省红十字会的法定职责，并对推动和保障红十字生命教育的实施作出规定。为推动政策有效落地，浙江省红十字会通过印发设区市红十字会年度重点工作评估细则，把开展红十字生命教育工作的情况列为年度工作评估的重要内容，推进各地红十字生命教育工作的积极开展；推动在浙江高中地方教材《自然・科学》中编选造血干细胞捐献和器官捐献的知识与案例，拓宽红十字生命教育的渠道。

2. 创设落实红十字生命教育工作的有效载体

浙江省精心创设载体，以具体项目为抓手，通过深入推动“救在身边”八大专项行动，大力开展“防溺水”教育，创设培育“守护爱・守护生命”志愿服务项目等，推进红十字生命教育工作的实施。以应急救护工作为例，2021 年，浙江省印发《关于高水平推进应急救护工作的实施意见》，提出“校园守护”“交通救护伴行”“机关先行”“志愿同行”“安老护老”“救援先锋”“助力企业安全生产”“亚运同行（后深化拓展为‘护航赛事’）”八大专项行动，通过成立应急救护工作专家指导委员会，出台师资管理办法，开展名师教学示范活动等强化师资队伍建设；通过开展省级督导，实施“教考分离”改革，深化应急救护数字化建设等措施推进质量管理。2021—2023 年，全省共计约 1 685. 9 万人接受了应急救护普及培训，约 187. 6 万人接受了应急救护取证培训，涌现出救护师、救护员成功施救事例共 252 例，多名施救者的事迹被中央媒体刊发报道。“人人学急救，人人会施救”的社会氛围正

逐步形成。

3. 组建红十字生命教育专业化人才队伍

浙江省从专家、师资、讲解员等不同人群入手，组建红十字生命教育的人才队伍：成立浙江省红十字生命教育专家委员会，为相关重要政策出台、重大活动策划、重要课题研究等提供决策咨询，开展相关教育教学研究、读本编写等活动；组建红十字生命教育骨干师资队伍，通过集中研讨、试讲、慕课等活动，开发相关教学资源，探索红十字生命教育师资队伍建设和能力提升路径；强化各类红十字生命教育工作队伍建设，通过举办培训班和开展生命教育讲解员比赛等活动，提升红十字生命教育场馆讲解员、应急救护培训师资、器官捐献协调员、红十字救援队员等人员的能力和素质。

4. 建成涵盖线上线下的红十字生命教育工作阵地

浙江省统一制定建设标准和规划，以彩票公益金、财政资金等撬动社会资金支持投入，截至 2024 年底，建成红十字生命教育体验馆 106 个，累计接待群众参观近 350 万人次；建成“生命礼赞”“生命礼敬”等生命文化主题公园、缅怀纪念场所 44 处；建成应急救护培训基地、救护站等 1 658 个，扩大了红十字生命教育的社会覆盖面；开设生命教育“云课堂”，在“学习强国”“浙江机关党建”等平台上线应急救护专题课程，通过直播平台、“来浙学急救”手机应用等多渠道全面普及应急救护知识和技能；探索建设“红十字生命教育在线”平台，平台集“课程体系、展馆设备、应用程序、用户终端”四位一体，实现生命教育在信息采集、数据归集、场景学习、积分兑换等方面的智能交互，用数智技术推进红十字生命教育工作。

5. 开展多渠道、多样化的红十字生命教育宣传

浙江省结合世界红十字日、世界骨髓捐献者日等重要节点，组织开展“5 · 8 红十字博爱周”生命关爱主题宣传、“生命之约 · 大爱传递”人体器官捐献宣传季等专项宣传活动。通过红十字生命教育体验馆开展线下体验式生命教育宣传，通过联合“美丽浙江”“钱江频道”等平台，开设“夏日安全季”系列直播课程，构建“线下+线上”一体化宣传渠道。强化与新闻媒体合作，做精做强微信公众号、视频号，抖音号等自媒体平台，持续宣传报道各地红十字生命教育动态和典型故事，取得良好的传播效果。2024 年，微信视频号推出的“婴儿气道异物梗阻急救方法”“心肺复苏为什么能救命”等科普视频的传播量分别达 1 600 万和 600 万；“宁波 15 岁初中生紧急施救心搏骤停高中生”的案例全网传播量超过 10 亿；“47 岁女教师捐献遗体”的信息登上微博热搜第一，阅读量达 1.1 亿次。

浙江省各级红十字会紧扣红十字运动的宗旨和主线，逐步探索并形成了以推动

红十字生命教育阵地建设为基础，以实施“红十字生命关爱”系列工程为抓手，以打造“救在身边”文明实践品牌为目标的红十字生命教育工作基本模式。

（二）当前浙江省红十字生命教育工作存在的问题

1. 主体意识不够强劲

一是对红十字生命教育的内涵和外延的认识还不清。不少红十字工作者缺少生命教育的总体观，对什么是红十字生命教育、如何开展红十字生命教育还缺乏深入思考。二是对红十字历史文化和核心业务所蕴含的生命教育元素的主动发掘和深入梳理还不够。不少地方不会用“生命”这个关键词来解锁红十字历史文化和核心业务，没有学会用生命故事来阐述，用生命理念来统领。三是主动开展红十字生命教育的意识还不够强。一些红十字生命教育体验馆的解说员在讲解时，不少红十字会工作人员在介绍“三救三献”主责主业时，没有贯穿生命教育的理念，还停留在“是什么就说什么”的粗浅层次。

2. 工作机制不够完善

一是缺少必要的配套政策和资金保障。各地对建设红十字生命教育体验场所、开展红十字生命教育工作普遍缺少专项的政策和资金支持，导致红十字生命教育工作难以更好地推开。二是缺乏理论研究指引。红十字生命教育的理论研究尚处于萌芽状态，尚未形成比较成熟的理论，因此对实践工作的理论观照和理论指引还远远不够，导致实践工作中往往出现职责边界不清、存在模糊地带的问题。三是缺少有效的工作机制支撑。红十字生命教育的命题被提出以后，其作为一项开放性社会工程的相应工作机制并未建立，还局限于并停留在红十字系统内部，导致社会辐射面和黏合度不够。

3. 触达群众不够到位

一是阵地的覆盖面和作用发挥不够。一方面，红十字生命教育阵地的区域分布不平衡，覆盖面不够广，受众面较窄；另一方面，许多已建成的阵地还未实现常态化开放，远不能满足群众需求。二是师资队伍匮乏。红十字生命教育作为各级红十字会的工作新业态，尚处于起步阶段，缺乏红十字文化素养、生命教育意识和教育教学能力三者兼备的师资和人才，亟需加大优秀师资培养力度，真正把红十字生命教育讲到群众的心坎里。三是有效课程载体不足。红十字生命教育的课程体系尚未形成，有待进一步梳理和完善；工作载体还不够丰富，有待进一步创新和深化，总体上缺少能够有效触达群众的生动课程和丰富载体。

三、红十字生命教育实施的理论基础

“知—信—行”理论是关于行为改变的经典模型。该理论认为，人类行为的改变包含获取知识、转变态度和形成行为三大要素，知识是行为改变的基础，信念和态度是行为改变的动力。

（一）“知—信—行”理论概况

1.“知—信—行”理论的应用领域

该理论多应用于健康教育领域。它指导健康教育工作者从传授健康知识入手，帮助服务对象形成正确的健康信念，从而主动采取积极的预防措施，达到维护健康的目的。

2.“知—信—行”理论适配红十字生命教育的逻辑

红十字生命教育是让受教育者获得生命总体观及生命保护相关知识和技能，引导其理解生命的意义，学会尊重生命、积极生存、健康生活、独立发展，进而实现自我生命的最大价值。红十字生命教育与健康教育存在共通之处，都以提升相关知识和技能水平为起点，以产生有利于生命存有、健康维持和生命发展的行为为最终目标。

（二）“知—信—行”理论的应用

“知—信—行”理论的应用主要体现在以下三个方面。

1. 知识

将红十字历史、文化、精神理念、使命宗旨及红十字会“三救三献”主责主业所蕴含的丰富生命元素，有机融入红十字会各项工作中，向受众传递生命发展、生命存续、生命消亡相关知识，以及生命保护相关技能，为态度的改变奠定基础。

2. 态度

通过强体验、树典型、抓宣传等手段，帮助受众强化、内化知识，进而深刻感悟生命的价值和意义，树立敬畏生命、珍爱生命的积极生命观。

3. 行为

将学习成效转化为具体实践，主动采取维护健康、保护生命的行为，积极、自愿帮助他人、服务社会，进而让生命更加美好、更加幸福、更加长久。

（三）“知—信—行”理论框架下红十字生命教育的行动框架

在红十字生命教育的实践中，“知—信—行”理论提供了一个有效的路径，即通过知识获取、态度转变和行为实施三个阶段，逐步引导受教育者实现从认知到行动的转变。

首先，在知识获取阶段，红十字生命教育的目标是让受教育者掌握必要的生命科学知识，红十字运动的基本理念、历史背景及相关的急救技能。为此，采用专题讲座、实践操作和在线课程等多种方式，确保受教育者不仅了解生命科学的基础知识，还熟悉红十字运动的历史和文化，并能掌握基本的急救技术，如心肺复苏术、止血包扎等，为后续的态度转变打下坚实的知识基础。

然后，进入态度转变阶段，重点在于激发受教育者对生命价值的深刻认识，培养他们尊重和珍视生命的态度。此阶段可以通过生命故事分享、情景模拟和心理辅导等形式，让受教育者通过聆听他人经历、参与特定情境下的角色扮演及接受专业的心理咨询，加深对生命价值的理解，形成正面的生活态度。这些活动不仅有助于个人情感的共鸣，还能促进内心深处的转变，形成对生命更加积极的看法，为最终的行为转化提供动力。

最后，在行为实施阶段，目标是促使受教育者将所学知识和态度转化为实际行动，积极参与生命救援和社会服务。这包括参与社区服务、在突发事件中迅速采取有效措施救助他人，以及成为生命教育的倡导者，传播正能量。通过设立具体的实践项目，与当地机构合作开展活动及定期评估参与者的进步情况并给予正面激励，可以有效地推动受教育者将理论知识和正面态度转化为实际的社会贡献，不仅提升个人的生命安全意识、自救互救能力和精神境界，也促进社会的整体健康发展和文明进步。

四、红十字生命教育实施路径与机制构建

在深入分析浙江省红十字生命教育现状的基础上，借鉴“知—信—行”理论，提出构建红十字生命教育的框架，旨在通过系统的知识获取、态度转变和行为实施，实现红十字生命教育提升公众生命保护意识和技能、促进社会的和谐与稳定的目标。

（一）红十字生命教育的实施原则

红十字生命教育的实施原则能够为保障红十字生命教育的最大效果指明方向、提供方法。这些原则确保教育内容的精准性、多样性和高质量，同时促进各方的协同合作，从而有效提升公众的健康与安全意识，增进社会的整体福祉。因此，基于浙江省红十字生命教育的现实基础，构建优化路径与机制设计的基本原则如下。

1. 坚持分层分类，提升高精准度

根据受教育者的年龄、职业、生活环境等不同特征，设计针对性强的教育内容和方法，确保信息传递的准确性和有效性。针对不同年龄段的学生，制订适合其认知水平的教学计划；针对职场人士，提供实用的急救技能和心理健康指导。

2. 坚持细化多元，凸显高辨识度

系统、深入挖掘具有浙江省红十字特色的“三救三献”生命教育元素，将其中的关键点、闪光点借助丰富的教育形式和手段予以展现，采用案例教学、实践操作、在线学习等多种方式，使红十字生命教育的内容更加生动具体。通过真实的案例分

析，让受教育者感受到生命教育的实际意义。同时，开发适合不同学习风格的教学资源，如图文并茂的手册、视频教程等，以满足多样化的学习需求。

3. 坚持联动统筹，强化实施效果

进一步加强政府、学校、社区、企业等多方合作，形成共同推动红十字生命教育实施的合力，确保教育目标的实现。建立跨部门协调机制，定期召开联席会议，交流经验，共商对策，解决问题。鼓励社会各界积极参与，提供志愿者服务和技术支持，形成全社会共同参与的良好氛围。此外，通过政策引导和资金支持，确保各项活动顺利开展。

4. 坚持资源高质，打造高精品度

严格精选红十字生命教育材料，邀请专业讲师，利用先进技术和平台，不断提升教育内容的质量，打造高质量的红十字生命教育资源库。与国内外知名机构合作，引进先进的教育理念和方法，确保教育内容的科学性和前沿性。同时，加强对教育效果的评估，及时调整和完善教学方案，确保每次教育活动都能行之有效。通过建立专业的师资队伍，提供系统的培训和考核，保证教学质量的持续提升。

（二）红十字生命教育的实施路径

红十字生命教育实施路径的设计，作为实现其教育目标的关键环节，不仅需要科学合理地规划，还需具备理论深度与实践广度，以确保教育活动的系统性、连贯性和实效性。

1. 理论研究探路：构建红十字生命教育理论框架

在理论层面，建议与行业组织、学术机构及高等院校合作，共同建立红十字生命教育研究中心，致力于深化红十字生命教育的基础理论研究。该中心将通过发布年度专项研究课题、定期召开专题研讨会及组建跨学科专家团队等方式，深入探讨红十字生命教育的核心概念、理论基础、实施策略及其社会影响。此外，研究还将聚焦厘清红十字生命教育的内涵与外延，明确工作主体、主要对象、重点内容及其实现路径，切实解决“谁来讲”“讲什么”“怎么讲”的问题。此过程不仅是对现有理论体系的补充和完善，也为后续实践活动提供坚实的理论支撑。

2. 课程研发引路：构建系统化的教学体系

按照中国红十字会总会部署要求，应围绕制订教学大纲、明确教学内容、开发精品课程等方面，系统地研发红十字生命教育课程。首先，需根据不同年龄段群体（如老年人、成年人、青少年、儿童）的学习特点和需求，定制化设计教学内容；其次，发挥专家组和骨干师资的作用，精心打造一批高质量的红十字生命教育精品课，并通过网络平台及各类红十字工作阵地广泛推广，以此提升课程的社会影响力和参与度。课程开发过程中还应注意融入现代教育技术，如虚拟现实（VR）、增强现实（AR）等，为学习者提供沉浸式的学习体验。

3. 开发读本铺路：打造多元化的教育资源

为了更好地服务不同受众群体，有必要开发一系列针对性、可读性强的高质量读物。这些读物不仅要聚焦于读者的关注点和需求点，还要巧妙地融入红十字元素，展示红十字工作的关键点和亮点。例如，针对青少年群体的读本可以采用图文并茂的形式，甚至推出漫画或绘本版本，使知识传递更加生动有趣；而针对成年人，则可以考虑开发数字化读本，整合音频、视频等多种媒体资源，增强阅读的互动性和趣味性。此举不仅有助于扩大红十字生命教育的覆盖面，也能有效加强受众对相关知识的理解和记忆效果。

4. 培养师资开路：建设高水平的专业队伍

师资队伍建设是红十字生命教育质量的重要保障。为此，应当多渠道选拔优秀人才加入红十字生命教育讲师行列，包括但不限于红十字生命教育体验馆讲解员、应急救护培训师、应急救援队骨干队员，以及来自教育界、医疗界的资深专业人士。同时，探索建立一套完善的红十字生命教育师资管理机制，在资格认定、持续教育、绩效评估等方面作出明确规定。通过组织定期的教学研讨、观摩培训、案例分享等活动，不断提升教师的专业素养和服务水平，最终形成一支擅传播、懂生命教育、会讲红十字故事的高素质专业队伍。

5. 拓展阵地筑路：优化资源与服务配置

在阵地建设方面，应积极推进红十字生命教育体验馆（站）、“生命礼赞”场所、红十字应急救护培训基地（站、点）、“三献”工作室等特色教育场地的建设和优化。一方面，要改善现有阵地的运营管理，鼓励其常态化开放，利用人工智能（AI）、虚拟仿真等先进技术丰富参观者的体验；另一方面，推动阵地向基层延伸，鼓励地方政府和社会力量加大对红十字生命教育基础设施的投资力度，确保更多民众能够受益于此项公益事业。此外，还应注重品牌建设和宣传推广，遴选并建设一批示范性教育阵地，分享成功经验和创新模式，引领全国红十字生命教育阵地建设的质量提升和发展方向。

通过理论研究奠定基础，课程研发提供内容支撑，读本开发丰富教育资源，师资培养提升教学质量，阵地拓展扩大教育覆盖面，最终实现红十字生命教育的全面发展，促进公众健康与安全意识的普遍加强。

（三）红十字生命教育的机制设计

红十字生命教育的机制设计，作为确保其教育活动有效实施及长期发展的关键桥梁，旨在通过精心规划与系统整合，形成政府、学校、企业、社区等多元主体间的联动机制，从而汇聚强大合力，实现教育覆盖面的广泛性与受益群体的最大化。

1. 构建家庭教育融入机制，深化家庭与学校的互动合作

为强化家庭教育在红十字生命教育中的作用，建议全省各学校红十字会将《大医》等红十字书籍、《亨利·杜南：十字上的红》等红十字影片、《红十字之歌》等红十字音乐视频送进千家万户，使蕴含红十字元素的生命教育能够浸润每一个学生的家庭。鉴于家长对孩子的行为习惯、思想品德、兴趣爱好及性格特征的深入了解，应引导他们将生命教育自然地融入日常生活的各个方面。例如，可以通过与孩子一起进行影片赏析、亲子阅读、沟通互动等方式，开展涵盖安全教育、挫折教育、死亡教育及生态教育的红十字生命教育。此举不仅有助于增强家庭成员之间的感情交流，还能让孩子在温馨的家庭环境中潜移默化地接受宝贵的生命价值观熏陶。

2. 构建学校教育融合机制，推动生命至上理念深入人心

在学校层面，积极争取教育部门的支持至关重要。一方面，鼓励编写红十字生命教育校本课程及相关读本，继续推动"三献"知识进入教材，"三献"宣传普及走进课堂；另一方面，大力推进"救在身边·校园守护"专项行动，加强防溺水宣传教育和心理健康教育。此外，策划并开展以生命关爱为主题的志愿服务活动、夏（冬）令营活动等，改进推广"青春善言行"同伴教育活动，广泛开设"探索人道法"项目课程，组织国际人道法辩论赛等活动。这些举措不仅能丰富学生的课外生活，更能培养他们对生命的尊重意识和社会责任感，促进青少年健康成长。

3. 构建社会教育协同机制，扩大社会影响力和服务覆盖面

为了更好地发挥社会各界的力量，需联合相关部门、企事业单位和新闻媒体，依托各级红十字会的各类阵地及其他宣传传播平台，积极开展群众性应急救护知识培训、无偿献血、造血干细胞捐献、器官（遗体、组织）捐献、"关爱生命·救在身边"主题宣传等一系列公益活动。在 5 月 8 日世界红十字日、5 月 12 日全国防灾减灾日、6 月 14 日世界献血者日、8 月 19 日世界人道主义日、世界急救日（9 月的第二个周六）、12 月 1 日世界艾滋病日等重要时间节点，加大宣传力度，提升公众对相关议题的关注度和支持率。通过这样的方式，可以引导更多人正确认识生命的价值，增强自我保护意识，同时弘扬新型的生命文化观，共同营造更加健康和谐的社会环境。

（四）红十字生命教育高效协同体系构建

通过上述路径与机制设计，红十字生命教育不仅在家庭、学校和社会三个层面形成全方位、多层次的教育网络，还通过多方联动和资源整合，确保教育活动的系

统性和持续性。

1. 优化组织架构，建立多层次协作网络

为确保红十字生命教育的有效落地，首先需要构建一个涵盖各级红十字会、地方政府部门、教育机构、医疗机构及社会组织的多层次协作网络。该网络应具备清晰的层级结构，从中央到地方逐级设立专门负责生命教育工作的协调小组或办公室，确保政策传达畅通无阻，资源调配高效有序。此外，还需鼓励和支持基层单位根据自身特点创新工作机制，如创建“博爱家园”“生命教育讲堂”等形式多样的服务平台，促进信息交流和技术共享，提升整体工作效率。

2. 明确责任分工，强化各方主体责任

在明确组织架构的基础上，进一步细化各参与方的责任分工至关重要。政府部门应在政策制定、资金投入、法规保障等方面发挥主导作用；教育部门需将红十字生命教育纳入国民教育体系，推动相关课程进入课堂，并加强对教师队伍的专业培训；医疗卫生机构则要积极参与开展急救技能培训、健康知识普及等活动，提供专业支持和服务；社会各界亦应积极响应号召，共同参与生命教育实践，形成全社会关心支持的良好氛围。通过明确各方职责，确保每一项工作任务都有专人负责落实，避免出现推诿扯皮现象，加强工作执行力。

3. 合理资源配置，保障充足的资源供给

合理的资源配置是实现红十字生命教育目标的重要保障。一方面，政府应加大对生命教育工作的财政支持力度，设立专项基金用于基础设施建设、教材编写出版、师资队伍建设等方面；另一方面，也要积极吸引更多非营利组织、企业捐赠赞助，拓宽资金来源渠道。同时，在物资配备上要做到因地制宜，根据不同地区的实际情况合理分配教具、图书资料等教学资源，确保每个角落都能享受到高质量的生命教育资源。

4. 科学监督评估，建立健全评价反馈机制

为了保证红十字生命教育的质量和效果，必须建立健全一套完善的监督评估体系。这一体系不仅要涵盖对项目执行过程的动态监测，还要注重结果导向，定期开展绩效考核，评估各项指标完成情况。具体而言，可以通过设定定量与定性相结合的评价标准，如学生掌握程度测试、公众满意度调查等手段，全面衡量教育成果；及时收集反馈意见，针对发现的问题迅速调整改进策略，确保教育活动始终沿着正确的方向前进。

Research on the Pathways and Mechanisms of Red Cross Life Education: A Study Based on Practices in Zhejiang Province

Abstract: This article focuses on the implementation status of Red Cross life education in Zhejiang Province, and analyzes the exploration and practice in this field in Zhejiang Province since 2017, including the formulation of relevant policies, the exploration of basic models, the construction of education experience centers, etc. Furthermore, some problems that still exist in Red Cross life education in Zhejiang Province, such as weak subject awareness, imperfect working mechanism, and limited access to the public. In view of these problems, this article draws on the theory of "knowledge-belief-action", puts forward the principles of constructing Red Cross life education, and designs a path covering multiple dimensions such as deepening theoretical research, developing high-quality courses, developing targeted readers, cultivating high-level teachers, expanding the educational front, and proposing a mechanism for building multi-party linkage. Through these measures, the Red Cross life education could be more deeply rooted in the hearts of the people, enhance the public's awareness of life, and contribute to the construction of socialist spiritual civilization and a healthy China.

Keywords: Red Cross; life education; path; mechanism

江西省红十字会全民防溺水的人道探索

——“一家一个救生圈”项目调研报告①

张　娣

摘要：本文通过调研“一家一个救生圈”项目，探讨江西省红十字会在全民防溺水工作中的人道探索与实践。溺水是全球及中国公共卫生面临的严峻挑战，特别是儿童和青少年溺亡事件频发，亟须有效干预措施。本文通过详细分析项目背景、发展历程、主要举措及实施成效等，展示了“一家一个救生圈”项目在降低溺水溺亡率、提升防溺水知识普及率及初步达成“全民防溺水”社会共识中的显著成效。项目以“一块警示牌、一个救生圈、一根安全绳、一对毛竹竿”的“四个一”创新设计，通过“五个100”行动，集成了免费发放救生圈、多元筹资、创新传播、技能培训、社区动员及鼓励地方创新等多维度策略，形成了具有人道深度与公益高度的防溺水工作体系。此外，本文特别提出项目在人道创新方面的贡献，如精准把握人道需求痛点、广泛链接人道资源、探索项目标准体系及坚持公开公示透明等。本文为防溺水工作提供了可复制、可推广的典范，并为红十字运动在公共安全领域的探索提供借鉴。

关键词：全民防溺水；救生圈；红十字会；人道探索

① 张娣，苏州大学红十字国际学院副教授。本文为红十字国际学院承接江西省红十字会“一家一个救生圈”项目研究课题报告，课题组负责人为刘选国，执笔人为张娣。

一、项目背景

（一）溺水是一个长期被低估的全球公共卫生危机

溺水，一个长期被低估的全球公共卫生危机，其严重性不容忽视。2024 年 12 月 13 日，世界卫生组织发布的首份溺水预防报告指出，① 2000 年至 2021 年间，全球溺水死亡率下降了 38%，但这还远远没有达到实现全球目标所需的水平，溺水仍然是一个重大的公共卫生问题。这份世界卫生组织发布的主题报告指出，全球范围内估计每小时有 30 多人溺水，仅 2021 年就有 30 万人因溺水死亡，几乎一半溺水死亡发生在 29 岁以下人群中，近 1/4 发生在 5 岁以下儿童中。对于没有成人监护的儿童，溺水风险尤为突出。如果不加强预防溺水的努力，到 2050 年，超过 720 万人可能会因溺水而不幸身亡，其中大部分是儿童。然而，预防溺水并没有得到应有的关注或重视。

溺水不仅是非故意伤害死亡的第三大原因，② 还造成大量非致命性健康损害，如呼吸障碍与缺氧性脑损伤。多国数据显示溺水是儿童和青少年群体的主要死因之一，凸显了全球范围内加强溺水预防的紧迫性。③ 随着联合国大会 2021 年通过全球防溺水决议及设立"世界预防溺水日"，溺水问题正式成为全球公共卫生议程的重要议题，亟须国际社会共同应对。

（二）意外溺水是 1~14 岁儿童和青少年的主要死因之一

在中国，溺水也是一个重大但易被忽视的公共卫生难题。据国家卫生健康委员会和公安部的不完全统计，我国每年有 5.7 万人死于溺水，平均每天有 88 个孩子因溺水死亡。④ 中国疾病预防控制中心数据显示，意外溺水是 1~14 岁儿童和青少年的主要死因之一，也是 15~19 岁青少年死亡的重要原因。

特别是在夏季⑤、傍晚时段及学生假期，溺水事故频发，自然水域的复杂性与安全设施的缺失进一步加剧了风险。据人民网舆情数据中心对近年来网络公开资料

---

① World Health Organization, Drowning, 13 December 2024, available at https://www.who.int/news-room/fact-sheets/detail/drowning (last visited on 25 December 2024).

② World Health Organization, WHO Urges Countries to Invest in Drowning Prevention to Protect Children, 22 April 2024, available at https://www.who.int/news/item/25-07-2023-who-urges-countries-to-invest-in-drowning-prevention-to-protect-children (last visited on 25 July 2023).

③ Justin-Paul Scarr, Kent Buse, Robyn Norton, et al., "Tracing the Emergence of Drowning Prevention on the Global Health and Development Agenda: A Policy Analysis", *Lancet Glob Health*, 2022, 10 (7): e1058-e1066.

④ 新华网：《儿童溺亡悲剧频发需共筑防溺水安全网》，2022 年 7 月 13 日，http://www.xinhuanet.com/yingjijiuyuan/2022-07/13/c_1211666475.htm，2024 年 4 月 29 日最后访问。

⑤ 界面新闻：《"注定发生的悲剧"：中国青少年溺水报告》，2021 年 8 月 25 日，https://baijiahao.baidu.com/s?id=1709051140256214699&wfr=spider&for=pc，2024 年 4 月 26 日最后访问。

的统计整理，溺水事件中溺水者的获救率仅有 11.34%，而溺亡率高达 88.66%①，这些数字触目惊心。加强防溺水安全意识、减少溺水事故的发生及提高青少年防溺水安全指数已经成为全社会的共同责任。

（三）全球及红十字运动防溺水的人道实践

在全球层面，各国政府、联合国、公益机构和研究人员已开始探索防溺水策略，并采取了一系列措施来防止这些死亡悲剧的发生。以水上救生为目标的国际组织已经出现。

1910 年，国际救生联合会（International Life Saving，ILS）由比利时、丹麦、法国、英国、卢森堡、瑞士和突尼斯等国发起，并在西班牙和意大利的支持下在巴黎成立。1971 年，经澳大利亚、英国、新西兰、南非和美国等国倡议，世界救生组织（World Life Saving，WLS）在澳大利亚成立。1993 年，国际救生联合会与世界救生组织合并，组成了新的国际救生联合会（International Life Saving Federation，亦简称 ILS），总部设在布鲁塞尔，并引领全球水上救生事业的发展。截至 2024 年 1 月，国际救生联合会成员组织达 148 个，注册会员数有千万人。该组织每两年召开一次理事会，讨论各国救生的发展和援助计划等问题，定期举行“救生拯溺”锦标赛，中国救生协会于 2007 年正式加入国际救生联合会。②

国际救生联合会明确了环境改善、技能提升、心肺复苏训练及监控监督等核心预防活动，③ 并验证了哈顿矩阵④等系统方法的有效性。此外，结合新技术的儿童溺水预防系统⑤、教育歌曲⑥等创新手段亦展现出良好效果。相对于某些行为措施，社会生态策略可能比纯行为运动更有效。⑦ 比如最近在澳大利亚进行的一个项目报

---

① 澎湃新闻：《快来看！人民网舆情数据中心发布〈2022 中国青少年防溺水大数据报告〉》，2022 年 7 月 27 日，https://www.thepaper.cn/newsDetail_forward_19201322，2024 年 4 月 24 日最后访问。

② 引自《中国红十字救援队水上救援培训教材》绪论。

③ International Life Saving Federation (ILSF), *Drowning Prevention Strategies: A Framework to Reduce Drowning Deaths in the Aquatic Environment for Nations/Regions Engaged in Lifesaving*, International Life Saving Federation: Brussels, Belgium, 2015.

④ Ali Davoudi-Kiakalayeh, Jalal Barshan, Faezeh Emami Sigaroudi, et al., “The Application of the Haddon Matrix in Identifying Drowning Prevention Solutions in the North of Iran”, *Heliyon*, 2023, 9 (6): e16958.

⑤ Juan Carlos Cepeda-Pacheco, Mari Carmen Domingo, “Deep Learning and 5G and Beyond for Child Drowning Prevention in Swimming Pools”, *Sensors* (Basel), 2022, 22 (19): 7684.

⑥ Lucía Peixoto-Pino, Roberto Barcala-Furelos, Miguel Lorenzo-Martínez, et al., “Prevención del ahogamiento desde la educación para la salud escolar. Evaluación del proyecto piloto SOS 112”, *Rev Esp Salud Public*, 2023, 97.

⑦ Jo Salmon, “Changing Behavior Using Ecological Models”, in Martin S. Hagger, Linda D. Cameron, Kyra Hamilton, et al. (eds.), *The Handbook of Behavior Charge*, Cambridge University Press, 2020, p. 237.

告显示，救生衣的可用性和使用监管是预防溺水的关键，且成本低。①

在国际红十字与红新月运动中，防溺水工作被纳入灾害风险管理体系，凸显了对人类生命安全的深切关怀。红十字会与红新月会国际联合会（IFRC）通过社区教育、急救项目及将溺水预防融入气候与备灾工作等，展现了灵活多样的应对策略。一些国家的红十字会在防溺水方面亦展现出显著成效，如美国红十字会的游泳与救生员培训②、英国红十字会的水上急救与洪水应对教育③、日本红十字会的水上救援技术和洪水安全教育④、德国红十字会的青少年游泳技能提升计划⑤等，均有效提升了公众防溺水与自救互救能力。

全球第一个预防溺水的联盟成立于2023年，成员包括联合国机构，致力于处理多个部门的溺水风险因素，包括交通、教育、海上安全、减少灾害风险和职业安全等。世界卫生组织2024年发布的溺水预防报告⑥将溺水定性为一个高度可预防的公共卫生挑战。该报告显示，尽管因溺水而死的人数占洪水灾害中死亡人数的3/4，但在全球范围内，近3/4（73%）的国家在其国家减少灾害风险政策中没有解决溺水预防问题。游泳池围栏立法将预防溺水纳入灾害风险管理是联合国和世界卫生组织预防溺水决议的关键战略优先事项。然而，86%的国家都没有在公共游泳池或私人游泳池周围设置围栏的法律。将游泳和水安全培训纳入教育课程是取得未来进展的明确道路，但只有不到1/3（28%）的国家有国家方案。由训练有素的旁观者进行的安全救援和复苏是溺水受害者最好的生存机会，但只有1/3的国家提供了国家认可的方案。近3/4的国家有提供气旋、洪水和海啸预警的系统，免费提供的天气警报系统已被广泛实施，但只有不到一半的国家开展全国媒体运动，让人们对溺水风险及如何预防溺水提升敏感度。此外，尽管溺水是儿童死亡的主要原因，但只有

---

① Rhiannon Birch, "Rock Fisher Behaviours and Perceptions Regarding Drowning Risk Assessed by Direct Observation and Self-Report: A Public Awareness Campaign Evaluation", *Health Promotion Journal of Australia*, 2022.

② American Red Cross, Drowning Prevention & Facts, available at https://www.redcross.org/get-help/how-to-prepare-for-emergencies/types-of-emergencies/water-safety/drowning-prevention-and-facts.html (last visited on 20 July 2024).

③ British Red Cross, Staying Safe Around Water: First Aid for Drowning, available at https://www.redcross.org.uk/stories/health-and-social-care/first-aid/five-things-to-know-about-drowning-in-open-water (last visited on 20 July 2024).

④ Japanese Red Cross Society, *Review of Activities* 2011, available at https://www.jrc.or.jp/vcms_lf/ReviewActivities_2011.pdf (last visited on 20 July 2024).

⑤ RWTH Aachen University, Lifeguard Swimming, available at https://hochschulsport.rwthaachen.de/cms/HSZ/Sport/Sportartensuche/Schwimmen/~iiwjx/Rettungsschwimmen/? lidx=1 (last visited on 20 July 2024).

⑥ World Health Organization, Drowning, 13 December 2024, available at https://www.who.int/news-room/fact-sheets/detail/drowning (last visited on 25 December 2024).

38%的国家开展了专门针对预防儿童溺水的宣传运动。世界卫生组织呼吁全球各国加强多部门行动，以应对广泛的溺水风险。

（四）中国水上救生文化与红十字会防溺水探索

中国，作为江河湖海大国，水上救生文化传统源远流长，历经多个年代的发展演进，形成了中国独特的防溺水理念与实践。早在南宋乾道年间（1165—1173），镇江西津渡便创设了官渡兼水上安全救助慈善机构——“救生会”。① 明代长江流域已出现由国家和社会主导的、有组织与普遍性的水上救生体系，官办的救生红船与民间善堂、善会兴办的民间救生局并存发展。②“救生艇”与“红船”等公益性救生模式③、民间自发与官府引导资助相结合的防溺水路径，体现了官民合力的特质。

近代以来，中国水上交通更加频繁，水患及溺水问题日益凸显。随着西方救生技术的引入，中国开始引入现代救生设备和救生技术。清朝后期，清政府构建了相当完备的内港江河湖泊船难救助体系，该救助体系以国家救助为主要模式，救助主体是官设之救生船，救助费用全由政府财政负担。④

中华人民共和国成立以来，随着人口的快速增长，水上活动日益丰富，溺水事故频发，尤其是青少年溺水问题成为社会关注的焦点。在此背景下，政府高度重视水上安全工作，逐步建设了较为完善的水上救生工作体系，包括专业的救生队伍、先进的救生设备及广泛的公众教育和培训。

进入新时代，党和政府高度重视防溺水工作，习近平总书记多次作出重要指示批示，把全面防溺水提升到“生命至上”的高度，要求各级政府及相关教育、体育、公安及群团组织，积极参与防溺水相关教育培训和宣导工作，提升整个国家的防溺水和安全水平。2022 年 7 月，教育部办公厅等五部门下发《关于做好预防中小学生溺水工作的通知》，就进一步做好预防中小学生溺水工作提出要求，并把推进落实“一个警示牌、一个救生圈、一根救生绳、一根救生杆”的“四个一”建设作为强化防护设施的具体措施。

中国红十字会很早就将水上救护和水上技能训练作为重要工作。1950 年中国红

---

① 潘春华：《镇江“救生会”：世界最早的水上救生慈善组织》，载于《社会与公益》，2023 年第 7 期，第 86-88 页。

② 黄永昌：《传统慈善组织与社会发展：以明清湖北为中心》，北京：光明日报出版社，2012 年，第 33-135 页。

③ 中国水运报社：《宋家慧：中国是人类社会水上应急救援历史的发源地和引领者》，2022 年 1 月 11 日，https://new.qq.com/rain/a/20220111A080QP00，2024 年 5 月 13 日最后访问。

④ 周向阳：《水上救生：海难救助视角下的清朝前期内河船难救助制度》，载于《湖州师范学院学报》，2023 年第 5 期，第 84-91、112 页。

十字会进行改组后，将其工作重点由战争和灾害救援转为“动员和组织人民实行自救救人”。① 1956年中国红十字会总会就发出开展水上救护工作的通知，要求各地培训人员，积极开展水上救护工作。1957年中国红十字会总会还与国家体育运动委员会等九部门联合发出通知，开展水上救护工作。② 改革开放以来，中国红十字会总会通过下发文件和开展水上救援培训演练等，推进水上救援和防溺水工作。20世纪90年代以来，中国红十字会与中国香港红十字会、中国台湾红十字组织和加拿大红十字会多次开展水上救援的经验交流和培训演练，支持组建水上救援专业队伍。一些江河湖海周边的红十字会，把水上救护培训作为重要工作职责之一。

江西省红十字会借鉴古代简易漂浮物和慈善救济的思想，汲取近代专业化发展的经验，将救生圈作为家庭必备的救生设备，2017年率先启动“一家一个救生圈”项目，结合“泳安计划”与“水花行动”，大力推广捐赠救生设备并普及游泳技能，为民众安全保驾护航。福建省、浙江省等地通过实施游泳培训、水域安全知识普及等措施，提升了青少年的自救互救能力。广东省、湖北省、四川省等红十字会则通过举办水上救援知识宣讲、联合多部门开展青少年水上安全教育、实施体验式教学活动等方式，创新防溺水宣传模式，增强了公众的安全意识与自救技能。江苏省红十字会的“博爱泳安”公益行动，将水上救援培训与知识普及深入学校、社区、企业。

二、项目调研路径

江西省红十字会“一家一个救生圈”项目在中国全民防溺水人道实践中创造了成功经验和可行模式。红十字国际学院接受江西省红十字会委托，开展了“一家一个救生圈”项目调研。

调研团队于2024年4月27日至30日前往江西南昌、上饶、抚州、九江等地展开调研。调研旨在聚焦江西省红十字会“一家一个救生圈”项目的实践经验，结合全球、中国及江西三个层面的溺水问题，探索适合红十字运动和我国国情的全民防溺水模式，为区域性溺水防控工作提供实践范式，促进全社会形成防溺水的强大合力。

本次调研路径及内容如下。

（一）组织机构调研

目的：深入了解红十字系统在防溺水工作中的组织架构、政策制定与执行情况。

---

① 池子华：《中国红十字运动简史》，苏州：苏州大学出版社，2022年，第202页。

② 王立忠、江亦曼、孙隆椿：《中国红十字会百年》，北京：新华出版社，2004年，第117页。

调研机构包括以下两类。

(1) 省、市、县(区)级红十字会:江西省红十字会、南昌市红十字会、上饶市红十字会、上饶市广信区月亮湾社区红十字会、抚州市红十字会、抚州市南城县红十字会、九江市红十字会。

(2) 省、市级红十字基金会:江西省红十字基金会、南昌市红十字基金会、上饶市红十字基金会。

(二) 教育与实践场所调研

目的:评估防溺水教育在学校、企业及生命教育基地的开展情况与成效。调研机构及场所包括以下三类。

(1) 学校:抚州市南城县第一中学红十字会(校园防溺水及生命教育)。

(2) 企业:江西发华教育装备集团有限公司(企业社会责任与防溺水宣传)。

(3) 生命教育基地:上饶市信州区万力时代博爱家园(社区健康与安全教育)、上饶市广信区生命教育基地(体验式防溺水培训)、抚州市黎川县正在规划建设的人道文化博物馆(历史与文化传播)、抚州市南城县红十字生命健康安全体验馆(模拟应急演练与知识普及)。

(三) 水域安全调研

目的:实地考察水域安全设施、救援准备及"一家一个救生圈"项目的实施情况。调研的水域情况如下。

(1) 江/河域:上饶市信州区滨江东路沿江救生设备检查。

(2) 九江市八里湖新区水域:"一家一个救生圈"投放及防溺水值守工作观摩、长江沿岸防溺水值守点观摩、鄱阳湖沿岸防溺水值守点观摩。

(四) 活动参与与访谈

目的:通过参与活动及现场访谈,收集各方对防溺水工作的看法、建议及反馈。主要参与的活动及访谈对象如下。

(1) 启动仪式:观摩抚州市南城县2024年"泳安计划"防溺水活动启动仪式。

(2) 访谈对象:红十字系统干部、防溺水工作相关负责人、红十字志愿者、救援队成员、当地居民、企业员工、中学师生、巡河值守工作人员等。

三、项目发展历程

(一) 项目创设缘起

"说好了把整个世界都给孩子,为什么偏偏舍不得一个救生圈?"这句让人心痛的话是"一家一个救生圈"项目的初衷。"一家一个救生圈"项目源自公益策划人闫志强先生对乡村安全教育的深切关怀与责任担当。他出身贫寒,目睹了多起因溺水而失去生命的悲剧，特别是身边亲友及学生的不幸遭遇，深深触动了他的心弦。

而2016年刚刚成立的江西省红十字基金会，亟须依据区域最急迫的人道需求创设项目。闫志强先生作为江西省红十字会项目首席顾问、首届江西省红十字博爱大使、南昌市崛美公益发展中心创始人，通过融合个人经历与专业知识，将个人情感转化为社会行动的力量，提出防溺水的项目构想，二者一拍即合，共同策划设计出了旨在从根本上解决乡村水域安全问题的“一家一个救生圈”全民防溺水项目。

（二）项目需求评估

江西是一个多湖、多江、多河的内陆省份，水网发达，河道分布零散，水域环境复杂、类型众多，河流交错纵横，湖泊星罗棋布，鱼池、水塘、建筑工地、砖瓦厂、临时性的人工池塘更是多若繁星。浩繁的水系、水网虽然在生产生活上为人们带来了方便，但同时也埋下了溺水事故高发的巨大安全隐患。

特别是中小学生，作为溺水事件的主要受害者，其生命安全受到严重威胁。据不完全统计，2014年，江西省发生中小学生溺水事故75起，死亡108人；2015年，发生62起，死亡91人；[①] 2016年，发生56起，死亡、失踪78人；2017年，发生22起，死亡、失踪54人。

从地理学角度分析，江西水系丰富，地形复杂，开放性水域广阔，青少年玩水机会多，乡村家庭备灾意识与救援设备严重不足。因此，区域急需能快速获取的水灾救援逃生设备，如救生圈、救生杆、逃生绳等，方便科学有效地自救互救。

从社会学角度审视，乡村家庭的安全意识薄弱与救援资源匮乏，传统的悬挂横幅、发放安全手册、致信家长等行动的宣传效果有限。因此，区域急需科学有趣的防溺水宣教课程，及时有效地劝阻野泳和开展救援。

“一家一个救生圈”项目从区域需求实际出发，运用灾害风险评估与韧性社区建设理论，精准识别防溺水工作的迫切人道需求及自救互救设施、知识技能的缺失，将夏季防控青少年溺水作为重要工作内容。

（三）项目发展过程

2014年，江西省红十字会开展过“泳安计划”（后升级为“永安计划”），探索青少年防溺水工作路径。2017年6月，在江西省红十字会的指导下，江西省红十字基金会与南昌市崛美公益发展中心共同对“泳安计划”和“水灾保”项目进行整合，衍生出“一家一个救生圈”项目，标志着江西省红十字会防溺水工作从单一培

---

① 央广网：《端午假期江西多名中小学生溺亡》，2016年6月13日，http://news.cnr.cn/native/gd/20160613/t20160613_522384535.shtml，2024年4月23日最后访问。

训向综合防控体系的转变。

“一家一个救生圈”项目通过引入“社区应急资源共享”理念，创新性地提出“每户配备、全村共享”的救生圈分发机制和长远目标，不仅提升了应急响应速度，还促进了邻里间的互助合作。此外，项目还融合了教育心理学与行为学原理，开发了多样化的防溺水宣教课程与宣传材料，增强了青少年群体的安全意识与自我保护能力。

（四）项目受益目标

项目精准锁定了滨水村庄、社区中的弱势群体——留守儿童家庭、在校青少年及野泳人群，实施定制化服务与全方位保障。

目标设定为“让安全占领鄱阳湖”，不仅体现了对特定区域安全状况的深刻洞察，也彰显了项目团队致力于实现区域安全全覆盖的宏大愿景。这一目标设定基于详细的区域安全需求分析与科学的资源配置规划，具有较强的可操作性与较高的价值。

四、项目主要举措

江西省红十字会在防溺水领域的人道探索中，通过构建“五个100”（募集不低于100万捐款购置救生圈、动员不少于100支志愿服务队参与、开展不少于100场防溺水公益培训、防溺水直播课堂覆盖不少于100万人次、每个暑期志愿服务队开展百日巡河）行动框架，集成了创新设计、教育普及、物资保障、技能强化与志愿服务等多维度策略，形成了具有人道深度、公益高度及方法创新的防溺水工作体系。其具体做法和措施如下。

（一）“授鱼”与“授渔”相结合的项目设计

项目借鉴了古代“救生会”等慈善机构的理念，以救生圈为核心，以“一块警示牌、一个救生圈、一根安全绳、一对毛竹竿”的“四个一”设计，为滨水乡村家庭免费发放救生圈，同时配套防溺水知识的教育培训。

以户为单位发放救生圈，便于操作和管理，确保在紧急情况下能够迅速救援。通过免费发放救生圈、设置防盗式安全杆和开展培训等措施，项目有效提升了覆盖地域溺水事故的救援能力，可证明简单有效的措施在防溺水工作中的重要作用。

此种“授鱼”与“授渔”相结合的项目设计是将传统的慈善理念与现代社会问题相结合的创新实践，得到了省委、省政府领导的高度评价。省、市、县三级红十字会的全力支持，以及公安、教育、体育等多部门的协作配合，共同创造了“党政引领、部门协同、社会参与”的江西全民防溺水模式，为水域安全管理提供了新范式。

（二）多元社会资源动员模式

江西省红十字会积极争取党和政府的支持与社会各界的参与，为项目的顺利开展提供了有力保障。项目结合互联网线上和线下众筹、企业定向捐赠等多元化筹资方式，构建了政府倡导、社会合力、网络众筹的人道动员模式。项目还创新性地引入明星效应，如邀请奥运冠军和节目主持人担任公益大使，拍摄公益广告，参加公益活动，帮助开展网络众筹，不仅实现了资金的有效筹集，还显著提升了项目的社会认知度与参与度。

（三）创新传播形式和培训路径

1. 创新设计宣传口号

项目针对不同人群的不同特点，设计出有感染力的宣传口号，如“母亲河不相信泪”“让安全占领鄱阳湖”“一家一个救生圈、连在一起的诺亚方舟”“圈住生命、圈住平安、圈住真爱”，有效形成并推进了“一家一个救生圈”项目的品牌影响力和社会认知度。

2. 开发系列文化产品

项目开发原创漫画（《江小红防溺水宝典》）、防溺水音乐剧（《让安全占领鄱阳湖——防溺水大型行为艺术》《圈住平安、圈住真爱——防溺水音乐剧》）、救援游戏（“拯救‘熊孩子’——溺水救援游戏”“防溺水救援实操与知识问答”）等一系列文化产品，以寓教于乐的方式传播防溺水知识，进一步推进了“一家一个救生圈”项目的品牌和社会认知度，依靠“注意力公益”扩大了项目影响力。

3. 媒体融合与公益直播课堂

项目利用广播、电视及网络平台开设公益直播课堂，介绍防溺水知识及救生设备使用方法，扩大宣传覆盖面，增强公众的安全意识和自救互救能力，形成了线上线下互动的良好氛围。2023 年，项目开展 10 场公益直播，在线 6 000 万人次，线上转发 40 万次；2022—2023 年在线观看人数超 1 亿人次。

4. 强化技能培训与实战演练

项目由红十字会牵头组织，联合体育、公安等部门，举办专业救生员培训班，连续三年累计培训红十字水上救生员 120 人，有效提升了救援队员的专业技能与资格证书持有率。项目通过“百日巡河巡查”等活动，劝阻潜在溺水行为，有效降低了溺水事故发生率。2022 年劝阻下水 1.6 万人次，2023 年劝阻下水 2.8 万人次。2023 年，项目组织红十字救援队、志愿服务队举办水域救生相关培训 135 场，有效提升了参与水域巡逻值守的救援队员和志愿者的水上救生技能。

项目每年举办不少于 1 次的水域搜救、应急救援等综合演练。围绕岸际救生、抛绳包救援、动力艇救援、水下救援、无人机救援等科目，演示不同情况下对溺水人员的救援方法。每次演练召集全省不同的红十字救援队和队员参加，做实做好演练前的训练、合练等环节，培养了一大批红十字救援队队员，提升了各级红十字救援队的救援实战能力及协同作战能力。

截至2024年7月25日，江西省举办了6场全省防溺水联合宣教演练活动，各级红十字会已举办各类演练122场次，585支红十字救援队伍参与演练。当地党委、政府和有关部门主要领导参加，引起各级党委和政府的高度重视，扩大了宣传声势，推动了部门合作，营造了全民防溺水的浓厚氛围。

（四）支持鼓励各地创新创造

项目实施以来，江西省红十字会积极支持、鼓励地方红十字会创新防溺水教育实践，各地红十字会结合自身区域特色和优势，创造了各具特色的防溺水经验。

1. 案例一：上饶市红十字会——多维度防溺水体系的构建

上饶市红十字会依托江西省红十字会的指导，创设了“四个一”工程，其特色在于全方位、多层次的防溺水体系构建，即实施“一家一个救生圈”筹资项目，实现了家庭层面的基础防护；自创一个救护品牌——“校园五防五救”项目，丰富了校园安全教育内涵；开展一次防溺水专项行动和打造一批红十字生命教育实践基地，强化了社会参与与实践教育的结合。这一工程实现了从个体到社会、从理论到实践的区域全面覆盖，具有较强的可复制性和较高的推广价值。

2. 案例二：南城县红十字会——政社联动与精准防控

南城县红十字会成立以主要领导为组长的防溺水工作领导小组，并联动县教育体育局、县公安局制订下发防溺水工作方案；组建由红十字救护师资组成的防溺水宣讲团，在全县范围内的中小学校开展“珍爱生命，预防溺水”主题宣讲活动。

每年4月底启动“泳安计划”百日巡河志愿服务，由红十字志愿者及教师志愿者每天下午3点半至6点半在城区危险水域点进行常态化巡逻，重点劝导戏水、游泳的青少年，并填写巡河日志向县教育体育局反馈，由学校教育引导被记录青少年。同时，根据巡河路线在重点水域设置救援点，投放救生圈及救生杆。

截至2023年，南城县红十字会已通过“一家一个救生圈”项目自购救生装备共计1 023套，支持有关部门及各乡镇发放救生圈981个，在县辖区河流重点水域设置救援点12个，投放救生圈及救生杆72个。连续3年，南城县未发生一起青少年溺亡事故。

3. 案例三：广信区红十字会——线上线下融合教育

广信区红十字会与区教育局联合发文，实施城区中小学每校50名以上急救教师全覆盖工程。每年4月、5月，广信区红十字会以现场教学、模拟教学、视频教学及体验教学等形式，开展全区范围内线上线下教师溺水急救教学及学生防溺水知识教学，实现了防溺水教育的广泛覆盖与深度渗透。

广信区红十字会采取“区级整合一点、社会动员一点、企业争取一点”的“三点合一”资源动员策略，探索“互联网+公益”新途径，引导多元社会力量助力项目筹款。截至 2023 年，广信区范围内投放救生装备 3 242 套，安装防溺水警示教育牌 380 个，持续加密校园防溺水安全教育培训和校园应急演练，用心守护青少年健康安全成长。

五、项目实施成效

经过近 7 年的持续努力，“一家一个救生圈”项目取得了初步成效。截至 2023 年底，该项目通过融媒体传播，发动 61 家企事业单位、89. 7 万人次参与众筹，募集资金 573 万元；在 710 个县（区）城乡社区的河流重点水域设置救援点 17. 02 万个，发放救生装备 26. 72 万套、防溺水手册 32. 19 万册；开展防溺水宣教 11. 388 万场次，360 万个家庭接受培训，宣教受益人群达 1. 12 亿人次，实现中小学师生全覆盖；群众用救生圈成功施救 288 名溺水者，发动社会各界志愿者参与防溺水培训和志愿巡河 4 667 次，劝阻可能发生的溺水事故 4. 4 万人次，项目覆盖重点水域连续 3 年未发生溺亡事件。

具体成效体现在以下四个方面。

（一）溺水溺亡率显著降低

项目在江西省实施后，显著降低了中小学生及公众的溺水溺亡率。江西省红十字会提供的数据显示，2022 年溺水及溺亡人数下降比例分别达 31. 88%、30. 35%，该年度成功救助落水群众 113 名；2023 年，溺水及溺亡人数继续大幅减少，下降比例分别达 43. 8%、41. 7%，该年度成功救助落水群众 168 名。这些数据不仅标志着即时干预的有效性，也预示着长期安全教育的深远影响。

（二）防溺水知识普及率提升

项目不仅着眼于短期应急，更重视长期预防与教育，通过持续性的宣传教育活动，特别是在项目重点关注的野泳集中区域和时段，深植社区防溺水意识培育，证明了其长期预防策略的有效性。

项目通过“设备+监管+知识+技能+综合能力”的多维度赋能模式，极大地提高了居民尤其是青少年的防溺水知识水平与自救互救能力。这一模式超越了传统安全教育范畴，融入了人道主义精神与社区参与的元素，实现了从知识普及到行为改变的全面转化，为公共安全教育、生命教育与社区动员策略提供了宝贵经验。

通过“一家一个救生圈”项目具体措施的推广，项目实现了从应急响应到前置预防的转变、防溺水宣教防范与自救互救成果的有效转化，探索了溺水防控工作的新模式，成为公共安全管理与危机干预策略的成功案例。

公众防溺水知识知晓率也大幅提升。这不仅是教育成果的直接体现，也是社会整体安全素养提升的重要标志。越来越多的人开始重视水域安全，自觉遵守游泳规则，不私自下河游泳。同时，在遇到溺水事故时，公众也能够迅速采取正确的救援措施，有效降低了溺水事故的危害程度。

（三）项目社会影响力初步形成

项目通过政府、企业及社会的多元筹资模式和传播搭建了“人人参与”的公益合作平台，实现了项目资金的可持续性动员注入，减少了溺水悲剧的发生，为全国乃至全球同类项目提供了可复制、可推广的典范。

项目的成功模式已迅速辐射至周边及全国多地，成为区域间公益合作与经验交流的典范，并获得了来自政府、行业、社会组织及媒体的高度评价。浙江、湖南、湖北、安徽等省份纷纷借鉴其模式，结合本地实际开展防溺水公益项目，形成了全民生命教育中独特的红十字力量。

（四）“全民防溺水”共识初步达成

项目通过一系列创新活动，构建了物理上的安全防线，并在精神上凝聚了社会共识，形成了“人人关心、人人参与”的防溺水社会治理共同体，展现了强大的社会效应与持续的安全改善能力。

项目的设计和运作凸显了经济性和长效性特色，定制的专业救生圈的使用寿命长达 10 年，体现了超长公益时效。同时以低成本、高效益为核心，每套救生设备年均投入仅 9 元，却能在关键时刻挽救生命，既最大化公益资源效益，又最小化管理成本，实现了救生资源的就近取用与全村共享。

项目不仅动员了居民及社会广泛参与，包括红十字救援队、志愿服务队和爱心人士等，还提升了社区自救互救能力，增强了社区抗灾备灾的社区韧性。特别是“银发救援队”等先进事迹的涌现，不仅是对个体乐于助人精神的颂扬，更是对社会责任与人道关怀的诠释。这一过程中形成的“注意力公益”模式，通过创新宣传与文化产品的传播，有效提升了公益活动的社会影响力与可持续性，为人道公益领域提供了新的发展思路。

项目创新性地为企业履行社会责任提供了服务模式，为爱心企业捐赠提供了展示平台。项目设计的救生圈颜色非常醒目，又悬挂在每家每户大门边的显眼处，是非常好的企业形象发布载体，可以为爱心企业提供丰厚的形象回报。捐助 5 万元以上的企业，可以在救生圈上套印专属的单色企业标识，实现了支持公益与企业品牌传播的双赢，为更多的企业提供了履行社会责任的新思路。

社会各界的高度关注与参与，包括知名人士的代言、政府部门的支持合作、媒体的广泛报道，共同构建了项目广泛和长期的社会影响力，使“全民防溺水”成为公众关注与全民参与的重要公益议题和社会共识。

六、项目的人道创新

（一）找准人道需求痛点，履行保护生命职责

保护人类生命与健康是红十字会的核心使命，在战争冲突中红十字会要履行保护生命的职责，在和平时期同样要坚守保护生命与健康的职能，尤其是在预防灾害、保障易受损人群的生命安全、增强社区韧性方面要体现红十字工作的前瞻性与预防性。“一家一个救生圈”项目精准把握了江西地区长期以来溺水事故频发的紧迫人道问题，特别是儿童和青少年的生命安全痛点问题。项目以红十字会擅长的人道主义援助路径切入，立足于社会关注的急迫人道需求，运用移动互联时代“人人公益”等创新工具，通过传播和众筹，以实用的救生圈发放与基于融媒体时代的生命安全教育和训练手段，广泛动员社会参与，有效预防和减少了项目覆盖区域溺水事故的发生。项目推出时，面对公众对于救生圈发放可能引发的法律责任和安全问题的疑问，红十字会通过试点地区成功案例传播和数据公开，打破了免责思维，展示了公益组织在公共安全领域的创新和前瞻性。

“一家一个救生圈”项目在设计上注重将救生圈防护和安全教育结合，将分段设置与全员共享结合，将日常预防与重点防治结合。目标人群明确具体，覆盖面广，针对性强，实施方式创新，增强了全民防溺水意识和应对能力。项目不仅限于物质援助，更构建了一个集物资发放、安全教育与社区动员为一体的综合水域安全干预体系和全面防溺水的安全共同体，做到了既授人以鱼，又授人以渔，有效降低了溺水事故发生率，深刻践行了红十字会“生命至上”的价值观。

（二）广泛链接人道资源，拓宽人道行动网络

项目在动员人道资源方面采取了多层次、多渠道的策略，有效地整合了社会各界的资源，构建了多元的人道行动合作网络，确保了资源的高效利用和长期支持，推动防溺水工作的可持续开展，充分展现了红十字会作为人道桥梁的作用。

首先，项目充分争取党和政府支持，邀请省委、省政府相关领导参加相关活动，通过红十字会网络动员各级相关政府部门、社区参与，确保了项目得到多方支持，增强了项目实施的权威性和广泛性。

其次，项目依托基层红十字会及其志愿者网络的力量，广泛动员社会力量参与防溺水工作，进一步巩固了项目的持续性和社会影响力，形成了人人有责、人人尽责的社区防溺水群众参与模式。

最后，项目通过组织基层红十字会参加“99 公益日”和“5·8 人道博爱周”

等互联网众筹活动，积极拓展多种合作伙伴关系和大众参与渠道。项目众筹捐赠者，既是捐赠人，也是受益人和传播者，共同推动社会资源募集和项目的实施、传播、效果监测，提升了项目的影响力和社会认知度，拓展了人道行动的合作网络。

（三）探索项目标准体系，提升人道服务效能

在项目管理和实施过程中，项目团队不断探索创新，推动项目的标准化运作与管理，以确保项目的长期稳定和效果持续。同时，通过建立严格的监测和评估机制，实时收集数据并进行分析，不断调整和优化项目策略。

首先，项目在资源调配和投放时采用精准评估的方法，在地域上精准定位到滨水地区，如鄱阳湖、赣江、抚河周边等，确保救生圈等资源能够投放到最需要的地方。在受众群体上，项目根据溺水事件的高发年龄段（0~14 岁），重点在学校、社区等地方开展青少年防溺水宣教，实现资源的精准配置，确保救生圈等救援设备有效发挥作用。

其次，在管理实施过程中，不断完善标准化运作流程，在救生圈的定制化、使用寿命和成本控制等方面进行科学管理，确保资源有效配置和使用。项目采用统一标准的救生圈，确保其浮力、耐用性符合国际安全标准；通过集中采购和库存管理，有效控制成本，提高物资使用效率；通过“百日值守”巡逻等措施，有效应对暑期、汛期等高发时段的安全挑战，提高了救生设备的可及性和应急响应能力。

最后，项目制订标准化的宣传教育材料，包括宣传册、海报和视频等，内容涵盖救生圈的正确使用方法、溺水自救互救知识等。通过“百日值守”巡逻、社区讲座、学校课程等多种形式，确保宣教工作覆盖每一个目标家庭。

（四）应用融媒体传播策略，广泛宣传人道理念

项目在传播模式上的创新，特别是融媒体技术的应用也是其成功的关键。这一创新不仅提升了项目的社会认知度和公众参与度，还使红十字会的人道理念深入人心。项目团队巧妙地融合了传统媒体与新媒体的优势，打造出多元化的传播策略与路径。

在传统媒体方面，项目团队制作了生动有趣的宣传品，如《江小红伤心日记》和《防溺水宝典手册》等。这些宣传品以故事的形式，将防溺水知识与红十字精神巧妙地结合在一起，使得公众在阅读的过程中既能获得实用的防溺水知识，又能感受到红十字精神的温暖与力量。

在新媒体方面，项目团队则充分利用了公益直播课堂、虚拟现实技术等现代传播手段。通过公益直播课堂，项目团队能够实时地与公众进行互动，解答他们的疑问，传播防溺水知识。而虚拟现实技术的运用，则让公众能够身临其境地模拟溺水

场景和救援过程，从而更加深刻地认识到防溺水的重要性。

项目团队还注重采用故事化叙事、互动体验等多元方式，来增强项目的吸引力与感染力。他们通过讲述真实的溺水故事，引发公众的情感共鸣，从而使其更加关注和支持防溺水工作。同时，他们还通过举办各种互动体验活动，如模拟救援演练等，让公众能够亲身参与防溺水行动。

这种以情感共鸣为基础的传播和生命教育策略，不仅成功地将防溺水知识与红十字精神传递给广大公众，特别是青少年群体，还促进了社会对红十字会人道行动的广泛认同与支持。它使得“预防为先，自救互救”的“救生圈思维”深入人心，为公众树立了积极的安全意识。

（五）坚持公开公示透明，保障项目可持续发展

为确保项目的公开透明和有效运作，项目在风险防控和信息披露方面采取了一系列措施，以应对可能出现的各种挑战和风险，确保资源的合理使用和项目效果的可衡量性。

首先，项目在资金筹集和使用方面实行了严格的公开公示制度，所有资金来源和支出均通过官方公开渠道进行披露。

其次，项目在资源配置和实施过程中，建立了完善的风险评估和管理机制。针对可能出现的安全隐患和操作风险，项目团队进行了全面的风险预测和应急预案编制。例如，在救生圈发放和使用的过程中，通过详细的操作指南和安全培训，确保每名参与者都能正确、安全地使用救生设备，减少意外事件的发生。

最后，项目在安全杆设置、救生圈定期检查和更新等方面建立了量化标准，有效防范潜在的安全风险，提升了项目的持续性和可操作性。

七、项目发展建议

（一）进一步打造项目品牌，扩大社会影响力

“一家一个救生圈”项目通过实践探索，已经成为江西乃至全国防溺水方面的知名项目，获得了多个奖项。但要打造成为更具长久生命力和广泛影响力的人道公益项目品牌，还需不断创新和持续发力。

首先，项目在扩大多元化的筹资渠道、提升筹资和覆盖面方面还需继续努力。

其次，打造著名公益项目品牌，需要建立统一的品牌形象与视觉识别系统，必要时应启动项目的商标注册保护，提高品牌识别度并加强知识产权保护。

最后，现代科技手段和技术日新月异，如人工智能、虚拟现实技术和融媒体手段快速发展，项目需不断创新应用这些新技术形式，做好跨区域、跨行业的技术交流与合作。

（二）进一步发展多方协同的社会参与模式

“一家一个救生圈”项目在资源动员方面成功动员整合了多方力量，但总体筹资规模还偏小。作为一个全省协力推进的项目，如果希望项目在红十字运动中发挥更广泛的影响力，募集资金和动员社会资源的力度还需要进一步协同和提升。

具体措施可包括通过典型案例传播、扩大覆盖面来促进互联网众筹；拓展与企业、资助型基金会、科技公司及其他公益组织的合作机会，并丰富捐赠及合作形式；设立防溺水志愿服务奖项、举办社区防溺水挑战赛等长效社会互动和激励机制；探索主办全民防溺水学术研讨会；建立全国防溺水合作伙伴联盟和全国防溺水志愿服务网络等。

（三）争取党和政府支持纳入保障民生规划

“一家一个救生圈”项目在社会价值、经济价值及政策契合度等方面均有较大潜力，项目已经具备纳入政府彩票基金支持计划的可行性条件，但仍需各级红十字会联合发力，共同推动项目申报，争取党和政府的认同和支持，将“一家一个救生圈”项目或其核心理念纳入各级政府的民生保障计划，从而获得更多财政资金与彩票公益金项目的支持。

（四）探索建立全国推广和可持续发展标准

从 2017 年开始整合创设，“一家一个救生圈”项目的探索实践历程积累了大量实战经验，也制定和整理出了一大批量化、规范化的项目规划和传播设计方案。下一步升级，项目可在总结已有经验和范式推广的基础上，引领国内防溺水领域的科技创新与标准制定工作，争取与中国红十字会总会等全国性组织合作，规划中国防溺水生命安全教育项目，制定防溺水设备、救援服务等的标准。

Humanitarian Exploration of the RCSC Jiangxi Branch in Universal Drowning Prevention: A Case Study Report on the “One Family, One Lifebuoy” Initiative

Abstract: This article examines the humanitarian exploration and practice of the “One Family, One Lifebuoy” project and discusses the exploration and practice the Red Cross Society of China Jiangxi Branch made in universal drowning prevention. The severe challenges that drowning poses to global and Chinese public health, particularly the frequent incidents of children and adolescents drowning, urgently require effective intervention measures. By analyzing the project's background, development process, key initiatives, and implementation outcomes in detail, this article demonstrates the significant achievements of the "One Family, One Lifebuoy" project in reducing drowning incidents and mortality rates, enhancing public awareness of drowning prevention, and fostering an initial social consensus on "universal drowning prevention". The project's innovative design, featuring "one warning sign, one lifebuoy, one safety rope, and a pair of bamboo poles", is implemented through the "Five 100 Actions", which include free distribution of lifebuoys, diversified fundraising, innovative communication, skills training, community mobilization, and encouraging local innovation. These multi-dimensional strategies have established a comprehensive drowning prevention system with profound humanitarian significance and high public welfare value. Additionally, this article specifically highlights the project's contributions to humanitarian innovation, such as accurately identifying critical needs, widely connecting humanitarian resources, exploring standardized project systems, and maintaining transparency and openness. This article provides a replicable and scalable model for drowning prevention work and offers valuable insights for the Red Cross Movement's exploration in the field of public safety.

Keywords: universal drowning prevention; lifebuoy; Red Cross Society; humanitarian exploration

研讨与交流

数字时代的人道主义保护

——红十字“数字标志”暨国际人道法前沿问题研讨会综述

方镇邦　张涵雨　文金金①

数字时代，网络技术与人工智能的发展在给人道主义行动带来便利的同时，也引生了难以忽视的新型风险。虚假信息的传播、网络数据的窃取、黑客攻击的泛滥、网络军事行动的兴起均带来了日益严重的人道主义危机，呼唤着人道主义保护方式的变革。国际人道法，作为人道主义保护的基石性法律制度，也应在解释与发展上与时俱进，对人道行动面临的数字挑战做出积极回应。值此之际，红十字国际委员会正积极探索使用技术手段，试图将传统“红十字标志”予以数字化，即以“数字标志”来标明在网络空间受保护的人员和物体，以便国际人道法在网络空间施加切实保护。然而，“数字标志”的技术与法律方案的选择还需要加以论证，“数字标志”的中国本土化问题与国际合作方案也亟须深入探讨。中国作为积极支持开展国际人道主义行动的负责任大国，迫切需要中国学者就前述问题发出声音、贡献智慧。

在此背景下，红十字“数字标志”暨国际人道法前沿问题研讨会于 2024 年 10 月 12 日在武汉大学顺利召开。该研讨会由武汉大学和红十字国际学院联合主办，武汉大学法学院、国际法治研究院和网络治理研究院共同承办。会议发布了《红十字、红新月和红水晶标志的数字化：缘起、挑战与未来行动建议》研究报告（以下简称“研究报告”），深入探讨了红十字“数字标志”的现实意义、实施方案及中国立场。与会 20 余名专家学者围绕红十字“数字标志”、武装冲突背景下国际法的发展、国际人道法在网络空间的适用、人工智能对国际人道法的挑战等相关问题进

① 方镇邦、张涵雨、文金金，均为武汉大学法学院博士研究生。

行了充分讨论，以期为国际人道法在数字时代的发展及网络空间命运共同体的构建贡献智慧与力量。该研讨会分为开幕式、主题论坛、闭幕式三个环节。

一、开幕式

武汉大学党委副书记楚龙强，武汉大学人文社科资深教授、国际法治研究院院长肖永平，苏州大学红十字国际学院院长王汝鹏，外交部条法司参赞任晓霞，红十字国际委员会东亚地区代表处法律部主管马尔瓦·莎巴尔，红十字会与红新月会国际联合会东亚地区代表处副主任张云红出席开幕式并致辞。开幕式由武汉大学法学院院长秦天宝主持。

楚龙强指出，科学技术的发展对现行国际法和国际秩序提出了新的挑战，红十字“数字标志”旨在应对数字技术带来的风险与不确定性，通过识别并保护医疗和人道主义设施彰显红十字精神。黄志雄教授课题组撰写的研究报告，对当前围绕发展“数字标志”的理论与实践进行了系统阐释，是武汉大学依托国际法领域的学术积淀，与国际法学术界、实务界同人一道，为国际人道主义事业做出积极贡献的又一鲜明例证。期待本次会议为国际人道法在数字时代的发展贡献力量与智慧，推动构建网络空间命运共同体迈向新阶段。

肖永平表示，当今社会，持续多发的武装冲突及随着互联网和人工智能技术发展而来的数字挑战，既凸显了以日内瓦四公约为基石的国际人道法的时代价值，也呼唤着国际人道法的数字化转型。无独有偶，全球治理体系正处于变革的关键期，中国已然成为其中的重要参与者、推动者和引领者。期待本次会议为国际人道法在新时代的发展贡献新思路与新力量。国际法学人应不忘初心，为促进全球人道主义事业的发展、维护国际和平与安全贡献力量。

王汝鹏表示，在辛亥革命和抗日战争期间，中国红十字会就与武汉结下不解之缘，本次会议更是一次历史的重逢。在信息技术发展与地缘政治紧张双重背景的交织下，人道主义保护在网络空间正面临诸多挑战。本次会议聚焦的红十字“数字标志”，将技术与法律相结合，是预防未来人道主义危机的重要举措。会议凝聚众智，将有力展现中国为推动国际人道主义领域法律与规则的发展所做的积极贡献。红十字国际学院也将通过学术合作与研究，持续促进国际人道法的传播与实践。

任晓霞强调，2024 年是日内瓦四公约签署 75 周年，也是中国红十字会成立 120 周年。习近平总书记致信中国红十字会第十二次全国会员代表大会，提出中国要

"积极参与和支持国际人道主义事业"①，充分体现了中国对国际人道法和人道行动的坚定支持。此次研究报告应网络空间人道活动的需要而提出，作为国内首份全面追踪"数字标志"动向的研究报告，为人道主义事业在数字时代的创新发展提供了中国方案。

马尔瓦·莎巴尔认为，国际人道法在保护人类生命与尊严方面发挥了关键作用。然而，面对新的战争形式及技术发展带来的新挑战，国际人道法体系显现出了一定的脆弱性。如何确保国际人道法与时俱进是学术界和实务界共同关注的议题。对"数字标志"及相关领域的深入研究，有助于进一步提升国际人道法的适应性和时效性，以应对新时代下战争形态的转变，维护并推进全球人道主义事业蓬勃发展。

张云红表示，红十字会与红新月会国际联合会致力于推动国际人道法的遵守，为受困人群提供支持并增强社区韧性。如何在数字时代保持国际人道法的有效性，以及如何应对数字鸿沟和社会边缘化问题，是21世纪人道事务从业者亟待解决的重要命题。"数字标志"为国际人道法的数字化转型提供了有益借鉴。在数字化转型的过程中，面临着技术复杂性、法律适应性等困境，各方需加强跨领域合作，努力确保国际人道法在数字时代继续履行其基本使命。

楚龙强、肖永平、秦天宝、王汝鹏等与会嘉宾为发布研究报告揭幕。武汉大学法学院副院长、网络治理研究院院长黄志雄对研究报告的由来与撰写过程进行了介绍。

黄志雄指出，研究报告旨在详细阐述"数字标志"项目引发的前沿探讨，为红十字国际委员会等人道机构在网络空间的安全活动提供技术与法律支持。近年来，网络攻击对受保护实体的威胁与危害日益加深，"数字标志"通过在数字化环境中发挥标识作用，不仅能为相关实体提供能见度保护，还可对潜在恶意行为体产生威慑作用，同时推动国际人道法在网络空间的进一步澄清与发展。针对"数字标志"的落地方案，在技术方面，研究报告分析了目前已提出的多条技术路径，包括基于附加标志性文件、借助特殊域名或IP地址，以及实施核验或多重认证等；在法律层面，研究报告建议通过制定新的附加议定书将"数字标志"纳入国际法律框架。研究报告同时强调，中国应支持创设"数字标志"，通过技术测试与评估确保方案的可行性，并推动相关国际与国内法律的转化。国际社会应当加强合作，建立"数字标志"风险响应机制并加强国内国际双层问责制。最后，黄志雄期待研究报告为国

① 《习近平致信中国红十字会第十二次全国会员代表大会》，光明网，2024年10月10日，https://news.gmw.cn/2024-10/10/content_37604234.htm，2024年12月4日最后访问。

际人道法的数字化转型起到抛砖引玉的作用，为之后的相关研究提供有益的参考与思路。

二、主题论坛

围绕“数字标志”引发的技术与法律问题，中国互联网络信息中心研究员姚健康，厦门大学法学院助理教授、网络空间国际法研究中心副主任杨帆，武汉大学网络治理研究院院长助理、助理研究员陈徽，红十字国际委员会新型战争与数字技术顾问毛罗·维尼亚蒂等四位专家进行了探讨。本环节由华中科技大学法学院教授邓烈主持。

姚健康以“国际互联网工程任务组（IETF）关于‘数字标志’的讨论情况”为题进行了发言。他指出，在IETF正在探索的三条技术路径中，基于IP地址的方案因易被假冒，且无法适应受保护实体时常移动的特点而表现出明显不足；基于特殊域名的方案相对成熟，但也无法涵盖各种复杂场景；基于已核验数字标志（ADEM）的统一认证方式具有一定可行性，但可能面临管理难题和语言障碍。相比之下，结合多重认证机制的分布式管理模式，例如基于域名和二维码的方案，在中国等部分国家和地区更具实施潜力，但仍需讨论其普适性。未来采用的技术路径需综合多种方案，通过加强国际合作应对智能战争场景等网络空间新型挑战。

杨帆阐述了从学习国际人道法和“数字标志”报告中获得的启示。他指出，探讨“数字标志”的法律方案还应具体关注将其纳入传统国际人道法体系的方式，对相关法律条文作适时澄清或必要修订。他举例，“数字标志”在网络空间不当使用或背信弃义的后果与传统特殊标志存在差异，前者更多体现为数据泄露或系统损害而非直接的人员伤亡。针对“数字标志”的攻击是否符合国际人道法中的“攻击”概念也存在争议。此外，关键基础设施的保护需要与“数字标志”协同推进，忽视底层支撑设施的安全将削弱整体保护效果。此外，他赞同“数字标志”的保护范围应适当拓展至非武装冲突时期。

陈徽以“红十字‘数字标志’研究报告——关于对策建议的解读与思考”为题进行了发言。他对“数字标志”的中国立场提出了以下建议：第一，中国在确保风险可控的前提下，应支持并积极推动“数字标志”的创设与实践，因为现实中对此已有强烈需求，而经过评估，“数字标志”的积极意义也要胜于风险隐患；第二，中国应组织技术专家开展全面自主评估，通过国际协作解决好保护性与标明性使用的区分、软硬件兼容性、跨国互认、战场电子干扰等突出难题；第三，中国应主张制定新的附加议定书，将“数字标志”纳入国际法律框架，积极考虑批准或加入相关法律文件并做好国内立法转化。

毛罗·维尼亚蒂以“红十字国际委员会的‘数字标志’项目”为题进行了发言。他指出，2020至2024年，红十字国际委员会的“数字标志”项目取得了重要进展，包括在IETF成立专门工作组；参与全球标准化组织的标准制定工作，推动“数字标志”在互认和互操作性上实现全球统一；与苏黎世联邦理工学院网络信任中心推进技术合作，并计划于2025年邀请全球技术公司参与检验。他还提出，在开发“数字标志”以实现保护的过程中，可以通过DNS协议和UDP协议（用户数据报协议）发布信息，结合公钥签署系统与信任链机制，确保受保护物体的可验证性和认证的可撤销性；最后，需要确立“数字标志”签发国的问责制。

三、国际人道法前沿问题之一

围绕武装冲突中的国际人道法问题及数字技术对国际人道法的挑战，红十字国际委员会东亚地区代表处法律部主管马尔瓦·莎巴尔，中国政法大学国际法学院副院长朱利江，中南财经政法大学法学院讲师、博士后应瑶慧进行了发言。本环节由武汉大学国际法治研究院教授苏金远主持。

马尔瓦·莎巴尔围绕红十字国际委员会发布的《国际人道法及其在当代武装冲突中面临的挑战》① 报告进行发言。该报告系统梳理了当前武装冲突中国际人道法面临的挑战，全面反映了法律的适用困境与演进趋势。该报告指出，当前全球核风险达到冷战以来的最高水平，混合战争和代理人战争的复杂性扩张了法律中的“灰色地带”；战俘与失散人员的受保护权利被许多冲突方变相剥夺；武装冲突的城市化蔓延进一步威胁民用设施和环境；人工智能的军事应用尚缺乏法律规范；人道援助行动受到制裁和虚假信息等干扰；推动国际人道法的遵守需要加深与不同宗教和文化的对话。她呼吁各方展开合作，共同应对以上挑战。

朱利江分析了“以色列在被占巴勒斯坦领土上的政策案”② 对国际人道法的适用和澄清作用，尤其是在占领法、武装冲突性质界定及人权法与人道法的关系等关键问题上。国际法院在该案中首次明确，占领不仅限于物理控制，事实上的控制同样构成占领；占领当局不得在非军事必要的情况下征用私人财产，同时应在资源利用上遵守可持续性原则。在武装冲突的性质上，国际法院裁定以色列与巴勒斯坦的

---

① ICRC, International Humanitarian Law and the Challenges of Contemporary Armed Conflicts, 9 September 2024, available at https://shop.icrc.org/international-humanitarian-law-and-the-challenges-of-contemporary-armed-conflicts-building-a-culture-of-compliance-for-ihl-to-protect-humanity-in-today-s-and-future-conflicts-pdf-en.html (last visited on 4 December 2024).

② ICJ, Legal Consequences arising from the Policies and Practices of Israel in the Occupied Palestinian Territory, including East Jerusalem, Advisory Opinion, 19 July 2024.

冲突自1967年起应被视为国际性武装冲突，并适用国际人道法。此外，国际法院重申国际人权法与国际人道法在冲突中并行适用，并指出国际条约的解释不能违背国际人道法的核心原则。

应瑶慧以“区分原则在网络空间中的适用”为题进行了发言。她指出，区分原则在网络空间的适用面临诸多挑战。《塔林手册2.0》将网络攻击定义为可合理预见的、会导致人员伤亡或物体损毁的网络行动，① 但如何认定功能性损害，仍需进一步明确。在物的区分方面，军事目标在网络空间需满足实际贡献和明确军事利益两项标准，但数据作为无形信息，是否构成军事目标存在争议。在人的区分方面，网络战斗员的身份认定呈现复杂化特点，关系到如何判断直接参与网络敌对行动的平民是否因参战行为而失去受保护地位。尽管在网络空间面临挑战，区分原则也应继续在网络空间复杂局势中发挥规范作用。

四、国际人道法前沿问题之二

围绕武装冲突中的国际人道法问题及人工智能对国际人道法的挑战，红十字国际委员会东亚地区代表处法律顾问刘欣燕、首都经济贸易大学法学院副教授朱路、湖北工业大学马克思主义学院副教授居梦、武汉大学国际法研究所博士后王超分享了各自的观点。本环节由中国政法大学国际法学院副院长朱利江主持。

刘欣燕以“国际人道法与武装冲突期间的网络行动”为题进行了发言。她指出，国际人道法的核心特征是平衡人道考量与军事必要原则。关于这两项原则的作用，狭义解释认为人道和军事必要原则没有创设高于国际人道法的具体规则的义务；红十字国际委员会则支持广义解释，认为即便网络行动未违反具体规则，也需符合人道和军事必要原则的要求。国际人道法中的“攻击”不限于直接的物理暴力，还包括间接导致伤亡或物理损害的暴力行为。针对数据的网络行动同样可能构成“攻击”行为，国际人道法若不对其予以规制，将有违人道法的宗旨。

朱路以“人工智能与国际人道法中的人盾问题”为题发言。他指出，人盾可以分为消极人盾（平民无意中被用作掩护）和积极人盾（故意制造平民与军事目标共存的情况）。无论是在国际性还是非国际性武装冲突中，这一行为均属违法。人工智能的军事化应用为国际人道法提出了新挑战，造成了在区分战斗员与平民，尤其是直接参与敌对行动的平民与受保护平民方面的困难。亟须通过强化《第一附加议定书》第三十六条的武器审查义务及《特定常规武器公约》相关规则，确保人类在

---

① ［美］迈克尔·施密特：《网络行动国际法塔林手册2.0版》，黄志雄等译，北京：社会科学文献出版社，2017年，第406页。

战争决策中的主导地位。

居梦以“人工智能武器系统的国际规则建构”为题进行了发言。她表示，人工智能武器系统被广泛应用于辅助作战决策、自主作战行动和军事后勤支持等领域。然而，致命性自主武器的规制仍面临严峻挑战，包括定义标准不统一、是否全面禁止存在争议及法律责任界定不清。现有国际规则普遍缺乏约束力，多以国际软法的形式发挥作用。应当在《特定常规武器公约》框架下探索规则建构路径，包括制定负面清单以明确禁止使用的武器类型，完善技术标准以强化风险评估与应对措施，同步推进国际公约与软法规则的协调发展，以及确立法律审查义务，明确责任主体。

王超以“禁止背信弃义之于计算机程序的适用”为题进行了发言。他表示，禁止背信弃义行为的原则作为国际人道法的重要基石，旨在维护战争中的信义与秩序，近年来该原则在网络空间的适用逐渐受到关注。与标志不当使用相似，背信弃义同样会引发混淆，但行为方式和结果有所不同。关于其是否适用于计算机程序，《塔林手册2.0》中多数专家持支持态度，尤其在涉及伪造身份密钥或签名侵入系统及暴力破解的情况下。① 信任是信息系统中信息流动形成的认知状态，因而计算机程序被欺骗即意味着人的信任被破坏，这一逻辑为禁止背信弃义行为的原则在程序中的适用提供了理论支撑。

五、闭幕式

红十字国际学院副院长刘选国与武汉大学法学院副院长、网络治理研究院院长黄志雄为本次研讨会作总结。

刘选国认为，本次会议有“三性”：一是及时性，在第34届红十字与红新月国际大会召开之际，可以为中国代表团提供策略支撑；二是专业性，各位发言人在法律或技术上的专业水准毋庸置疑；三是针对性，本次会议的讨论及报告都具有较强的现实针对性，具有很高的价值。本次会议是对习近平总书记构建人类命运共同体思想的积极践行，将会通过理论指导实践，促进红十字运动的发展。

黄志雄表示，本次会议将学术发声与学术前沿讨论相结合，可以用“高效率、高质量”来形容。红十字国际学院作为中国红十字运动中的一支专业力量，一定能协调各方资源为红十字事业的发展做出积极贡献。他本人及其学术团队将继续支持相关研究与工作的开展，并希望本次会议是日后相互交流合作的新起点，能从今天的舞台走向未来更大的舞台。

---

① ［美］迈克尔·施密特：《网络行动国际法塔林手册2.0版》，黄志雄等译，北京：社会科学文献出版社，2017年，第475页。

国际人道法在多元亚洲的成就与挑战国际研讨会综述

徐浩然　陈　颖　祖若男①

世界局势加速演变，全球安全形势日益复杂。当今世界存在着 120 多场武装冲突，不计其数的平民正在遭受巨大苦难，人道主义需求也在急剧增加。种种事实表明，各国遵守国际人道法的紧迫性与重要性日益显现。2024 年是日内瓦四公约通过 75 周年。该公约开篇就在共同第一条中指出，“各缔约国承诺在一切情况下尊重本公约并保证本公约之被尊重”。仅仅在违法行为发生后进行补救或谴责是不够的，人道危机的特殊性就在于，应当尽全力去预防并制止可能造成人类苦难的行为。

值此之际，主题为“国际人道法在多元亚洲的成就与挑战”的国际研讨会于 2024 年 11 月 16 日在中国政法大学海淀校区召开。研讨会由中国政法大学国际法学院、苏州大学红十字国际学院联合举办，来自红十字国际委员会、中国政法大学、苏州大学、中国国际问题研究院、上海国际问题研究所等国际组织、高校和科研院所的专家学者及年轻学子共计 30 余人现场参会，来自美国、英国、法国、荷兰、瑞士、印度尼西亚、马来西亚、哈萨克斯坦等地的学者和学生线上参会，共同探讨国际人道法在当今世界面临的挑战，为国际人道事业发展贡献中国智慧和方案。

一、开幕式

开幕式由中国政法大学国际法学院国际公法研究所所长金哲教授主持。

苏州大学红十字国际学院院长王汝鹏在致辞中指出，2024 年是第一部日内瓦公约通过 160 周年。可以说，日内瓦公约和国际人道法是国际红十字运动的起点，也是现代人道事业的起点。当前，全球武装冲突不断加剧，对平民的攻击次数不断攀

① 徐浩然、陈颖、祖若男，均为中国政法大学国际法学院博士研究生。

升，对人道援助的阻挠及对人道工作者和医务人员的攻击频频发生。在可见的未来，还可能出现网络战、人工智能参战等新型的战争形态。国际人道法的相关问题再度成为全球人道主义问题治理中的重点和热点。国际人道法是红十字事业和人道主义工作的重要基石。在 2024 年 10 月 31 日落幕的第 34 届红十字与红新月国际大会的决议中，首项决议就是“构建遵守国际人道法的文化”，要落实这项决议，需要人道法学者、人道工作者和人道教育工作者的密切合作，这正是红十字国际学院参与举办本次国际研讨会的初衷。

中国政法大学国际法学院副院长张玲在致辞中表示，中国政法大学国际法学院作为我国国际法学教学和研究的主要基地之一，始终保持多层次、多形式，多领域的协调发展理念。她指出，正如国家主席习近平强调的那样，“人道主义是能够凝聚不同文明的最大共识”，我们应不断为国际人道法学科的应用和发展贡献力量。

红十字国际委员会东亚地区代表处法律部主管马尔瓦 · 莎巴尔女士在致辞中详细介绍了红十字国际委员会的工作领域及其在国际人道法领域的实践，并就红十字国际委员会向红十字国际大会提交的《国际人道法及其在当代武装冲突中面临的挑战》报告中的主要议题进行了介绍，包括禁止核武器、对未落入武装冲突各方之手的人提供更有效的保护、在敌对行动中善意平衡人道原则与军事必要，以及将国际人道法适用于新型作战技术等，也表达了对国际人道法和人道工作者未来发展的期望。

二、技术发展对国际人道法的影响

随着人工智能科技与新武器等研发的联系日益密切，技术发展对国际人道法的影响在国际社会备受关注。然而，该议题下的许多定义尚不明晰，国际组织和一些国家给出了不同的解释，引发了许多法律争议与实践问题。在马尔瓦 · 莎巴尔主持下，中国政法大学国际法学院讲师唐雅、上海国际问题研究所助理研究员张琪悦、中国政法大学国际法学院博士生徐瀚冬分别发言。

唐雅的发言主题为“国际人道法对武装冲突期间在外层空间开展军事行动的潜在限制”。在梳理了现有法律框架面对外层空间领域时存在的问题后，她着重以美国太空探索技术公司（Space X）为例，分析其实践中引发的争议。她指出，目前对国际法尤其是国际人道法的解释缺乏明确性，可能导致平民伤亡严重，因此，各国必须就外空及相关军事行动的潜在限制达成共识。

张琪悦以“人工智能武器对国际人道法基本原则的影响”为题发言。她认为，人工智能武器对国际人道法的影响十分显著，随着人工智能武器的快速扩散和日益普遍化，以及武装冲突的持续，人工智能武器的使用可能会偏离比例原则的要求。

此外，她还探讨了人工智能武器面临的潜在风险与挑战。

徐瀚冬以“致命人工智能武器系统对国际人道法的挑战及应对”为题发言。她在分析了现行有关武器、作战手段和方法的国际人道法原则和规则后指出，由于自主武器系统的潜在问题，国际人道法的适用，尤其是区分原则、比例原则受到了挑战。为了更好地适用国际人道法，加强在武装冲突中保护平民和民用物体，国际社会应严格对自主武器系统的法律审查，细化相关原则和规则中的相关概念，建立完善的追责机制。

三、封锁及饥饿战

红十字国际委员会东亚地区代表处法律顾问晁译博士主持了第二单元的讨论。中国国际问题研究院副研究员曹群、中国政法大学国际法学院博士生钟启诚和金欣如围绕“封锁及饥饿战”的议题展开讨论。

曹群以海上封锁为切入视角，其发言主题为“论当代海上封锁的人道主义原则”。他在发言中提出了三个问题：区分原则是否适用于海上封锁、海上封锁如何保障平民生存必需品，以及如何遵循比例原则。他认为，随着科学技术与军事应用的发展，海上封锁规则极有可能继续演变，但人道主义原则不应遭废弃，而应发挥更重要的作用。

钟启诚同样讨论了海上封锁问题，他的发言题目为“论以习惯国际法的方式于非国际性武装冲突中适用海上封锁法”，主要围绕非国际性武装冲突中是否正在逐渐形成新的习惯国际法展开讨论。他认为，第二次世界大战结束后海上封锁实践得到了大多数国家的尊重，但在非国际性武装冲突的海上封锁中可能正在形成新的习惯国际法。

在美国圣路易斯华盛顿大学法学院交流的金欣如以线上形式参会，发言题目为“作为作战方法的饥饿战：基于古代中国实践的研究”。她另辟蹊径，根植于古代中国的实践，讨论了作为作战方法的“饥饿战”问题。她的发言从商鞅的农战出发，揭示了战争与农业的关系，随后详细介绍了中国古代的粮战及中国古代用来确保战时充足的粮食供应的三大技术——军耕制度、粮仓制度和粮运制度。此外，她还根据中国使用饥饿战术的实践总结了从中可以吸取的经验教训。

四、网络空间中的国际人道法

会议的第三单元围绕网络空间中的国际人道法展开，对网络攻击、传播虚假信息引发的国际法问题进行了讨论。在北京外国语大学法学院讲师赵理智的主持下，中国政法大学国际法学院讲师赵心、英国埃克塞特大学法学院博士生杨夏鑫和武汉大学法学院博士生韦欣妤作了主题发言。

赵心以“卫星网络攻击的国际法律规制路径”为题发言。她首先对卫星系统面临的网络攻击威胁与法律风险进行了分析，随后指出，目前外层空间与网络空间的交叉领域存在法律漏洞，关于现有国际法律框架的解释与适用也未能达成共识。为此，评估自卫权的行使主体至关重要，以确保其符合国际法规定。她建议将关键信息基础设施作为加重因素纳入规制范围，并考虑非物理性损害的影响。

杨夏鑫以线上形式参会，他以“网络战背景下国际人道法攻击概念的适用困局与突破路径”为题发言，探讨攻击概念在网络战中的适用挑战与重构问题。他认为，由于网络空间的虚拟性特点，国际人道法中的“攻击”概念在网络战中的适用存在局限，难以对网络军事行动形成有力约束。西方国际法学界对“攻击”概念提出的宽松解释、功能标准解释和严格解释方法存在各自的不足，均未能有效弥补局限性。突破适用困局的路径只能是重构国际人道法中的“攻击”概念。

韦欣妤以“武装冲突期间传播虚假信息的国际法问题研究”为题发言。她探讨在网络空间背景下，传播虚假信息的行为与国际人道法规则之间的关系及其带来的新挑战。她认为，现有规制在应对网络虚假信息时面临适用性不明确、定义模糊、存在保护缺口等问题。网络虚假信息活动，尤其是非国家行为体和非冲突方开展的虚假信息行动，给国际人道法带来了新挑战，会引发关于“直接参与敌对行动”的争议；利用人工智能等网络新兴技术传播虚假信息，则会引发违反区分原则和禁止不分皂白的攻击规则的争议。然而，合法实施诈术在一定程度上可以减少人员伤亡，因此相关国际规则不可实行“一刀切”，而应积极澄清和完善，同时加强国际合作。

五、国际人道法中的保护

会议的第四单元在中国政法大学国际法学院讲师唐雅的主持下展开，探讨了平民保护、战俘交换、人道主义援助、文化财产保护等问题。河南财经政法大学讲师丁洁琼、法国巴黎南特尔大学法学院博士生朱尔斯·泰伊贝、中国政法大学国际法学院博士生徐浩然和祖若男进行了发言。

丁洁琼以“国际人道法视阈下武装冲突中平民的安全保护研究”为题发言。她阐释了国际人道法保护平民的现状及困境，提出了国际人道法对武装冲突中平民保护的完善路径。她认为，国际人道法保护平民应遵循区分原则、比例原则和马尔顿条款。然而，实践中存在诸多问题，如区分原则实施困难，平民与战斗员界限不明，军事目标与民用设施界限模糊，国际人道救援乏力，国际人道组织救援人员的安全受到威胁，等等。对此，应完善国际人道法，明确平民的认定标准，借用人权保护机制保障人道主义救援，建立迫害平民的责任追究机制。

朱尔斯·泰伊贝以线上形式参会，以“朝鲜战争期间换俘对日内瓦公约的挑战”为主题发言。他通过梳理朝鲜战争期间日内瓦公约在战俘交换谈判中的应用的历史案例，总结朝鲜战争的背景和国际人道法的历史背景，分析了法律冲突与政治挑战两个方面。他认为，朝鲜战争的复杂性和执行联合国程序的独特性，使得适用国际公约变得困难，并使中立机构的工作复杂化，国际人道法应在设置一系列法律义务的同时发展出一种共同的政治文化。

徐浩然以“非国际性武装冲突中人道主义援助的国家同意问题研究”为题发言。她指出，专门针对非国际性武装冲突中人道主义援助的条款主要载于日内瓦四公约共同第三条和《第二附加议定书》，由此引发了三个主要的法律争议，即非国家武装团体是否有权表达对援助的同意、国家是否有负有同意援助的义务，以及何为任意拒绝援助。她认为，非国家武装团体无权表达同意，而除占领情形外，国际人道法也没有对国家施加无条件同意援助的义务，但国家也不得任意拒绝援助。依据《联合国宪章》，联合国安理会决议能够向有关国家施加必须同意的义务，第2165号决议为国家同意问题带来了新的发展动向，这意味着在国家反对的情况下人道主义援助仍可以合法进行。

祖若男以“1954年《海牙公约》中‘军事需要’认定问题研究”为题发言。在梳理条约规定与国际司法实践后，她发现，军事需要在1954年《海牙公约》的三种保护机制下的规范表达不一，认定方法与态度呈现模糊与宽松倾向。通过理论溯源，她反驳现代国际人道法忽视军事需要而偏向人道原则的判断，认为对于军事需要的认定，态度应严格化。军事需要在作为法律条款的构成要素时，对其认定应在成为军事目标的基础上，整体适用区分、比例及预防原则。在保护文化财产情境下认定军事需要，应对不同保护要求下的军事需要作统一理解，并采取比一般民用物体保护更为严格的认定标准。

六、国际人道法下的责任

在会议的第五单元，与会人员探讨了国际人道法下的责任，包括战争罪、武器系统、性暴力、人道援助破坏和网络攻击的法律问题。哈萨克斯坦管理经济战略研究院法学院副教授鲁斯塔姆·阿塔扎诺夫、印度尼西亚布劳爪哇大学法学院讲师弗朗西斯卡·苏桑托、中南财经政法大学法学院硕士生李子悦、中国政法大学国际法学院硕士生陈诗逸和武汉大学法学院硕士生张涵雨进行了发言。本环节由中国政法大学国际法学院讲师赵心主持。

鲁斯塔姆·阿塔扎诺夫以线上形式参会。他的分享题目为“中亚国家对战争罪的国内审判”，分析了中亚国家在国内层面起诉战争罪的现状、挑战与成效。他指出，战争罪的国内起诉往往涉及国际义务与国家法律框架之间的复杂互动，而中亚国家由于历史背景和法律传统的独特性，面临着将国际人道法义务融入国内立法的诸多挑战。他以哈萨克斯坦、吉尔吉斯斯坦、塔吉克斯坦、土库曼斯坦和乌兹别克斯坦为研究对象，指出中亚各国在战争罪的定义、起诉标准和刑罚措施上存在显著差异，并且在司法管辖权、国家法院处理复杂战争罪案件的能力等方面面临程序性障碍。此外，他还关注中亚地区的国际人道法实施结构及区域合作机制的作用，认为这些机制对统一国际人道法规则的执行具有重要意义。他强调，中亚国家需要通过全面的法律改革和国际社会的支持来加强国内起诉战争罪的能力，确保其符合国际标准。

弗朗西斯卡·苏桑托以线上形式参会。她以“封锁给予平民的人道援助的责任”为题发言，探讨了拒绝或摧毁人道主义援助是否构成战争罪及国家在此类行为中的法律责任。通过梳理国际规则、学说和国际法庭判例，她阐明了此类行为的责任归属框架：国家不仅需要对政府直接参与的战争罪行为负责，还需对其管辖范围内的非国家行为承担责任。特别是在平民参与封锁或破坏人道主义援助的情况下，国家若纵容或未能采取有效措施加以阻止，则需承担间接责任。她强调，这类行为显然违背国际人道法中的人道原则和“避免不必要痛苦”的原则。拒绝和摧毁人道主义援助不仅严重违反国际人道法，还可能作为战争罪为对国家追责提供明确的法律依据。

李子悦以“致命性自主武器系统的人类责任向度——以‘有意义的人类控制’为视域”为题发言，探讨了现行国际责任框架下可适用的初级规则和次级规则尚未起到合理识别风险和分配责任的作用。“有意义的人类控制”是当前国际社会就致命性自主武器系统议题达成的基本共识，应蕴含预防、集体、实效三重理念，分别从法的价值论、主体论和运行论三重维度，为致命性自主武器系统的国际责任的规则完善提供实践指引。她重点分析了致命性自主武器系统的法律责任，结合现有法律框架中关于“人类责任不得转移至机器”的法理原则，深入探讨了这一技术在国际法责任界定中的复杂性与挑战。她最后强调，现阶段亦是考察外界因素与法律进程加速互动、规范重塑和演进动态的良好契机。

在瑞士日内瓦国际人道法与人权学院交流的陈诗逸以线上形式参会。她以“‘严重破坏日内瓦公约行为’与性暴力：承认与设想”为题进行了分享，通过深入分析性暴力行为与“严重破坏日内瓦公约行为”内涵的契合性，系统论证了将性暴力认定为严重破坏日内瓦公约行为的必要性、面临的挑战及其可行性。在可行性分析中，她从两个角度展开论述：一是通过重新解释日内瓦公约及其附加议定书，以扩大现有法律框架对性暴力行为的适用范围；二是倡导将性暴力明确纳入国际强行法的范畴。她指出，将性暴力认定为“严重破坏日内瓦公约行为”不仅符合国际人道法的发展趋势，也将为打击武装冲突中的性暴力犯罪提供更为有力的法律依据，同时反映出国际社会对性暴力行为的严重性的认识不断深化。

张涵雨以“论《罗马规约》中的战争罪对网络攻击的规制”为题发言。她围绕《罗马规约》框架下对网络攻击的认定与规制展开分析，考察战争罪的背景要件在网络攻击中的适用情况。她指出，尽管适用存在困难，但《罗马规约》中的战争罪有潜力将网络攻击纳入规制范围。网络攻击的认定标准应采取“综合因素考量说”，并结合传统规则框架判断“存在武装冲突”的门槛。在背景要件方面，在国际性武装冲突中应适用“全面控制标准”解决网络攻击的归因问题；在非国际性武装冲突中则需关注对“有组织武装团体”的认定，只有存在非正式领导实体的团体才可能构成此要件。同时，她建议将“间接故意”纳入国际刑事法院管辖范围。在具体要件中，区分原则要求对平民通过网络空间直接参与敌对行动的情况审慎对待，需结合实质贡献和军事利益判断“军民两用物体”的性质。此外，比例原则在网络攻击中限制损害的作用尤为重要。

七、国际人道法与其他国际法问题

围绕国际人道法的责任及其与其他国际法的关系和实践中的具体问题等，荷兰马斯特里赫特大学法学院助理教授袁栋梁、华东政法大学国际法学院讲师谭渝丹、北京大学法学院博士生汪家雨、马来西亚马来亚大学博士生穆赫德·诺里尔斯克·卡玛鲁丁和中国政法大学国际法学院硕士生江子焕进行了发言。在上海国际问题研究所助理研究员张琪悦的主持下，本次会议来到了最后一个单元。

袁栋梁以线上形式参会。他以“国际人道法与其他国际法关系区域多样性的学理影响”为题进行发言，重点探讨了近年来国际人道法在与其他国际法规则交叉适用中的广泛应用，尤其是在交战占领和“全球反恐战争”的背景下，国际人道法与国际人权法之间的关系逐渐成为研究的核心议题。他详细分析了欧洲人权法院和国际法院在具体案件中如何运用国际人道法，阐明了这些机构在裁判实践中结合国际人道法和国际人权法的方式，并着重探讨了在“全球反恐战争”背景下两者如何并行适用以应对复杂的法律与道德问题，指出这种交叉适用为维护人权和实现法治提供了新的视角和路径。他进一步指出，不同区域的法律传统、政治背景和司法实践对国际人道法的具体适用产生了深远影响。他强调，在国际法实践中，尊重区域差异与推动法律统一并行不悖，这种平衡为国际人道法的进一步发展奠定了基础。

谭渝丹以线上方式参会。她的发言主题为“使非国家武装团体受到国际人道法条约约束：对立性的作用”，重点审查了将国际人道法条约直接适用于非国家武装团体的法律依据。在评估习惯国际法、一般法律原则等内容后，她引入了国际人道法的“对立性（opposability）”理论，认为这一客观制度理论能够为理解非国家武装团体的义务提供另一种法律框架，即通过国际人道法条约的可对立性，将条约规定的义务扩展至非国家武装团体。这一框架不仅深化了国际人道法条约的适用范围，也为规制非国家武装团体的行为提供了新的理论支持。

汪家雨以“国际人道法的习惯转向”为题发言，围绕国际人道法日益诉诸习惯法的现象，分析了这一转向对规范和理论两个层面的影响。在规范层面，她指出，国际人道法传统上区分国际性与非国际性武装冲突的“二分法”框架正受到挑战。习惯国际法在国际人道法中的作用日益增强，特别是通过强调国家言辞行为对习惯规则的形成和识别的影响。在理论层面，她认为，国际人道法的习惯转向为人本化理论的兴起提供了注脚。她指出，自 20 世纪 90 年代以来，包括主权国家、国际法庭和国际组织在内的多元主体更加频繁地依靠习惯渊源主张特定规则的适用。这一趋势在学术辩论和国际司法领域得到了集中体现。习惯国际法的动态演进过程展示了规范形成的去中心化特征，通过各主体的参与，国际人道法更加贴近实际需求并展现出灵活性。

穆赫德·诺里尔斯克·卡玛鲁丁以线上方式参会。他以“评估马来西亚和其他地方的恐怖主义去极端化”为题进行发言，深入探讨了数字时代在线暴力极端主义的特征及数字证据在追责中的关键作用。他指出，随着极端或非法组织愈发依赖在线平台进行招募、激化和协调攻击，数字证据成为追责的重要手段。然而，数字证据在实践中面临诸多挑战，包括对证据真实性的验证、对证据链完整性的维护及对跨国司法管辖权复杂性的应对，这些因素均显著影响了其在国际和国内法庭中的应用效果。此外，现有国际人道法框架对数字证据的规定仍存在适应性不足的问题，使得有效起诉暴力极端行为变得更加困难。他进一步指出，技术与法医学方法的进步为增强数字证据的可靠性和可采性提供了重要机遇。他特别强调国际合作及制定标准化协议的重要性，以促进跨司法辖区处理数字证据的一致性和有效性。

在美国圣路易斯华盛顿大学法学院学习的江子焕以线上形式参会。他以“论国际人道法中‘保证尊重’义务的含义、性质与实践”为题进行发言，深入探讨了这一义务在国际人道法中的理论依据与实践意义。他指出，根据国际法院在相关判例中确立的法理，国家因国际人道法中的“对一切人的义务”而享有共同的法律利益，这种普遍性的法律利益赋予国家在国际法院中享有诉权。他认为，这一法理为“保证尊重”义务的实施提供了理论依据，并可能为国家干预其他主体违反国际人道法的行为开辟司法干涉的新路径。他进一步分析，“保证尊重”义务并不仅限于国家自身遵守国际人道法，还要求其采取积极措施，确保其他主体也遵守相关规定。在国际司法实践中，这种义务的实施意味着国家可能通过法律程序干涉武装冲突中严重违反国际人道法的行为。这种干涉的潜力为加强国际法治提供了新的动力，但同时也需要被慎重对待，以避免被误用或过度干预带来的争议。

八、闭幕式

闭幕式由朱利江教授主持。红十字国际学院副院长刘选国为本次研讨会作总结，他鼓励与会者继续关注并推动国际人道法相关领域的研究，欢迎学界同人支持红十字国际学院的发展，积极向《中国红十字评论》投稿，为国际红十字运动贡献更多中国智慧与力量。

新书评介

灾难中的红十字大医群像

——读马伯庸长篇历史小说《大医》

张立明[①]

近 20 年来，关于中国红十字会的历史与重要贡献，特别是在战争年代开展的救护、救援、治疫、救灾等活动有许多专著和文章。但是，以长篇历史小说的形式，通过引人入胜、扣人心弦、跌宕起伏的人物故事，反映中国红十字会的这些活动，《大医》是第一部成功的作品。

在作家马伯庸的笔下，3 个不同背景的年轻人同时进入中国红十字会总医院，成为中国第一代战地救援医生。他们始终恪守大医的准则和红十字会的宗旨，自觉担负起救亡图存、救死扶伤、强国保种的责任和使命，历尽艰辛和磨炼，逐渐成长为真正的大医。他们的经历，是中国红十字人在战争年代前赴后继、救护防疫、服务民众光荣历程的缩影。

一、沈敦和的杰出贡献令人崇敬

沈敦和与盛宣怀、吕海寰、施则敬、吴重熹、任锡玢等人共同创建了中国红十字会。《大医》一书主要反映中国红十字会总医院开展的医疗救护和防疫活动，因此对红十字医院及医学堂的主要创建人和管理者沈敦和多有着墨。书中写到，沈敦和为红十字事业长远发展殚精竭虑，足足奔走 6 年才建成中国红十字会总医院暨医学堂，还在筹建医院的同时借助其他机构培养红十字会自己的医护人才。沈敦和得知 3 位主角姚英子、孙希、方三响在到总院报到的第一天就合力抢救了一名伤员，赞扬道："全力以赴，视救人为天然责任，这才是红十字会的精神所在。" 面对兵连

① 张立明，苏州大学红十字国际学院客座研究员，江苏省红十字会原党组书记、常务副会长。

祸积、灾害频发、国弱民穷的现状，他在红十字会总医院的落成典礼上强调，中国红十字会的宗旨，除了“博爱、救兵、赈荒、治疫”此人类之共有之人道精神外，还有“强国、保种”四个字，为此，非从培育医生做起不可。在讲到红十字会总医院与别处有什么不同时，他强调，这家医院是中国人自办，红十字会的血脉凝结，所以除日常开诊，还有急公行义之三个责无旁贷：两军交战救护时不问立场，一体收治；对水旱天灾中的民众要尽己所能；倘若时疫流行，则要倾心救治。“红会精神之所在，乃无省界、无国界、无种族界，亦无宗教界。率土之滨，溥天之下，负履行人道责者，唯红十字会耳！”沈敦和坚守人道原则而不计个人得失进退。辛亥革命爆发后，朝廷要求红十字会“只救官兵”，而沈敦和“难奉诏”。他说：“在红会尽力办事，所做无不发自公心，所忠无不出于义理。”当上海鼠疫肆虐时，沈敦和提出“隔离是最有效的防疫方法”，在短时间内建设了隔离医院。在一次严重的船难事件中，他带领医疗团队赶往事发地点进行救援，不顾个人安危，指挥团队有序开展救援工作。武昌起义爆发后，他动员和联合各方面医生开展救援活动。二次革命爆发后，他要求红十字会对局势要有预判，采取更主动的策略，做足战地救护的各方面准备工作。

沈敦和认为，红十字会掌握巨额善款，“只能承严管之责”，只不过起号召善举、中转款项的作用，“若我因为办红会而得了乐善好施的名声，那岂不是盗取了真正捐款者的好意，成就了我个人的名声吗？”内务部花了一个多月时间，核查了红十字会所有账册和募捐公布的征信录，没有任何纰漏。沈敦和操持经手款额以百万计，账簿之清楚明白，内务部查账的田伏侯称“乃鄙人平生仅见”。沈敦和在红十字会做事“薪水夫马丝毫无所取，本非图利而来”。沈敦和以自己的行动诠释了他恪守“发自公心、出于义理”的高尚品格，也激发和坚定了红十字会总医院医护人员践行大医精神的信念和决心。

二、大医的人道精神令人景仰

孙思邈在 1 500 多年前写的《备急千金要方》中提出“大医”的概念，内涵极为经典和丰富，主要有三点：一是医术要精；二是医德要诚；三是不论病人的贫富、民族、地域，应一视同仁。其精义不仅与古希腊的希波克拉底誓言不谋而合，而且更明确地提出对民族、地域一视同仁的准则。用现代的观念看，孙思邈“大医精诚”的理论同时蕴涵着医学伦理学和人道主义理念，并将二者完美地融为一体，因此对现代医学教学、医疗实践和战场救护有着重要而深远的影响。

小说里的 3 个虚构人物姚英子、孙希、方三响虽出身背景不同，到红十字会总医院的原因也不同，但在红十字旗帜下，他们有了共同的人道信念和行为准则，有了“践行大医之无疆”的追求。为此，他们放弃安逸享受，放弃可能的高薪富贵，将个人安危甚至生命置之度外，目的就是一个——救伤救难、保护生命。

姚英子不顾劝阻，硬闯车站，加入去皖北救灾的医疗队；冒着被土匪绑架或打死的危险，去救护和转移一名被遗弃在被洪水淹过的村庄里的孕妇；顶着难民们的巨大误会，筹集“慈善船”将难民中的老弱妇孺护送到安全地带安置；克服千难万险，在船被日军飞机炸沉、自己被土匪绑架、不得不乞讨求助等危难情况下，千方百计将100多名7岁左右的儿童从汉口护送到重庆。她将姚家巨额资产全数捐出来，一半捐给红十字会做慈善，一半捐给吴淞卫生示范区。当有人问她这位富家千金为何到战乱之地时，她说自己是红十字医院的医生，“做慈善不是做买卖，不能只问是否有好处。慈善所向，是因为有人需要帮助，如此而已”。她在一次演讲中说，红十字会“教会我的不仅是医术，还有医心与医德。何谓医心？悲天悯人之心。何谓医德？救死扶伤之德。身为医者，会自然生出一种社会责任、一种人道精神，这与利益无关，乃是这个身份与生俱来的天职”。

孙希，北洋医学堂的高才生，本来可以回到他魂牵梦萦的伦敦学习深造，但舍不得离开红十字会总医院。他为不使方三响背黑锅，还是回到了红十字会总医院。为了100多名民军伤员的安全转移，他置个人生死于不顾，用手术刀胁迫清军医官下令士兵让伤员安然离去，而他则身陷牢狱。丹麦医生峨利生教授为维护死者最后的尊严而阻止清军开坟戮尸，自己一人开坟验尸，几乎耗尽体力，当清军军官那子夏要举刀劈向峨利生时，孙希用身体护住了峨利生。孙希义正词严地拒绝了日本人“优先救治日军伤员”的要求：“本院的急诊原则不分贫富、身份、国籍，只以送院先后及伤情轻重来排序。”他宁愿被伪政府卫生局吊销医生执照，也要遵循希波克拉底誓言，绝不在病情上弄虚作假。他是位绝顶的外科天才，为了抢救被汪伪特务枪伤的爱国人士翠香，他精彩绝伦地同时做两台手术，使日本医生和教授不敢再小瞧中国医生。他宁可自残“神之右手”、断送职业生涯，也不愿为日本人效力。为了避免日本特务的纠缠，孙希自残之后，藏身于赤贫人群居住、肮脏不堪、一般人根本不愿意走近的药水弄。为了能继续救死扶伤，他苦练左手执刀。在国民党逃离上海，武力胁迫红十字医院医务人员撤去台湾时，孙希、姚英子和全体医护人员做最后一次查房，在每份病历上留下处方和注意事项，却没有给家人留下任何信息。因为从红十字医院落成那天起，就要求无论在何种情况都要把病人放在第一位，这是深入骨髓的传统。

方三响，认准自己的命是红十字会救下的，又是红十字会的约定生，所以一定要在红十字医院工作。他为养活村里10多个老弱病残玩命地打工赚钱，生活节俭艰苦，虽然十分需要钱，但又从不多收多要 1 分钱。青帮为感谢方三响的救命之恩，强行留下一把银洋，他毫不犹豫地交给了医院。他还多次拒绝了青帮让他赚大钱的机会，决不辞去红十字医院的工作。为了拯救战俘营中的 300 多名劳工，他不顾个人生死，组织劳工与日军抗争。在陕北抗日根据地，为了找到“吐黄水病”的传染源，他起早挂晚、废寝忘食，冒着大风沙一户户收集信息，一个人承担了至少需要 5 人才能完成的调查，终于找到当地病毒的传播源头和途径。有人打趣地问他：“你一个上海来的医生，在穷山沟里打转，不觉得医生越做越小吗？”他说：“不，正相反，我觉得这才是大医所为。”

姚英子、孙希、方三响体现大医精神的事迹远不止这些，虽然他们是小说虚构的人物，但是他们的言行真实而生动地展现了中国红十字会医护人员在艰苦岁月中主动担当和无私奉献的精神。他们参与的上海鼠疫、皖北水灾、武昌起义、日本关东大地震、抗日战争等中的救护抗疫和救灾活动，都是中国红十字会经历的真实事件。

《大医》还给人们一个启示：人道主义与和平进步事业有着天然的联系。姚英子、孙希、方三响虽然在救援时严守中立、一视同仁，但在个人情感和政治立场上，都同情和支持进步事业。这也是他们以个人身份支持辛亥革命军、支持共产党领导的队伍和根据地，全体医护人员坚决不愿意撤往台湾、要留下来迎接解放的根本原因。

《大医》中还提及一批历史上真实的人道主义者和红十字会医务人员，如张竹君、魏伯诗德、饶家驹、峨利生、柯师太福、颜惠庆、牛惠霖、王培元、项茂松、王希天、王兆澄等，他们在弘扬人道主义、保护生命健康、推进公共卫生事业等方面做出了重要贡献，有的甚至献出了生命，值得人们铭记和崇敬。

三、作家的创作精神令人钦佩

作家在参观了曾经的中国红十字会总医院——华山医院的院史馆后，迸发出写作《大医》的愿望。但当考虑怎样付诸实施时，他发现这个题材的创作难度远超想象，不光要熟悉近现代史，还必须熟悉上海城市发展史，以及附着其上的文化、科技、思想、政治、军事、交通、教育、饮食等，也必须精通当时的医学知识。然而作家舍不得放弃，是华山医院院史馆珍藏的大医事迹使他内心炽热难忍，才不畏艰辛写出了这部惊心动魄的长篇历史小说。可以想象，作家在两年多的准备中，是怎样在浩如烟海的各种资料中搜集有关史料，是怎样了解和学习当年的医学知识及民间土方，是怎样走访请教有关方面特别是医学方面的专家，又是怎样亲临有关重要街道和建筑物的现场并对其布局、结构和变迁进行缜密考察，等等。这些心血和付出在小说中有充分的展现，如从伦敦经亚历山大港、苏伊士运河、孟买、新加坡到香港大口湾，再分传到上海和北京的电报线路；苏松大道与海外联络的线路，“海底电缆登陆局”塔楼的特点及民间称呼；红十字会总医院长形小楼的风格和布局；青帮吃饭“劝钟”的规矩；当年放映的电影《俄国革命》的内容；蚌埠水灾难民的惨状及赈灾和防疫工作；电报线路普兰特测试机；基督教崇礼派的兴起和教义；达姆弹的伤害及海牙国际会议的禁用命令；湖北反清组织共进会和文学社的合作与恩怨；修了 145 年的哥本哈根王宫广场前的大教堂；日本社会主义联盟的分支工会联盟、日本共产青年同盟、日本友爱会、全日本矿工总联合会等，在日本由被称为“秽多”“非人”“被差别部落民”成立的“全国水平社”争取平等权利的斗争；又名“埃及玫瑰”的铁胆墨水的字迹由绛紫色氧化变黑的时间；等等。

更令人钦佩的是，作家在书中对各种疾病特别是传染病的症状、当时的医疗防疫技术及民间方法等作了大量生动而深入细致的描写，如富含罂粟碱的大烟膏子缓解血管痉挛的作用，病人鼻子上方吊羽以观察呼吸情况的做法，痢疾杆菌又名志贺菌的传播途径和杀灭方法，在灾民中寻找“鬼拽腿”传播途径的艰难过程，在水灾村庄没有医疗条件的情况下对子痫发作的孕妇静脉注射硫酸镁救急的操作细节，伤者颅压升高的“库欣”反应及应对措施，欧洲刚传到国内的全新的战场救护方式，静脉输液法起始阶段的简陋做法，气性坏疽的症状和处置，输液太快引起肺水肿的急救措施……以上仅列举书中极少一部分事例，足可见作家对当时各种知识特别是医学知识的了解和掌握，许多细致入微的描写足见其掌握的深度。可以说，《大医》融合了红十字会人道主义和多方面的知识，交织成了波澜壮阔、因果逻辑的篇章。

巧妇难为无米之炊。诚如作家所说，能写成这本书，得到多方面的帮助，但主要得感谢华山医院、池子华教授和杨震医生，才能有幸学习到华山医院展馆和档案室珍藏的一手资料、池子华教授搜寻并研究的红十字运动的原始资料、杨震医生收集保存的各种医学史原始档案。

作家认为《大医》是自己写得最有责任感的一部小说，因为他不仅要让公众了解中国近现代战争时期的“白衣侠士”，特别是红十字医护人员拯救万民于水火的故事，让更多人了解医界前辈的情怀、功绩和做出的牺牲，更重要的是要使公众知道“苍生大医”的精神一脉相承、绵延至今。功夫不负有心人，该作品荣获 2024 年第 13 届全国少数民族文学创作骏马奖，这是对其思想和艺术成就的高度肯定。